미디어 폭력과 인간의 공격성의 관계를 예리하게 들여다보다!

Homo Incursios

조인숙

공격하는 인간

호모 잉쿠르시오스

국민대학교출판부

감사의 글

이 책은 지난 몇 년간 국민대학교 교양대학의 〈미디어와 공동체〉 수업과 사회과학대학 미디어 전공 수업인 〈미디어 연구방법〉 등을 가르치면서 수많은 논문과 서적을 읽어가며 차곡차곡 쌓아왔던 성과물을 기반으로 출간되었다. 그러나 책을 출간하기까지 여러 난관이 있었다.

막상 책을 쓰겠노라고 마음을 단단히 먹고 컴퓨터 앞에 앉았으나 원고 진척은 더디기만 했다. 낮에 수업하고 밤에 원고를 쓰기가 말처럼 쉽지 않았다. 밤새 몇 문장밖에 쓰지 못한 날이 수두룩했다. 이러다가는 영영 원고 집필이 끝나지 않을 것만 같았다. 그렇게 원고를 써 내려간 지 18개월 만에 마침표를 찍을 수 있었다.

솔직히 말하면 이 책이 세상에 나올 수 있었던 것은 저자를 격려하고 지지해준 분들의 도움이 있었기에 가능했다. 특히 경희대학교 생물학과 유정칠 교수님께 깊은 감사를 드린다. 동물행동학의 권위자이신 유 교수님에게 학문적으로 크나큰 도움을 받았다. 이 책의 핵심 개념인 공격성과 모방 학습, 그리고 사회적 놀이 부분 등은 동물행동학 및 사회생물학, 사회심리학 분야의 연구를 토대로 한다. 저자가 책을 쓰면서 (너무나 자주) 글이 막히거나 궁금증이 생길 때마다 교수님께 달려가 도움을 청하곤 했는데 그때마다 흔쾌히 관련 서적과 논문을 꺼내 놓으시며 저자의 얽힌 매듭을 말끔히 풀어주셨다. 또 저자의 졸고(拙稿)를 싫은 기색 없이 한 자 한 자 꼼꼼히 읽어가며 논란의 여지가 있어 보이는 문장이나 불완전한 문장을 콕 집어 해결해주셨다.

국민대학교 대학원장과 교양대학장을 맡고 계신 김도연 교수님께도 감사를 드린다. 매 순간 저자에게 고견과 성원을 아끼지 않으셨다. 국민대학교 출판부와 삼아인쇄 박복순 팀장께도 고마움을 전한다. 또 집필을 핑계로 자주 찾아뵙지 못한 부모님과 딸 수민이에게도 감사의 말을 전한다. 마지막으로 하나님께 감사드린다.

목 차

프롤로그
공격의 시대에 사는 호모 잉쿠르시오스

누군가 내게 현재를 살아가는 인간의 특성을 꼬집어 이름을 붙여보라고 한다면 호모 잉쿠르시오스, 즉 '공격하는 인간'이라고 이름 붙이고 싶다. 인간이 공격적 생명체라는 사실에는 논란의 여지가 없을 듯하다. 최근 한국 사회를 뒤흔들었던 잔혹한 사건들을 상기해보자. 지금 우리 사회에서 벌어지고 있는 살인은 한밤에 사적 공간에서 비밀리에 일어나는 것이 아닌 한낮에 길거리, 백화점, 공원을 가리지 않고 무차별적으로 일어나고 있다. 가해자는 일면식도 없는 사람들을 처참하게 공격하고 있다. 공격이 일상화된 시대, 공격이 쉬워진 시대, 공격에 빠진 사람이 많아진 시대, 즉 호모 잉쿠르시오스 시대가 도래한 것이다.

프롤로그

공격의 시대에 사는 호모 잉쿠르시오스

공격하는 인간, 호모 잉쿠르시오스

아리스토텔레스(Aristoleles)는 인간을 이성적 영혼을 가진 특별한 존재라고 주장했다. 자연계 안의 거대한 사슬의 최정상을 차지한 인간은 지구와 생물을 지배하고 소유할 운명을 지닌 존재라는 것이다. 그러나 디윈의 생각은 달랐다. 1859년에 세상에 내놓은 〈송의 기원〉이란 책에서 그는 인간을 단세포동물에서 파생한 하나의 '종'에 불과하다는 진화론을 주장했다. 다윈이 주장하는 진화는 '변화를 수반하는 유래(由來)'를 뜻하고 여기서 변화는 '한 단계에서 다른 단계로 바뀌는' 의미를 지닌다. 따라서 진화는 진보(進步)를 의미하지 않고 환경에 적응해가는 과정을 가리킨다.

시간이 흘러 다윈의 주장을 따르는 사람들이 늘면서 인간에게도 개, 고양이, 새, 국화처럼 그에 걸맞은 이름을 붙여야 했다. 과연 인간에게 어떤 이름이 어울릴까? 여러 이름이 거론되었다. 린네(1735)는 현생인류를 라틴어 sapience(슬기로운 사람) 이라는 뜻을 가진 호모 사피엔스(Homo sapience)로 명명했다.[1] 인간의 지적 능력을 동물의 조상과 구별할 수 있는 본원적 특성으로 본 것이다. 호모 사피엔스란 이름 외에도 학계에서는 인간 '종'에 여러 이름을 붙였다. 인간이 가진 다양한 본성 때문이었다. 대표적으로 호모 에코노미쿠스(Homo economicus)가 있다. 호모 에코노미쿠스라는 이름은 인간만이 경제적 활동 능력을 누릴 수 있는 존재로 보고 붙인 이름이었다. 이외에도 인간의 사회적 특징을 강조하기 위해 호모 소시우스(Homo socius), 모방을 통해 학습하는 인간의 특성을 표현한 호모 이미탄스(Homo imitans)도 있었다. 네덜란드의 역사학자 요한 호이징아(Johan Huizinga)는 놀이가 인간의 특성이고, 인류 문명은 인간의 놀이 충동에서 비롯된 것이라며 놀이하는 인간을 지칭하는 호모 루덴스(Homo ludens)라고 이름 붙였다.

누군가 내게 같은 방식으로 현재를 살아가는 인간의 특성을 꼬집어 이름을 붙여보라고 한다면 호모 잉쿠르시오스(Homo Incursios), 즉 '공격하는 인간'이라고 이름 붙이고 싶다. 인간이 공격적 생명체라는 사실에는 논란의 여지가 없을 듯하다. 몇몇 설치류를 제외하고, 척추동물 가운데에서 같은 종의 일원을 습관적으로 파괴하는 동물은 인간 말고 또 있을까? 물론 동물도 짝짓기 기간에는 암컷을 차지하기 위해 동종끼리 치열한 싸움을 벌인다. 또 음식을 얻기 위해, 공간의 확보를 위해, 그리고 가족 구성원을 위한 안전을 제공하기 위해 공격성을 드러낸다.[2] 그러나 동족에게 잔혹하고 비열한 행동을 저지르고 기쁨을 느끼는 생명체는 인간이 유일하지 않을까 싶다. 그런데도 인간이 혐오스럽고 잔혹성을 표출할 때 혹자는 그런 행동을 '야만적'이고, '짐승' 같다고 표현한다. 마치 잔혹한 행동은 동물의 특성이라는 것을 암시하듯 말이다.

오래전부터 인간은 타인을 향한 폭력과 공격을 즐거움으로 여겼다.

영화 〈글래디에이터〉(2000), 〈헤라클라스: 레전드 비긴스〉(2014), 〈폼페이: 최후의 날〉(2014)을 떠올려 보자. 우락부락한 체구의 검투사들이 상대의 칼에 찔려 피 흘리며 죽는 순간에 고대 로마인들은 거대한 원형경기장이 떠나갈 정도로 환호했다. 중세 영국인들은 목숨을 내건 기사들의 결투를 보며 뜨거운 갈채를 보냈다. 셰익스피어의 관객들은 맥베스, 리어왕, 햄릿과 같은 극의 피비린내가 진동하는 폭력적인 결말에 경외심마저 보였다. 최근 국내외 OTT 서비스의 흥행으로 자극적인 미디어 콘텐츠가 연이은 상승세를 타고 있다. 게임은 한술 더 뜬다. 드라마나 영화보다 더 폭력적이고 더 선정적인 영상들이 즐비하다. 현실에서는 어떤가? 최근 한국 사회를 뒤흔들었던 잔혹한 사건들을 상기해보자. '출근하던 길에 젊은 여성이 흉기에 맞아 죽었다', '길 가던 도로에서 젊은 남성이 칼에 찔려 죽었다', '과외 수업을 위해 만난 또래 여성에게 난도질당한 여성도 있다'라는 보도가 잇달았다. 지금 우리 사회에서 벌어지고 있는 살인은 한밤에 사적 공간에서 비밀리에 일어나는 것이 아닌 한낮에 길거리, 백화점, 공원을 가리지 않고 무차별적으로 일어나고 있다. 가해자는 일면식도 없는 사람들을 처참하게 공격하고 있다. 공격이 일상화된 시대, 공격이 쉬워진 시대, 공격에 빠진 사람이 많아진 시대, 즉 호모 잉쿠르시오스 시대가 도래한 것이다.

누구의 책임인가?

1999년 4월 20일 미국 콜로라도주 콜럼바인 고등학교(Columbine high school)에서 총기사건이 발생했다. 에릭과 딜런은 평소에 또래 친구들이 자신들을 무시한다며 총을 무장하고 학교로 달려가 1명의 교사와 12명의 동급생을 살해했다. 콜럼바인의 비극 이후에도 유사한 사건이 이어졌다. 2007년에는 미국 역사상 최악의 학교 총기 난사 사건이 발생했다. 한국인 조승희가 버지니아 공대에서 32명(27명의 학생과 5명의 교수)을 죽이고 스스로 목숨을 끊었다. 2008년 노던 일리노이대학(Northern Illinois Univ.)의 캐즈미어첵은 총기를 무장하고 강의실에 들어가 수업을 듣고 있던 학생들을 향해 난사했고 교수와 학생 5명을 죽였다. 2012년에 코네티컷주 샌디훅 초등학교(Sandy Hook Elementary School)에 다니는 애덤 란자가 1학년생 20명과 교사 6명을 살해했다. 2015년에 오리건주 엄프콰커뮤니티 칼리지(Umpqua Community College)에서 크리스 머서가 총격을 가해 9명이 죽었다. 2018년 텍사스주 산타페 고등학교(Santa Fe High School)에서 17세 학생의 총기 난사로 학생과 교사 등 10명이 사망했다. 2022년 텍사스 롭 초등학교(Robb Elementary School)에서는 학생이 쏜 총에 21명이 사망했다. 미국의 학교에서 벌어진 총기 사망 관련 사건을 모두 열거하자면 끝이 없다. 미디어 연구자들은 콜럼바인 고등학교에서 총기사건이 발생한 이후 끔찍한 사건이 연쇄적으로 일어난 현상을 보고 '콜럼바인 효과'라고 부르곤 한다.

2002년 마이클 무어 감독(Michael Moore)은 학교에서 총기사건이 연거푸 발생하는 것을 보며, 왜 이런 끔찍한 사건이 벌어졌는지에 대해 그 원인을 파헤치는 다큐멘터리 영화를 만들었다. 영화 제목은 〈볼링 포 콜럼바인(Bowling For Colombine)〉이다. 뜻이 통할 만한 제목으로 옮기자면 '총질하는 고등학생의 볼링'쯤 되지 않을까 싶다. 영화에서 감독은 미국인의 일상에 총이 얼마나 깊숙이 들어와 있는지 실체를 보여주었다. 미국의 시중 은행에서 금융상품에 가입하면 선물로 총을 받고, 슈퍼마켓에서 개당 17센트만 주면 누구나 총알을 박스째 살 수 있으며, 개들도 총을 가지고 장난치다가 오발 사고를 낸 적이 있다고 한다! 얼마 전, 아내와 실랑이 중에 총으로 쏴 살해한 미국 캘리포니아주 판사의 집에서 합법으로 소지한 총기가 무려 47개이고, 탄약 2만여 발이 발견되었다.[3] 볼링과 총질하는 아이들 사이에 무슨 연관이 있을까? 감독이 우리에게 제공한 힌트는 콜롬바인 사건을 저지른 두 소년이 볼링반에 가입했고 사건 당일 아침에 볼링을 했다는 것 정도다. 그런데 볼링을 하면 공격성이 증가하는가? 물론 아니다. 살인범들이 아침에 볼링했다는 설정은 무어 감독의 엉뚱한 유머 감각의 소산이다. 그가 진정으로 궁금했던 것은 미국이라는 나라가 왜 그토록 많은 총을 가져야 할 만큼 두려움에 휩싸여 있으며, 사람들은 서로를 향해 총질하고, 어쩌다 어린아이들까지 학살의 주범이 되었는가 하는 점이다.

우리는 비극적 사건이 발생할 때면 항상 비난할 무언가를 찾는다. 콜롬바인 사건 후에 많은 사람이 "부모가 자식을 어떻게 키웠길래 이 모양인 거야?"라고 힐책했다. 가해자 딜런의 엄마는 〈나는 가해자의 엄마입니다〉라는 저서에서 "주변에서 아이가 그 지경이 되도록 어떻게 부모가 모를 수 있었느냐?"고 비난할 때 "자신도 가해자의 부모가 아니었다면 당연히 똑같이 비난했을 것"이라고 말했다. 그러나 우리는 부모가 제 자식에 대해 모든 것을 알 수 없다는 것을 잘 알고 있고, 자식의 범죄를 마냥 부모의 책임으로 돌릴 수는 없다는 것도 잘 안다. 사실 사랑으로 낳아 기른 아이가 무차별 학살의 범인이 되었을 때 부모의 심경이 어떨지 상상할 수도 없다. 물론 부모는 적어도 자신의 아이를 담배와 술, 자동차와 총기, 포르노그래피와 마약의 해악으로부터 보호해야 할 책무가 있다. 그러나 아이들이 표출한 공격성을 부모의 탓으로만 돌릴 수는 없다. 그럼, 무어 감독의 지적대로 국가가 너무 쉽게 총기를 소지하도록 허용했기 때문에 비극적 사건이 반복적으로 발생하는 것일까? 미국은 1935년에 최초로 반자동 권총을 팔기 시작했고, 1968년까지 아이들도 총과 탄약을 합법적으로 살 수 있었다. 그래서인지 사회문제의 모든 근원을 '총기'라고 부르짖는 사람도 많다. 총기 난사 사건이 발생할 때마다 어김없이 등장하는 총기 규제만 봐도 그렇다.

총기 규제가 정말 범죄율을 줄일까?

사회문제의 모든 근원을 총기라고 외치며 총기만 없어지면 문제가 해결될 것이라고 믿는 사람들을 위해 개인의 총기 소유가 살인의 증감에 어떠한 영향을 미치는지를 밝히는 연구부터 확인해 보자. '총기 금지는 살인과 자살을 줄이는가(Would Banning Firearms Reduce Murder and Suicide? A Review of International Evidence)'라는 논문에서 저자들은 총기 규제가 강력한 러시아의 살인율이 총기 규제가 자유로운 미국보다 4배나 높다고 설명한다. 이들은 러시아의 살인이 총기와 거의 무관하게 이루어지고 있다고 말한다. 러시아 정부는 전제 국가 치하 50년간 총기의 사적 소유를 전면 금지해 왔다. 러시아처럼 총기 소유를 전면 금지한 룩셈부르크는 총기 소유가 합법이고 총기 소유율도 매우 높은 노르웨이와 독일보다 살인율이 10배나 높았다. 노르웨이는 총기 소유율이 10명 중 4명에 이를 정도로 높은 편이지만 서유럽 국가 중에서 살인율은 가장 낮았다.

폭력과 총기 소유 간의 관계도 같은 패턴이 나타났다. 영국과 미국의 경우 총기 소유율이 가장 높은 지역에서 폭력 범죄율이 가장 낮게 나타났다는 것이다. 총기 소유가 자살률에 미치는 영향은 어떨까? 스웨덴은 독일보다 2배 이상의 총기를 소유하고 있다. 그래서일까? 총기로 자살하는 비율은 독일보다 30% 더 높았다. 그러나 전체 자살률은 독일보다 낮았다. 그리스는 체코보다 총기 소유율이 3배 가까이 높고 총기 자살도 많았다. 하지만 체코의 전체 자살률은 그리스보다 250% 이상 높았다. 스페인은 폴란드보다 총기 소유율이 12배 높았지만, 폴란드 자살률은 스페인의 2배가 넘었다. 핀란드는 옆 나라인 에스토니아보다 총기 소유율이 14배 높았고 총기 자살률도 훨씬 높았다. 그러나 에스토니아 전체 자살률은 핀란드보다 훨씬 높았다. 이러한 연구 결과는 무엇을 의미할까? 연구자들은 자신의 연구 결과가 의도치 않게 총기의 무고함을 밝히게 되었다고 말했다. 그러고는 "총기 규제가 잔혹 범죄를 종식할 수 있다"라는 주문을 읊어대는 사람들이 이제 "총기가 더 많이 통용되는 많은 수의 국가에서 사망률이 더 높고, 총기 규제가 엄격한 국가들에서 폭력 범죄가 상당히 감소한다"라는 그들의 주장을 입증해야 할 차례라고 보고했다. 지금까지 전 세계 많은 국가를 비교해 보아도 사망률과 총기 소유 간의 상관관계는 관찰되지 않았다.

한국의 자살률은 경제협력개발기구(OECD)에서 최고 수준이다. 지난해 사망자 수가 31만 명을 넘기면서 역대 최고를 기록했다. 이는 하루 평균 36.6명이 자살하는 꼴이다. 특히 10대, 20대, 30대 모두 사망원인 1위가 고의적 자해 즉, 자살이었다. 총기 규제가 엄격한 우리나라에서 자살률은 미국보다 훨씬 높으나 총기로 자살한 사례는 한 건도 없다. 총기를 엄격하게 규제하는 많은 나라에서 사람들은 자신과 남을 죽일 수 있는 다른 방법(교살, 자상 혹은 구타 등)을 찾아내기 때문이다. 자살하는 사람들이나 살인을 저지르는 사람들은 총기가 없을 때 총기가 아닌 다른 방식을 택하고 있다. 이것은 범죄를 저지르는 데 사용되는 도구에만 초점을 맞춤으로써 자살이나 살인 문제에 대한 단순한 해결책을 찾고자 하는 사람들에게는 외면하고 싶은 골치 아픈 진실이다.

미디어가 너무 폭력적인가?

지구 곳곳에서 끔찍한 사건이 터질 때마다 많은 사람이 미디어 속 폭력을 주목하고 미디어를 강력하게 규제해야 한다고 외친다. 미디어 속 폭력이 인간의 공격성에 부정적 영향을 미친다는 이유 때문이다. 심지어 영화 속 대화에도 해당 내용이 나온다.

> "생각해 봐, TV 속에는 온통 살인하는 장면이 가득해. 우린 그런 TV를 보며 자랐잖아. 살인을 보며 자란 거라구. TV가 우리에게 살인하는 방법을 가르친 거야. 그러니 우리도 사람을 죽여도 돼."

쿠엔틴 타란티노 감독의 9번째 작품인 〈원스 어폰 어 타임 인 할리우드(Once Upon a Time in Hollywood)〉에서 한 번도 만난 적 없는 누군가를 죽이러 가면서 떠들어대던 어느 히피의 대사이다. 영화 속 대사이긴 하지만, 살인 명분을 명백하게 TV로 돌리고 있다. 현실도 마찬가지다. 지금도 많은 사람이 각종 사회문제가 가시화될 때마다 '그건 미디어 때문이야'라고 성토한다. 얼마 전 미국에서 발생한 총기 난사 사건

직후에 마크 러팔로, 줄리앤 무어, 에이미 슈머 등 할리우드 인사 200여 명이 미디어에서의 총기 묘사를 규탄하고 나서지 않았는가.[4] 미디어가 잇따른 총기 난사 사건의 원인으로 지목된 것이다. 이러한 사람들의 인식이 옳은지 그른지 그 여부를 떠나서, 이는 미디어 폭력이 개인과 사회에 미치는 부정적 영향이 매우 크다는 가정 위에서 형성된 것이다. 이 책은 바로 이러한 전제하에서 인간의 공격성에 커다란 영향을 줄 수 있다고 생각하는 미디어의 폭력에 주목했다.

미디어에서 노출되는 폭력성은 효과 연구에서 가장 오래된 주제 중 하나이지만, 동시에 여전히 해결되지 않은 이슈이기도 하다. 그간 미디어 폭력물이 학계를 비롯해 사회 전반에서 관심을 받아온 것은 폭력적 장면들이 이용자에게 부정적인 영향을 일으킬 수 있다는 우려 때문이었다. 미디어 폭력에 관한 효과이론과 많은 경험 연구는, 폭력과 죽음을 더 사실적으로 묘사하는 미디어로 인해 어린이와 청소년의 공격적 행동이 증가할 가능성을 실증적으로 제시해 왔다. 미디어 폭력에 더 많이 노출될수록 폭력에 둔감해지고 캐릭터의 공격성을 관찰함으로써 새로운 것을 학습하고, 모방하며 그들의 공격적 태도와 행동을 형성하게 됨으로써 공격성이 증가할 수 있다는 것이다.

최근 국내외 OTT 서비스의 흥행으로 인해 자극적인 콘텐츠가 쏟아지고 있다. 10대가 주인공으로 등장하는 학원물에는 1분에 1번꼴로 폭력 행동이 등장한다(6장 참조). 이는 1980년대 미국 심리학회에서 제기된 '아이들이 4분마다 1번꼴로 폭력을 접한다'라는 내용보다 훨씬 더 심각하다. 드라마와 영화 속 주인공은 아이들에게 강력하면서 호감 가는 폭력적 역할 모델을 제공해 왔다. 애니메이션에는 악인이 살인과 폭력을 이유 없이 저지르고, 영웅은 악인을 무찌른다는 명분으로 악인과 똑같은 폭력과 살인을 저지르며 그들을 응징한다. 아이들은 매력 넘치는 영웅의 모습을 보며 폭력으로 주변 환경을 통제하는 이들의 권력과 힘과 능력을 모방하고 구현하기를 갈망한다. 게임, 랩, 만화, 인터넷, 유튜브는 드라마나 영화보다 한술 더 뜬다. 시청자의 이목 끌기에 집중하면서 더 폭력적이고 더 선정적인 영상들이 즐비하다. 극단적으로 말해 우리 아이들은 미디어가 생생하게 제공하는 폭력적 영상물과 한데 버무려진 채 살아가고 있다.

미디어 사용설명서

이 책은 지난 몇 년간 대학에서 '미디어 폭력과 인간의 공격성'이란 주제로 강의를 해오면서 그간 모아온 논문을 포함한 미디어 자료들과 수업 시간에 학생들이 실제 드라마를 분석한 결과물을 한데 엮어 만들었다. 효과연구자들에게 미디어 폭력은 매우 흥미로운 주제였기에 관련한 많은 연구가 수행되었고, 그 결과 의미 있고, 뛰어난 통찰력을 제공하는 다양한 이론과 많은 실증 연구가 존재했다. 그 덕분에 수업 교재용으로 쓸 수 있는 책이 세상에 나올 수 있었다.

이 책은 미디어를 전공하는 학생을 비롯해 미디어를 전공하지 않는 학생들도 미디어 폭력과 인간의 공격성이란 개념을 쉽게 이해하고 다가갈 수 있도록 주안점을 두어 집필했다. 어렵고 딱딱한 논문이나 이론서가 아니라 술술 읽힐 수 있도록 영화의 탄생부터 TV, 성 표현물, 게임 등과 관련한 스토리를 담았다. 내가 책을 써야겠다고 용기를 얻은 이유 중 하나가 관련 주제에 대한 학생들의 많은 관심과 참여 덕분이었다.

수업에서 학생들은 자신들이 즐겨 이용하는 미디어 속 폭력이 실제 인간의 공격성에 어떠한 영향을 미칠 수 있을지에 대해 매우 흥미로워했다. 그리고 미디어 이용 맥락에서 경험했던 자신의 공격성을 적극적으로 공유했다.

이 책은 6개 장으로 구성되어 있다. 〈1장〉은 공격성의 정의를 다루었다. 사회심리학의 관점에서 인간은 왜 공격하는지, 아동의 성장 발달에 따라 공격성이 어떻게 다르게 발현되는지 그리고 공격성의 여러 종류에 대해 정의했다. 최근 들어 사회적 관심을 받는 언어적 공격성과 간접적 공격성을 알고 싶은 독자들은 〈1장〉부터 탐독하는 것이 좋다. 그리고 〈2장〉부터 〈5장〉까지는 미디어별(2장-영화, 3장-TV, 4장-성 표현물, 5장-게임)로 구분해 미디어 폭력이 미치는 사례들에 대해 폭넓게 다루었다. 또 미디어가 매개하는 폭력의 잠재적 노출 효과를 살펴본 최초의 공식적이고 체계적인 연구부터 최근의 연구에 이르기까지 많은 연구를 소개했다. 〈6장〉은 미디어 폭력이 인간의 공격성에 미치는 메커니즘을 이해하기 위해 연구자들이 많이 사용한 주요 이론을 소개했다. 또 학생들이 OTT 드라마 속 폭력의 실태를 파악할 수 있도록 내용분석 방법론을 분석 절차에 따라 알기 쉽게 기술했다.

수업 시간에 학생들에게 미디어 속 폭력이 인간의 공격성에 얼마나 좋지 않은 영향을 미칠 수 있는지에 대해 열변을 토하고 나면 학생들은 "그러니까 교수님 말씀은 폭력적인 드라마나 영화, 포르노, 그리고 게임을 하지 말라는 거죠?"라고 질문한다. 그렇지 않다. 사실 나는 매우 폭력적인 범죄 스릴러물을 좋아한다. 대학생이 된 후 처음 본 영화가 쿠엔틴 타란티노 감독의 데뷔작인 〈저수지의 개들(Reservoir Dogs)〉(1992)이었다. 언젠가 블로그에서 타란티노 감독의 작품을 '인생이 무료해서 카타르시스가 필요한 사람', '엔딩 장면에서 나도 모르게 물개박수를 치게 되는 영화를 보고 싶은 사람'에게 추천한다는 글을 본 적이 있다. 공감 백배다. 미디어 연구자라는 명분으로 주말마다 나는 넷플릭스, 디즈니플러스, 애플TV, 쿠팡플레이 등 OTT가 제공하는 각종 콘텐츠를 7~8편씩 몰아보곤 한다.

미디어가 우리에게 제공하는 유익은 매우 많다. 생선 가시가 목에 걸려 힘들었던 경험이 다들 있을 것이다. 그렇다고 우리가 가시 때문에 몸에도 좋고, 맛도 좋은 생선을 안 먹는 것은 아니지 않은가. 우리가 미디어를 이용할 때도 마찬가지이다. 그래서 나는 늘 학생들에게 미디어는 맛 좋고, 영양가 풍부한 생선과 같다고 말한다. 미디어 폭력에 대한 부정적 영향에 대해 알고 접하는 것과 모르고 접하는 것은 천지 차이일 것이다. 미디어 폭력이 무엇이고, 미디어 폭력이 어떻게 인간의 공격성에 영향을 주는지 이해해야 한다. 또 그에 못지않게 중요한 점은, 미디어 이용 맥락에서 인간의 공격성을 어떻게 줄일 수 있는가를 찾아내는 것이다. 모쪼록 이 책이 미디어와 우리 자신, 그리고 우리가 사는 세상에 대한 많은 질문에 통찰력을 제공할 수 있기를 기대하며 비판적 관점에서 미디어를 현명하게 사용할 수 있기를 바란다.

1장
인간의 공격성

공격성은 의도적으로 타인의 신체적 고통 또는 심리적 고통을 주기 위해 행하는 행동을 말한다. 이러한 정의에는 2가지 중요한 요소가 내재한다. 첫째, 공격성은 행동을 의미한다. 공격성을 언급할 때 자주 거론되는 부정적 감정인 분노와는 다르다. 인간은 분노를 느끼면서도 공격적으로 행동하지 않을 수 있고, 분노를 느끼지 않으면서도 공격적으로 행동할 수 있기 때문이다. 둘째, 의도성 있는 행동을 의미한다. 우연히 누군가를 해치거나 죽음에 이르게 할 수도 있다. 그러나 의도성이 없다면 공격적 행동으로 볼 수 없다. 나무를 베던 나무꾼의 도끼날이 날아가 옆에서 일하던 나무꾼을 죽였다면 그 행동은 공격적으로 볼 수 없다.

1장 인간의 공격성

공격적 행동을 하는 이유

인간은 다양한 동기를 가지고 공격적 행동을 한다고 알려져 있다.[5] 예를 들어 타인에게 영향을 미치기 위해, 돈과 권력을 얻기 위해, 화를 분출하기 위해 공격적으로 행동한다. 그러나 정신분석학자 지그문트 프로이트(Sigmund Freud)는 공격적 행동 그 자체가 목적일 때도 있다고 주장한다. 프로이트는 두 가지 본능 욕구에 따라 인간의 행동이 결정된다고 주장했다. 하나는 생존과 번식에 기여하는 생존 본능(life instinct)인 에로스(eros)이고, 또 하나는 삶의 끝으로 향하는 죽음 본능(death instinct)인 타나토스(thanatos)이다.[6] 생존 본능은 사람을 자아실현과 기쁨으로 나아가게 하지만 죽음 본능은 자기 파괴로 인도한다. 타나토스의 파괴적 공격 본능은 자신이나 타인을 향할 수 있다. 미국에서 해마다 발생하는 총기 난사 사건의 가해자들이 대개 자살로 생을 마감하는데, 이는 자아를 향한 공격성과 타인을 향한 공격성이 상호 연결되어 있음을 알 수 있다.

본능이란 경험이나 학습 없이 선천적으로 하게 되는 행동 양상을 말한다. 동물행동학자 콘라트 로렌츠(Konrad Lorenz)는 자신의 책 〈공격성에 대하여(On Aggression)〉에서 인간의 공격성은 선천적으로 주어진 본능에 의해 발생한다고 주장했다.[7] 인간도 동물처럼 생존을 위해 공격 본능을 어느 정도 지니고 있다는 것이다. 그러나 인간은 제 자식을 죽이는 부모에서부터 자신에게 잔소리한다는 이유로 할머니를 죽이는 손자에 이르기까지 동물과 구별되는 비정하고 잔혹한 공격 본능이 있다. 로렌츠는 프로이트와는 달리 공격성을 파괴적 관점이 아닌 적응적 관점으로 보았다. 로렌츠에 따르면, 식욕, 성욕, 수면욕 등과 마찬가지로 공격적 에너지 역시 본능 욕구로서 일정 시간에 걸쳐 차곡차곡 쌓인다는 것이다. 공격적 에너지는 마치 댐에 모이는 물처럼 몸의 내부에서 하나둘 축적되는데, 이때 적절한 자극으로 공격적 에너지를 방출하지 않고 계속 쌓이게 두면 결국 폭발하게 되므로 공격적 에너지가 위험 수위에 도달하기 전에 적절하게 발산해야 한다는 것이다.

로렌츠가 언급한 인간 내부에 축적된 공격적 에너지를 억눌린 감정이라고 할 때 억눌린 감정의 분출을 카타르시스(catharsis)라고 한다. 만약 뒤에 있는 차가 내게 자동차 경적을 울리며 괴롭히는 상황을 설정해보자. 나는 무척이나 짜증이 날 것이다. 마침 다음 신호에서 내가 그 차 뒤에서 경적을 울린다면 아마도 내 짜증은 어느 정도 줄어들 수 있을지 모른다. 이처럼 카타르시스는 화와 분노를 유발하여 나를 좌절하게 만든 상대에게 화를 내어 표출할 때 효과적일 수 있다. 카타르시스의 공격성 (catharsis of aggression) 이론에 따르면, 우리 내부에 쌓인 공격적 에너지를 적절히 분출해야 공격적 행동을 줄일 수 있다.[8]

미디어 산업 특히 TV와 영화 등의 엔터테인먼트 분야의 종사자들은 카타르시스 개념을 적극적으로 받아들였고 미디어를 통해 끊임없이 제공되는 폭력성을 정당화해 왔다. 스릴러물의 거장인 앨프리드 히치콕(Alfred Hitchcock) 감독은 잔혹한 폭력 장면을 문제 삼을 때마다 "TV에서 살인을 보는 것이야말로 인간의 적개심을 해소하는 데 가장 좋은 치료법"이라며 너스레를 떨곤 했다. 그러나 억눌린 감정을 분출하는 카타르시스가 오히려 공격성을 증가시킨다는 연구가 훨씬 더 많다. 사람들은 대개의 상황에서는 자신의 화를 잘 통제한다. 그 이유는 분노를 한 번 방출하게 되면 표출된 공격성을 억제하기 어렵기 때문이다. 분노를 감소시키기 위해 분노를 방출하는 것은 불을 끄기 위해 휘발유를 사용하는 것과 같은 이치이다. 수십 년에 걸쳐 이루어진 관련 연구들도 TV와 영화에서 폭력을 보는 것은 시청자의 공격성을 낮추는 게 아니라 더 높일 수 있다고 한다.

공격성이란 무엇인가?

다음에 나열하는 8개 문장 가운데 어떤 것이 공격성에 해당할까? ① 젖병을 달라고 얼굴이 새빨개지도록 울어대는 아기, ② 절도죄를 저지른 사람에게 30년 형을 선고하는 판사, ③ 경기장에서 상대편과 부딪치며 태클을 거는 운동선수, ④ 자기 말이나 행동에 망설임이나 거침이 없는 학생, ⑤ 자기 생각을 고집하는 학생, ⑥ 마트에서 장난감을 사달라고 떼쓰는 어린아이, ⑦ 피비린내 나는 폭력을 저지른 살인자, ⑧ 남을 헐뜯고 다니는 학생. 이 가운데 공격성에 해당하는 문장은 무엇일까?

공격성(aggression)이란 말은 우리가 익히 알고 사용하는 단어이다.

그러나 매우 복합적인 면을 지닌 단어이기에 명확하게 구분하기가 쉽지 않다. 또 심리학자에서 정신과 의사에 이르기까지 공격성이란 말을 사용하는 경우만 봐도 무척 광범위한 행동을 포함하고 있음을 알 수 있다. 넓은 범주에서 보면 8개 문장 모두 공격성을 띤다. 유아기 공격성을 살펴본 연구에 따르면, 24개월 미만의 유아 중 70퍼센트가 3일에 1번 이상 누군가를 때리고 할퀴며 머리카락을 잡아당기는 등의 신체적 공격성을 보인다.[9] 사회심리학자들은 공격성과 강한 자기주장(assertiveness)을 구분한다. 예를 들어, 수업 시간에 자기 생각을 강력히 주장하는 학생은 타인을 해치려는 의도가 아닌 지배성이나 자기확신을 표현하려는 의도적 행동이라고 바라보기 때문에 이를 공격성이라고 보지 않는다.

일반적으로 공격성은 의도적으로 타인의 신체적 고통 또는 심리적 고통을 주기 위해 행하는 행동을 말한다.[10] 즉 다른 사람을 해치려는 의도로 하는 모든 행동을 공격성이라고 부른다. 이러한 정의에는 2가지 중요한 요소가 내재한다. 첫째, 공격성은 행동을 의미한다. 공격성을 언급할 때 자주 거론되는 부정적 감정인 분노와는 다르다. 인간은 분노를 느끼면서도 공격적으로 행동하지 않을 수 있고, 분노를 느끼지 않으면서도 공격적으로 행동할 수 있기 때문이다. 둘째, 의도성 있는 행동을 의미한다. 우연히 누군가를 해치거나 죽음에 이르게 할 수도 있다. 그러나 의도성이 없다면 공격적 행동으로 볼 수 없다. 나무를 베던 나무꾼의 도끼날이 날아가 옆에서 일하던 나무꾼을 죽였다면 그 행동은 공격적으로 볼 수 없다.

사례를 더 들어보자. A가 B의 머리를 향해 생수병을 던졌는데 다행히 B가 살짝 피해 어떠한 피해도 보지 않았다. 그렇다면 A의 행동은 공격적일까 아닐까? 그렇다. 공격적 행동이다. 공격성 판단에서 중요한 것은 '의도성'이기 때문이다. 음주 운전자 C가 무심코 길을 건너던 D를 자동차로 쳤다고 생각해 보자. 이 행동으로 빚어진 손상은 B를 향해 날아온 생수병이 유발한 것보다 훨씬 크다. 그렇다고 해도 음주 운전자의 자동차 사고는 의도적인 행동이 아니므로 공격적으로 볼 수 없다.

적대적 공격성과 도구적 공격성

공격성은 분노의 촉발과 가해자의 목적에 따라 적대적(hostile) 공격성과 도구적(instrumental) 공격성으로 구분한다.[11] 적대적 공격성은 분노에서 나온 공격성으로서, 타인에게 고통이나 상해를 가하기 위한 목적으로 공격적 행동을 가하는 것을 말한다. 예컨대, A가 B에게 화가 나 B에게 심한 욕설이나 모욕적 발언을 퍼부었다면 적대적 공격성이다. A의 목적이 B에게 고통을 주기 위한 행동이기 때문이다. 불같이 화가 난 A가 동료 B에게 의자를 던졌다면 이 또한 적대적 공격성에 해당한다. 우리가 뉴스에서 접하는 대다수 사건 사고가 적대적 공격성에 해당한다. 2022년 19세 A양이 친구들과 함께 길을 걷다 동갑내기 B양 일행과 어깨를 부딪치며 시비가 붙었다. 이때 B양 일행이 골목으로 이동하면서 조롱하듯 비웃자, A양이 인근 편의점에서 커터칼을 사서 B양 일행인 3명의 여성 얼굴을 그어버리는 사건이 벌어졌다.[12] 이렇게 고작 길에서 시작된 작은 갈등이 극단적인 공격성으로 이어진다면, 하물며 매일 같이 학교나 직장에서 부딪치며 살아가야 하는 인간관계에서는 어떻겠는가? 살인과 강간 등의 폭력 범죄는 대부분 자신의 분노를 이기지 못해 우발적으로 발생한 적대적 공격성을 띤다. 통계학적으로 살인 사건의 절반 정도는 언쟁 가운데 우발적으로 발생하고 나머지 절반은 사랑의 삼각관계, 혹은 술이나 약물과 관련된 다툼에서 발생한다. 이런 살인은 충동적인 감정의 분출로 발생한다.

최근 우리 사회에서 발생하는 살인 사건은 정상적 살인(normal homicide)보다 비정상적 살인(deviant homicide)의 특성을 보인다.[13] 살인은 여러 가지 기준으로 분류할 수 있지만, 면식 관계 여부에 따라 살인의 동기가 달라진다. 면식 관계에서는 살인의 동기가 보통 분노, 모욕감, 복수감 등 감정적인 이유와 관련된 경우가 많다. 그리고 비면식 관계에서는 금전적인 목적 등 도구적 동기에 기인하는데 이 경우를 정상적 살인으로 본다. 그러나 비면식 관계에서도 살인의 동기가 분노, 모욕감, 복수심 때문일 수 있고, 면식 관계에서도 금전적 목적 같은 도구적 동기로 살인을 저지를 수도 있다. 이런 경우를 비정상적 살인이라고 한다. 우리 사회는 얼마 전까지만 해도 살인의 대부분이 전자의 정상적 형태에 속하였으나 최근에는 비정상적 살인이 많이 발생하고 있다. 불특정 다수를 향한 '묻지마 살인' 등의 증오 범죄가 그 대표적 예다.

반면에 도구적 공격성은 타인을 해치려는 의도가 있긴 하지만 그 목적이 신체적이나 심리적인 고통보다는 다른 목적을 위한 수단으로 행동할 때 나타나는 공격성을 가리킨다. 도구적 공격성은 대개 타인이 소유한 물건이나 지위에 대한 욕망 그리고 경쟁에서 비롯되는데, 주로 원하는 것을 정당한 대가 없이 얻고자 할 때 나타난다. 예컨대, 미식축구의 수비 라인맨들은 공을 가진 상대 선수를 향해 무자비하게 태클하곤 한다. 이 행동은 의도적으로 상대방 선수에게 고통을 가하는 것이 포함되지만 주된 목적은 경기에서 이기기 위한 것이다. 따라서 도구적 공격성에 해당한다. 그런데 상대 수비수가 경기를 비열하게 한다는 생각이 들어 화가 나 상대 선수를 일부러 해치려 한다면 이는 적대적 공격성에 해당한다.

테러리즘은 대개 도구적 공격성을 띤다. 페이프는 1980년부터 2001년까지 당시에 벌어진 자살 폭탄 테러를 분석한 후 다음과 같은 공통점을 발견했다.[14] 이슬람 근본주의자들이 '자신의 조국에서 자유 민주주의 진영의 군대를 철수하도록 만드는' 전략적인 목표를 가지고 테러를 저지른다는 것이다. 그럼, 테러는 누가 저지를까? 정신질환이 있는 사람이 테러를 저지를까? 관련 연구자들은 정신질환이 있는 사람은 절대로 테러를 저지르지 않는다고 설명한다. 오히려 테러리스트들은 순교자의 지위를 얻기 위한 개인적 목표를 달성하기 위해 끔찍한 만행을 저지른다는 것이다. 테러리스트 오사마 빈 라덴은 이집트 과격단체들과 동맹을 맺고 막대한 부를 바탕으로 테러 조직 알카에다를 통해 2001년에 9·11 테러 등을 지원했다. 빈 라덴은 알자지라 방송에 나와 911테러의 목표를 설명하면서 "겨우 50달러의 비용을 들여 미국 경제에 5,000억 달러의 손실을 입혔다"라고 자랑하듯 말했다. 1만여 명의 사상자를 발생시켰던 그 참혹한 테러 사건에 말이다.

로렌츠는 학령기 이전의 아동은 분노나 위협을 느껴 자동으로 공격성이 활성화되는 적대적 공격성이 높게 나타나다가 학령기 이후에는 거짓말, 속이기, 훔치기와 같은 도구적 공격성으로 변한다고 설명했다.[15] 적대적 공격성과 도구적 공격성의 구분이 명확하지 않을 때도 종종 있다. 분노가 일어서 하는 공격적 행동이 적대적인 동시에 도구적일 때도 있기 때문이다.[16] 또 〈표 1〉에 제시한 대로, 적대적 공격성과 도구적 공격성의 가시성 여부에 따라 직접 혹은 간접적 형태의 적대적 공격성과 직접 혹은 간접적 형태의 도구적 공격성으로도 구분할 수 있다.

표 1 공격적 행동 유형

	직 접 적	간 접 적
적대적	어깨가 부딪치며 시비가 붙자 화난 A가 B에게 주먹질한다.	성적표를 받고 짜증 난 학생이 몰래 1등 한 친구의 체육복을 훔쳐 간다.
도구적	보험금을 탈 목적으로 가족을 살해한다.	A와 사귀고 싶어 B를 시켜 A의 연인이 바람을 피운다는 악의적 소문을 퍼뜨린다.

직접적 공격성과 간접적 공격성

공격성은 가해자와 피해자의 대면 여부에 따라 그 유형을 2가지로 나눌 수 있다. 직접적(direct/overt) 공격성은 가해자가 직접 대면해 누군가를 해치려는 의도를 가진 행동을 가리킨다. 이런 행동에는 때리기, 차기, 떠밀기처럼 물리적·신체적 공격성뿐 아니라 모욕, 협박, 비속어, 욕설처럼 언어적 형태로 나타난다. 가시적으로 드러나는 직접적 공격성만큼이나 타인에게 고통과 괴로움을 주는 다른 유형의 공격성이 존재한다. 이를 간접적(indirect/convert) 공격성이라고 한다. 간접적 공격성은 가해자가 명백히 직접적으로 대면하는 갈등 없이 의도적으로 누군가를 해치려는 행동을 가리킨다. 간접적 공격성은 자기가 직접적으로 가해자를 향해 공격하지 않는다. 그저 타인을 이용해 나쁜 소문을 퍼트리거나 뒤에서 험담하며 집단에서 배제하거나 무시함으로써 은밀하고 교묘하게 누군가에게 해를 가한다.

간접적 공격성은 연구자와 연구 맥락에 따라 관계적(relational), 혹은 사회적(social) 공격성으로 혼재해서 부르기도 한다. 이 세 가지 용어는 주목하는 포인트에 차별점이 있을 뿐 그 내용은 유사하다. 간접적 공격은 직접적 공격에 포함하기 어려운, 가해자가 가시적으로 피해자를 공격하지는 않지만, 비가시적으로 피해자를 공격하는 형태에 주목한다. 반면, 관계적 공격성과 사회적 공격성은 집단의 규모로 구분할 뿐 가시적이고 비가시적인 공격성 모두를 포함하는 등 그 내용은 비슷하다. 관계적 공격성이 소집단 규모에서 볼 수 있는 사회적 관계와 우정에 손상을 가하는 공격성 형태에 주목한다면, 사회적 공격성은 큰 규모의 사회적 관계에서 나타나는 공격성에 주목한다. 그러나 공격성은 적어도 두 사람 이상 또는 당사자 간의 갈등에서 나타나는 행동을 의미하기에 언제나 사회적 관계와 관련이 있고 그런 측면에서 보면 신체적 공격성도 사회적 관계 속에서 발생한다고 볼 수 있다. 그러므로 간접적 공격성을 사회적 혹은 관계적으로 구분해서 사용하는 것은 불필요한 혼란을 초래할 수도 있다.[17]

언어적 공격성

최근 들어 언어적 공격성에 대한 사회적 관심과 조명의 필요성을 주장하는 목소리가 늘고 있다.[18] 언어적 공격성이란 언어를 통해 타인의 자아를 공격하거나 의도적으로 타인의 의견에 해를 가하는 행동을 말한다.[19] 이는 논쟁과의 구분을 통해서도 개념화될 수 있는데, 흔히 논쟁이 상대방을 설득하기 위해 논리적인 타당성을 근거로 언쟁하는 것이라면, 언어적 공격성은 상대방의 자아를 손상하기 위한 파괴적인 특성이 있다.[20] 언어적 공격성을 '악담(cursing)'이라고 정의한 티모시 제이는 언어적 공격성이 타인을 해하려는 마음에서 비롯된 것으로 무작위적이지 않고 의도적인 행동이라는 점을 강조한 바 있다.[21] 욕설 역시 대체로 공격적, 모욕적인 감정을 가지고 남의 인격을 모멸하거나 저주하며 미워하거나 힐책하기 위해 사용하는 표현으로, 언어적 공격성에 포함된다.

우리는 언제 언어적 공격성을 드러낼까? 화가 났을 때, 자신의 부정적 감정 상태를 드러내고 싶을 때, 주목을 받고 싶을 때, 사회적인 힘을 과시하고 싶을 때, 긴장을 풀려고 의도적으로 공격적인 언어를 사용한다.[22] 또 억압된 적개심이나 경멸감을 표출하고자 할 때도 욕설 등의 공격적 언어를 사용한다.[23]

서울시교육청은 해마다 학교폭력에 대한 실태를 조사하는데, 보고서에 따르면 2020년 이후 줄곧 가해 및 피해 응답률이 증가하는 추세다. 특히 초등학생의 학교폭력 피해가 가장 높았다. 학교폭력은 '같은 학교 같은 반 학생'이 '쉬는 시간'과 '점심시간'에 '장난이나 특별한 이유 없이' 이루어졌으며, 피해 유형은 '언어폭력'이 가장 많았고 신체폭력, 집단따돌림, 강요, 사이버폭력, 스토킹, 성폭력, 금품갈취 순이었다.[24] 또 학생의 상당수가 학교폭력을 직간접적으로 경험하는 듯하다.[25] 한 학생은 "중학교 때 힘 있는 친구들이 약해 보이는 친구들을 상대로 '체육복을 빌려줄 수 있냐'고 물어본 후에 빌려주면 그때부터 그 아이를 만만하게 보고 괴롭힘을 시작했다"라며 주로 심부름을 시켰는데 한 명이 시작하면 다른 친구들도 그에 동조했다"라고 말했다. 학교폭력을 보고도 피해 신고를 하지 않는 이유는 '별일 아니라고 생각해서'였다.

사회적으로 문제가 되는 집단따돌림(bullying, peer victimization)은 한 명 이상이 한 개인에게 다양한 방법으로 지속적, 반복적, 의도적으로 해를 가하는 행동을 말한다. 학생들은 학교폭력을 목격했을 때 일명 은근히 따돌리는 '은따'에 동참하거나[26] 목격해도 방관하기 일쑤다. 피해 학생을 도와주었다가 폭력의 화살이 자신에게 돌아올까 봐 겁이 나서다. 은따는 피해 학생에 대한 직접적인 폭력이나 폭언은 존재하지 않는다. 그저 그 사람의 존재 자체를 무시하는 것일 뿐이다. 몇 해 전에 김부겸 전 국무총리가 학창 시절 '왕따' 가해자였다고 밝힌 적이 있다.[27] 1960년대 대구에서 어린 시절을 보낸 그는 아이들끼리 몰려다니면서 혼혈아들에게 손가락질하며 '짱꼴라', '아이노쿠'라며 비하하는 표현은 물론이고 구슬을 뺏고 괴롭혔다고 한다. 그는 자기도 시골에서 올라온 처지라 질서에 편입하기 위해서 어쩔 수 없이 또래 친구들을 괴롭혔던 것 같다고 해명했다. 자기가 강자 편에 속하지 않으면 자기도 당할지 모른다는 두려움 때문에 가해자 편을 들었다고 밀이다. 이것이 직접적이고 도구적 공격성의 전형이라고 볼 수 있다.

서울시교육청은 미성년자 자살의 주요 원인 중 하나로 집단따돌림을 꼽으며, 피해 학생의 관점에서 한 개인이 일방적이고 지속적으로 심리적·육체적 고통을 받은 결과 심각한 고통을 느끼는 것이 집단따돌림이라고 정의한 바 있다. 한 연구에 따르면, 집단따돌림을 경험한 피해자는 자신에 대한 긍정적 평가가 현저히 낮아지고 부정적 자기개념은 높아진다고 한다.[28] 무관심, 무시, 집단따돌림, 또래 집단의 괴롭힘, 농담과 상처, 그 미묘한 경계의 언어폭력을 당한 사람들은 몸과 마음이 병들 수밖에 없다. 인간은 쉽게 상처받는 생물이다. 심지어 태아일 때도 엄마가 심리적 압박감을 느끼면 스트레스를 받는다. 말 그대로 피부로 함께 느낀다. 유년기는 애착 관계를 형성하고 안정감을 느끼는 것이 가장 중요할 때다. 말로 표현하지 못하더라도 분위기를 파악할 수 있는 예민한 안테나를 지녔기 때문이다. 청소년은 신체적으로나 정신적으로 아직 성숙하지 않았기 때문에 상처받기 쉽다. 그래서 심리학자는 어리면 어릴수록 사람은 심리적으로 쉽게 상처받는다고 말한다. 물론 고령자도 불쾌감을 잊게 해줄 긍정적인 경험이 좀처럼 쌓이지 않기에 감정적 상처를 받은 횟수가 단 한 번일지라도 쉽게 마음을 다친다. 학교폭력은 그 어떤 명분도, 정당한 이유도 없다. 자우림의 노래 〈낙화〉는 학교폭력을 그리고 있다.

> 모두들 잠들 새벽 세시 / 나는 옥상에 올라왔죠 /
> 하얀색 십자가 붉은빛 십자가 / 우리 학교가 보여요/
> 조용한 교정이 어두운 교실이 / 엄마, 미안해요/
> 아무도 내곁에 있어 주지 않았어요/
> 아무런 잘못도 나는 하지 않았어요 / 왜 나를 미워하나요? /
> … 사실은 난 더 살고 싶었어요/
> … 내일 아침이면 아무도 다시는/
> 나를 나를.

자우림의 노래 〈낙화〉 中

인간에게는 야비한 본능이 자리한다. 알게 모르게 자신보다 약한 것

같으면 무시하고 업신여기는 저열한 본능이 존재한다. 그래서 우리는 가해자가 된 적도, 피해자가 된 적도 있을 수 있다. 사람이 모인 곳이라면 어디든, 특히 의존적 관계나 권력이 불균등한 상하 관계라면 공격성은 쉽게 접할 수 있다. 그러나 우리는 이 점을 쉽게 간과하곤 한다.

간접적 공격성은 명백히 직접 대면하는 갈등 없이 다른 사람을 해치려는 행동으로 악의적 소문내기, 무시하기, 죄책감 유발하기 등 은폐된 공격성을 보인다. 간접적 공격성은 일단 가시적으로 공격성이 드러나지 않기에 도덕적 비난을 받을 만한 행동을 했더라도 도덕적 책임이 면책되기 쉽다. 도덕적인 측면에서 인간 행동은 도덕적으로 해서는 안 되는 행동과 도덕적으로 반드시 해야 하는 행동, 그리고 도덕적으로 해도 좋고 하지 않아도 무방한 행동으로 구분할 수 있다. 그 중에 해서는 안 될 행동을 하거나 해야 할 행동을 하지 않는 사람을 그대로 둘 때 그 사회의 도덕성은 무너진다. 그래서 이러한 사람에게 우리는 도덕적 책임을 묻는다. 이는 법률을 어긴 사람에게 가하는 법적 처벌과 비슷하다. 하지만 도덕적 책임은 법적 책임과는 전혀 다르다. 법직 책임에는 금전적이나 신체적 처벌이 뒤따른다. 그러나 도덕적 책임에는 그렇지 않다. 대신에 도덕적으로 해서는 안 되는 행동을 한 사람은 친구들에게 따돌림을 당하거나 부도덕한 사람으로 인식된다. 또 주변에서 비난하지 않아도 스스로 양심의 가책을 느끼기도 한다. 물론 도덕적으로 문제 되는 행동을 한 모든 사람에게 도덕적 책임을 물을 수는 없다. 3세 아이가 놀다가 유리창을 깨뜨렸다고 해서 그 아이에게 도덕적 책임을 추궁하지 않는 것처럼 말이다. 도덕적 비난을 받을 만한 행동을 했어도 도덕적 책임이 면제되는 조건이 있다. 예컨대 무지 때문에, 실수로, 능력이나 기회의 결여 때문에, 혹은 강제로 한 행동 등이 해당한다. 이 때문에 간접적 공격을 한 사람들이 종종 '모르고 그랬어', '그럴 의도가 전혀 없었어', '어쩔 수 없었어'라고 둘러댈 때 도덕적 책임을 추궁하기 어려워진다. 인간은 모욕이나 거부, 완고한 침묵, 멸시 또는 밖으로 드러내는 강한 혐오를 신체적 폭력과 유사하게 받아들이고 고통을 느낀다. 간접적 공격성은 '눈에 보이지 않는 방망이'를 휘두르는 것과 같다.

여성의 은밀한 공격성

직접적 공격성과 간접적 공격성의 구분이 모호한 시절에는 남자아이들은 신체적인 공격 행동을 선호할 것이고, 여자아이들은 언어적 공격을 선호할 거라고 두루뭉술하게 생각했다.[29] 1960년대와 1970년대까지만 하더라도 남성이 여성보다 더 공격적이라는 일반적 가정을 중심으로 연구가 이루어졌고, 이를 강력하게 뒷받침하는 결과들이 줄을 이었다. 그러나 1990년대 들어 공격성 연구에 대한 초점이 바뀌기 시작했다. 그동안 공격성을 마치 남성의 전유물로 간주하고, 연구자를 비롯해 연구 대상도 남성을 중심으로 이루어졌다는 반성과 비판의 목소리가 터져 나온 것이다. 예컨대 한 연구자는 "남성이 여성보다 더 공격적이라는 주장은 거짓으로 보인다. 이는 이전 연구들에서 공격성을 좁은 의미로 정의한 결과에서 기인한다"라고 주장했다.[30] 관련 연구자들은 여성의 공격성도 남성보다 정도에서 약할 뿐 근본적으로 남성과 다르지 않을 수 있다고 보았다. 이러한 연구자들이 주목한 공격성의 영역이 바로 간접적 공격성이었다. 신체에 가하는 물리적 폭력 및 살인을 중심으로 보면 남성이 훨씬 공격적이다. 실제 남성은 여성보다 힘이 세고, 공격 유형도 때리고, 차고, 칼부림하고, 총을 쏘는 등의 직접적으로 드러나는 공격성을 더 많이 사용한다. 대신에 여성은 험담, 악의적 소문, 사회적 배제 등 물리적 힘이 필요하지 않고 겉으로 드러나지 않는 간접적 공격성을 더 많이 쓴다. 또 남성이 신체적 공격성을 사용하는 경향이 높다는 일반적 가능성에도 예외는 있다. 적어도 연인 관계에서 상대방을 때리고 차는 등의 폭력을 행사하는 모습은 여성도 남성만큼 발견되기 때문이다. 이는 공격성을 정의하는 방식에 따라 공격성에 나타나는 성별의 차이 역시 달라질 수 있음을 의미한다.

효과/위험 비율(effect/danger ratio)은 공격성으로 얻을 법한 이익을 예상되는 위험과 견주어 평가하는 것을 가리킨다. 어떤 사람에게 머리끝까지 화가 났다면 모욕적인 말보다 주먹으로 얼굴을 가격하는 게 원하는 효과를 신속하게 얻을 수 있을지 모른다. 하지만 여기에는 위험이 따른다. 내가 한 주먹질은 상대의 보복으로 물리적 폭력을 불러올 수도 있기 때문이다.

세상에는 신체적 공격만큼이나 타인에게 고통과 괴로움을 주는 또 다른 공격성이 있다. 바로 간접적 공격성이다. 간접적 공격성은 심리적 또는 사회적 수단을 이용하여 다른 사람에게 고통을 주려는 의도를 가진 모든 행동을 포함한다. 간접적 공격은 노골적이지 않고 은밀하게 타인을 공격한다. 가해자가 이러한 방식으로 타인에게 해를 줄 때 들어가는 비용은 최소화된다. 공격성이 겉으로 드러나지 않기 때문에 가해자는 피해자가 항의할 경우 부인하거나 자신의 행동을 정당화하는 전략을 사용할 수 있어서다.[31] 조금 전까지 우정을 나눈 또래 친구들에게 무시당하고 배제당한다고 생각해 보라. 간접적 공격은 충분히 사람을 다치고 병들게 하며 심지어 죽게 할 수도 있다.[32]

2010년 1월 미국의 10대 소녀 피비 프린스(Phoebe Prince)가 아파트로 통하는 계단에서 목을 매달아 자살했다. 인기 절정의 남학생과 평범한 여학생 피비가 데이트한 사실이 알려지면서 9명의 학급 친구들로부터 '난잡하게 놀아먹는 아일랜드 계집'이라는 욕설과 협박 문자, 왕따에 이르기까지 학교폭력에 시달렸다. 고통스러운 며칠을 보낸 후 그녀는 생을 마감했다.[33] 프린스의 사례는 극단적이지만, 실제 학교에서 이루어지는 각종 폭력의 피해는 전혀 드물지 않다. 미국의 11~15세 청소년 7,000명을 대상으로 한 전국 조사에 따르면, 35%가 매월 다른 사람에 대해 악의적인 험담을 했고, 32%는 또래 친구들에게 가십이나 놀림을 받았으며, 10%는 SNS를 통해 사이버폭력으로 고통을 받았다고 한다.[34] 한국의 11~18세 13만 명을 대상으로 한 학교폭력 실태조사에 따르면, 가해 청소년 중 절반 가까이(44%)가 장난이나 특별한 이유 없이, 피해 학생의 행동이 마음에 들지 않아서(8.8%), 화풀이 또는 스트레스 때문에(8%) 학급 친구들에게 언어폭력(41.5%), 신체 폭력(16.4%), 집단따돌림(12.8%), 사이버폭력(16.4%)를 가했다. 사이버폭력의 피해 유형으로는 언어폭력(39.8%)이 가장 많았고, 따돌림(17%), 명예훼손(16.7%), 강요(6.8%), 스토킹(5.8%), 성폭력(4.7%), 갈취(3.5%) 등이 있었다.[35] 또래 친구들에게 간접적 공격성을 당한 피해자는 불안감과 우울함이 매우 컸고[36] 세상과의 거부감과 단절감을 크게 느꼈으며 외모와 성적 매력 등 전반적으로 여성으로서의 자존감이 매우 낮았다.[37] 간접적 공격성으로 고통을 경험한 피해자는 평생을 그때 경험한 감정적 상처를 안고 살아간다고 한다.[38] 흥미롭게도 간접적 공격은 피해자는 물론이고 가해자에게도 좋지 않다. 가해자 역시 또래 친구들에게 거부감과 미움을 받기 때문이다.[39]

간접적 공격성은 직접적 공격성과 달리 눈에 잘 띄지 않는다. 가해자가 피해자를 향해 직접적으로 공격하지 않고 타인을 이용하여 뒤에서 나쁜 소문을 퍼뜨리고, 험담하며 누군가를 집단에서 배제하거나 무시함으로써 해를 가하기 때문이다. 간접적 공격성은 또래 여학생 집단에서 흔히 발견되는데, 이들은 주로 사회적 관계를 무너뜨릴 목적으로 사용된다.[40] 여자아이들에게서 나타나는 공격성은 미묘하고 은밀하며 교묘한 형태로 나타나기 때문에 우리가 눈치채지 못할 뿐이지 널리 퍼져있다. 한 연구에서 청소년을 대상으로 "누군가에게 화가 났을 때 어떻게 대응하는가?"라고 물었을 때 남자아이들은 주로 신체적인 공격성을 언급하는 반면에 여자아이들은 간접적 공격성을 많이 언급했다.[41] 여성들은 공격적 반격을 두려워하기 때문에 대체로 공격적 행동을 꺼린다.[42] 그래서 보복의 위험이 없고, 익명의 상황에서는 여성이 매우 공격적으로 행동할 수 있다. 또 남녀가 익명 또는 서로 인식 가능한 상황에서 공격적인 컴퓨터게임을 하게 했다. 식별 가능한 상황에서 여성은 화가 나도 남성보다 덜 공격적으로 행동했다. 그러나 익명의 상황에서는 거친 욕설과 비난을 해대며 상대를 공격했다.

간접적 공격성의 발달

사회화는 개인, 특히 아동이 특정 집단의 한 구성원으로서 제 역할을 하게 되며 집단 내 다른 구성원의 가치, 행위, 신념 등을 받아들이게 되는 과정이다. 이를 통해 자아 정체감을 형성하고 인생에 대한 올바른 가치관을 형성한다. 학령기 후반에 들어서면 '우리'라는 집단의식이 발달하여 또래 집단을 형성하고, 이들 간의 사회적 유대를 확립하게 된다. 이때 사회적 지능(Social intelligence)이 발달한 사람들은 자신의 사회적 관계와 위치를 파악할 수 있고 어떻게 행동하는 것이 자신에게 유리하게 작동할 수 있을지를 이해하게 된다. 사회적 지능은 대개 친사회적 도구와 반사회적 도구 모두에 활용되는데, 사회적 지능은 발달했어도 공감 능력이 부족한 개인은 간접적으로 공격하는 경향을 보인다.[43] 대개 직접적 공격성은 나이가 들어가면서 줄어든다. 그러나 어린 시절에 심각한 형태의 공격 행동을 보인 아이는 나이가 들면서 공격 행동이 더 심해지는 경향을 보이고, 성인이 되면 타인을 괴롭히던 공격 행동이 범죄 속성을 띤 공격 행동으로 바뀌게 된다. 반면 간접적 공격성은 나이가 들면서 더 증가하는 경향을 띤다.[44]

공격성은 아동의 성장 발달에 따라 다르게 발현된다. 유아기 공격성의 출현은 가장 기본적인 정서인 분노의 표출과 관련이 있다. 분노는 자기조절 장치와 사회적 의사소통 기능 때문에 생존에 필수적이다. 또 분노는 신체가 생리적이고 심리적으로 자신을 보호하기 위한 도구적 활동을 하도록 이끄는 부정적 감정으로, 종의 적응과 생존에 매우 중요한 요인이다. 24개월 미만의 유아는 누군가를 발로 차고, 때리고, 머리카락을 잡아당기는 등의 신체적 공격성을 띤다. 한 연구에 따르면, 밀고 때리고 발로 차는 행동은 24개월까지 증가하지만 할퀴고, 꼬집고 무는 행동은 감소했다.[45] 영아기 시절에 쉽게 볼 수 있는 다양한 직관적이고 자기중심적 행동은 학령기 후기 이전까지 점차 감소한다. 이는 공격성도 마찬가지다. 특히 언어의 발달은 눈앞의 현실에 좌우되는 직관적 사고에서 탈피하고 타인과의 적절한 소통을 통해 공격적인 행동을 제지하는 것을 도와주는 명백한 중재 요인이다.[46] 학령기 이후가 되면 아이들의 공격 행동은 점차 빈도가 감소하고 공격 행동의 형태와 기능도 함께 변화한다. 학령기 이전의 공격 행동이 비사회적이고 도구적 특성을 보이는 것과 달리, 점차 관계 지향적이고 적대성을 띤 공격성으로 변화한다. 공격성은 이들이 위협을 인식하거나 자아나 자존감을 낮아지는 상황 등에서 발현된다. 다른 사람이 의도적이고 적대적인 동기를 가지고 행동할지도 모른다고 인식할 때 분노와 복수 반응이 통합된다. 학령기 초기에 다른 사람이 적대적인 의도를 가지고 행동했다고 귀인하면 분노를 느껴 공격성을 드러내지만, 적절한 교육과 사회화를 통해 어떤 행동은 비의도적이라는 것을 배우고 나면 공격성은 현저히 줄어든다.

간접적 공격성은 인지가 발달하면서 나타나는 것이 특징이다. 간접적 공격성은 사회관계 속에서 타인을 괴롭히는 것이기 때문에 언어를 비롯해 사회적 기술이 필요하기 때문이다. 언어가 덜 발달한 아이들은 화가 나면 상대방을 밀고, 차고, 때리는 등의 신체적인 공격 행동을 선호한다. 그러나 언어적인 능력이 발달하면 화가 난 상대에게 욕설하거나 오줌싸개, 방귀쟁이, 거짓말쟁이 등 치욕스러운 별명을 부르는 등의 언어적 공격 행동으로 바뀐다. 이렇게 언어로 상대방을 아프게 하고, 상처나게 할 수 있다는 사실을 알게 된 아이들은 자연스럽게 자신의 공격 레퍼토리에 신체적 공격성에 언어적 공격성을 추가한다. 여기에 사회적 관계를 형성하는 능력까지 발달하게 되면, 사회적 관계망을 통한 공격으로 어떻게 하면 상대에게 고통을 가할지 알게 된다. 이쯤 되면 공격성의 삼단 콤보 기술인 간접적인 공격성이 발달하게 된다.

8세와 15세 남녀를 대상으로 공격성에 어떤 차이를 보이는지 살펴본 연구가 있다.[47] 이 연구 결과를 보면 갈등 상황에서 대처하는 공격 행동에서 전형적인 연령에서 나타나는 추세를 발견할 수 있다. 8세 아이들이 화가 났을 때의 행동은 크게 3가지로 구분되었다. 첫째는 화가 난 상대에게 발로 차거나 때리거나 욕설과 비속어를 사용하는 등의 직접적 공격 행동을 하는 것이다. 둘째는 '지금부터 난 네 친구가 아니야'라고 말하거나 나쁜 소문을 내거나, 상대가 싫어하는 특정인과 친구로 지내는 등의 간접적 공격 행동을 하는 것이다. 그리고 셋째는, 토라지거나 상대가 말을 걸어도 자리를 회피하거나 선생님에게 가서 친구의 잘못을 말하는 등의 회피적 행동을 하는 것이다. 여기서 직접적 공격 행동은 남학생이 여학생보다 높게 나타나면서 성별 간에 유의한 차이가 있었다. 그러나 간접적 공격 행동과 회피적 행동은 여학생이 남학생보다 약간 높았다.

15세 아이들에게는 4가지 유형으로 공격 행동이 구분되었다. 첫 번째는 넘어뜨리거나, 다른 사람의 물건 뺏기, 발차기, 밀기 등의 직접적인 신체적 공격성이었고, 두 번째는 별명 부르기, 비속어와 욕설하기, 상대방을 바보처럼 보이게 말하기, 말다툼하기 등의 직접적인 언어적 공격성이었다. 세 번째는 뒤에서 험담하거나, 악랄한 소문 내기, 회피하기, 무시하기, 상대가 싫어했던 특정인과 친구 삼기 등의 간접적 공격성이었다. 네 번째는 토라지기(삐치기), 문제 상황에서 회피하기, 모르는 척하기 등의 회피적 행동이다. 남학생은 신체적 공격성에서 유의하게 높은 점수를 보였으나 여학생은 간접적 공격성과 회피적 행동에서 더 높은 점수를 받았다. 그러나 직접적인 언어적 공격성에서는 성별 간에 유의한 차이가 없었다.

이 연구를 통해 우리는 화가 났을 때 성별과 연령별로 공격성에 어떤 차이가 있는지 분명히 알 수 있다. 신체적 공격성은 남학생들이 더 선호하지만, 간접적 공격성은 여학생이 더 선호한다는 사실이다. 또 간접적 공격성은 인지 능력이 덜 발달한 8세에서는 사용 빈도가 낮고, 성별 차이도 유의미하지 않았다. 간접적 공격성은 대개 또래를 성공적으로 다룰 수 있는 언어적 · 사회적 지능을 보유한 아동기 후반에 이르러 나타나기 때문이다. 간접적 공격이 여학생 집단에서 더 빈번하게 일어나는 이유 역시 여자아이가 남자아이보다 상대적으로 언어적으로나 사회적으로나 더 빨리 발달하기 때문이다. 그러나 남자아이가 성숙기 여자아이만큼 발달한 이후에는 성별의 차이가 덜 두드러진다. 간접적 공격성에 대한 성별 차이를 살펴본 메타분석 연구에 따르면, 간접적 공격성의 차이는 청소년기에만 뚜렷하게 나타났으며, 성인기에 이르러서는 사라졌다. 직접적 언어 공격성은 15세에서 성별을 가리지 않고 가장 빈도 높게 나타났다. 특히 비속어나 욕설은 남학생들이 여학생들보다 더 자주 사용했다.

그러나 한 유형(예를 들면 간접적 공격성)을 여성의 공격 행동으로 정의하고, 다른 공격성 유형(예를 들면 신체적 공격성)을 남성의 공격 행동이라고 일반화하는 것은 적절치 않다. 인간의 공격성은 그렇게 간단하지 않아서다. 인간의 공격성에는 엄청난 개인 편차가 있고, 세 가지 유형의 공격성이 중복되어 나타나기도 하니까 말이다. 인간의 공격성 유형, 즉 물리적, 언어적, 간접적 공격성은 각기 다른 공격 행동으로 볼 수 있으나 이 3가지 유형은 성장 발달 정도에 따라 부분적으로 중첩되어 나타나기도 한다. 아직 언어나 사회적 소통 능력이 상당한 수준으로 발달하지 못한 어린아이는 대체로 물리적 공격 수단에 의존하지만(장난감을 사주지 않는다고 마트에서 드러누운 채 떼쓰는 아이들을 떠올려 보라!). 언어적 기술이 발달한 아이들은 물리적 힘을 사용하지 않아도 충분히 공격적인 존재가 될 수 있다. 여러 문화권에서 수행된 경험 연구를 통해 남성과 여성 모두 일상에서 말로 상대를 공격하고 있었고, 이러한 언어적 공격성은 나이가 들수록 물리적 공격성을 대체하는 경향을 보였다.

간접적 공격성은 남성과 여성 모두에서 나타나지만, 미디어 연구자들은 특히 어린 여학생들에서 만연하게 나타난다는 사실을 발견했다. 소녀들의 공격성은 직접적 공격성보다 미묘한 형태로 나타난다. 친밀한 여성 청소년 집단에서 발생하는 간접적 공격성은 다른 어떤 공격성보다 해로울 수 있다.[48] 또래 집단의 소속된 관계는 특히 여학생들에게 중요하기 때문이다. 그래서 집단의 누군가를 괴롭히고 싶어 하는 '못된' 여학생에게 간접적 공격성은 실행하기에 최적의 도구이다. 간접적 공격성은 사회경제적 지위(Socioeconimic status, SES)와도 관련 높다. 잘사는 집안의 아이들이 가난한 집안의 아이들보다 간접적 공격성을 더 즐겨 사용한다는 것이다.[49] 또 못사는 지역의 아이들이 물리적 공격성을 더 많이 보이고 잘사는 지역의 아이들은 간접적 공격성을 더 많이 보인다는 연구도 있다.[50] 가난한 지역에서 사는 아이들은 살아남기 위해 빠른 주먹이 필요하다는 삶의 지혜를 일찍이 터득한 결과이지만, 상류층 아이들에게 신체적 공격성은 그저 눈살을 찌푸리게 하는 불필요한 행동일 수 있다는 것이다. 그게 그 세계에서 통용되는 공격성이고, 또한 다른 유형의 공격성보다 처벌받을 가능성도 줄어드는 이점이 있다는 것이다. 또 무력으로 폭력을 행사하는 과정에서 자신이 다칠 수도 있다는 점을 잘 알기 때문이다. 따라서 잘사는 지역의 아이들이 간접적 공격성을 사용할 가능성이 더 크다. 한 연구에 따르면 타인을 통제하고 사회적 권력을 얻고자 하는 욕망이 큰 여학생들이 간접적인 공격성을 선호하는 이유가 바로 직접적 공격성보다 상대적으로 적은 비용이 들어서라고 설명했다.[51]

사회적 지능의 발달에 따라 공격 유형을 구분하기도 한다. 간접적 공격은 종종 인기가 있고 사회적 지능이 발달한 사람들이 선택하는 경향이 있다. 자신의 사회적 관계와 위치를 파악하고 어떻게 행동하는 것이 자신에게 유리하게 작동할 수 있을지를 간파할 수 있는 능력이 뛰어나기 때문이다.[52] 사회적 지능이 높은 사람은 자신이 목표로 삼은 피해자의 사회적 위치를 이해하고 타인의 공격에 어떻게 반응할지를 정확히 추론함으로써 사회적 관계를 적절히 이용해 교묘하게 공격한다는 것이다.[53] 그래서 간접적 공격성은 우정을 나누는 가깝고 친밀한 관계 속에서 자주 일어난다. 반면 물리적 및 언어적 공격은 간접적 공격에서 요구되는 사회적 지능과 관련이 적다. 또 물리적 공격성은 낯선 사람이나 얕은 수준에서 알고 지내는 지인에게 흔하게 발견되고, 언어적 공격성은 가족, 친구, 친밀한 관계에서 폭넓게 사용된다. 물리적 또는 간접적 공격보다 상대적으로 덜 해롭다는 인식 때문이다. 그러나 또래 친구들에게 공격을 당해본 피해자는 심리적으로 매우 고통스러움을 느낀다. 자신의 존재 가치를 부정하는 모멸감까지 느끼기 때문이다. 간접적 공격성을 경험한 여자아이는 또래 여자아이들보다 심한 우울증, 외로움, 불안을 느끼며 많은 문제를 마주하며 급기야 극단적 선택을 선택하기도 한다.[54, 55] 또래에게 당하는 공격은 유형을 막론하고 피해자의 자기효능감, 통제감, 존재감, 소속감 등 인간의 기본 욕구를 위협하기 때문이다.

국내외적으로 또래 친구들의 언어적 폭력에 극단적 선택을 한 사례가 발생하고 있다. 한국의 여학생 몇 명이 성폭행 당한 친구를 유인해 단체 대화방에 초대한 후에 "더러운 X, 넌 좀 맞아야 해", "성적으로 문란하다고 소문을 퍼뜨릴 거야"라며 피해자를 조롱하며 모욕했다. 몇 시간 뒤에 피해자는 스스로 목숨을 끊었다.[56] 전학 온 여학생에게 학급의 아이들이 "아일랜드 걸레"라고 부르며 매일 문자 메시지로 "그런 얼굴로 어떻게 밖을 다니냐!"라며 조롱해 댔다. 얼마 지나지 않아 그녀도 자살을 선택했다.[57] 친구들에게 '게이'라고 고백했다가 왕따를 당해 극단적인 선택을 한 9살 소년도 있다.[58] 또래 친구들에게 모욕, 조롱, 비웃음, 이간질을 받은 피해자들은 심리적으로 무너질 수밖에 없다. 상황을 벗어나려는 판단력 역시 흐려지고 자립해서 이겨낼 힘을 잃어버리게 된다. 또래에게 당한 공격의 상처는 평생 아물지 않을 수 있다.

또래 집단에서 특정인을 소외시키거나 무시하는 등 사회적으로 배제하는 행동, 나쁜 소문을 퍼뜨리거나 험담하는 행동, 죄책감을 느끼게 만드는 행동 등 사회적 관계 속에서 일어나는 공격 행동은 가시적으로 드러날 수도 있고 비가시적으로 은밀하게 이루어지기도 한다. 대개는 대꾸하지 않기, 쳐다보지 않기, 거절하기 등 쉽게 감지하기 어려운 은밀한 형태를 띤다. 또 은밀하게 수행된 신체적 행동도 포함한다. 연구자들은 간접적 공격성에 사회적 배제(외면과 무시로 격리하기), 악의적 유머(짓궂은 장난으로 곤란하게 하기), 가스라이팅(압박과 비난으로 죄책감 유발하기), 간접적 신체 공격(이유 없이 때리기) 등의 행동을 포함한다.

가스라이팅

소외를 관찰하기 위해 고안된 사이버볼 게임이 있다.[59] 게임은 매우 단순하다. 컴퓨터 모니터에 3개의 플레이어가 나오고, 3명의 실험 참가자가 각각의 플레이어를 조종한다. 나에게 공이 오면 받고 그 공을 두 사람 중 한 사람에게 던지면 된다. 게임 참가자 3명 중 2명은 연구자다. 1명만이 순수한 참가자로 나머지 2명이 공모했다는 사실을 전혀 모른다. 게임이 시작되면서 2명의 연구자가 참가자를 빼놓고 둘이서만 공을 주고받았다. 실험에 참여했던 참가자들은 모두 자신에게 공이 오지 않는다는 사실을 직감하고 '나를 무시하나?', '나를 싫어하나?', '내가 뭘 잘못했지?'하며 소외감을 느꼈다고 소회를 남겼다. 흥미롭게도 이 연구를 통해 우리는 자신에게 영향을 줄 수 있는 사람은 의미 있는 타인만이 아니라 오늘 처음 본, 그것도 얼굴도 모르는 타인이라는 사실을 알게 되었다. 어떤 사람이 나를 싫어하는 것 같으면 보지 않으면 그만이다. 혹은 특정인이 나를 비난하는 것 같으면 악착같이 반격하면 된다. 하지만 우리는 그렇게 하지 않는다. 사회적 동물이기 때문이다. 함께하고픈 마음이 본능이어서 그 마음을 통제하기가 쉽지 않다. 잘 보이고 싶은 마음에 다른 사람의 비위를 맞추고 상대의 입장을 살피다 보면 내 잘못이 아닌데도 내 잘못으로 인정하기도 한다. 또 상대의 가시 돋친 말도 반박하지 못하고 무분별한 비난까지 받아들인다.

JTBC 드라마 〈청춘시대〉에서 예은이는 헤어진 전 남자친구 고두영에게 납치당했다. 두영은 예은의 양손을 뒤로 묶고 재갈을 물리며 주먹질까지 해댔다. 그런 두영을 보고 시청자들은 분노했다. 하지만 시청자들은 훨씬 전부터 이 둘 간에 폭력이 벌어지고 있음을 알고 있었다. 두영은 싸울 일이 있을 때마다 예은이를 탓했다. 예은이가 두영에게 같은 학과 친구를 소개했을 뿐인데 두영은 "좋은 학교 다닌다고 사람 무시하는 거냐?"라며 인상을 썼다. 약속 장소에 한 시간이나 늦고서는 미안하다는 말 한마디 없이 "그 정도 일로 화난 거냐?"라고 되레 따져댔다. 가끔 예은이가 서운했던 마음을 털어놓기라도 하면 "무슨 소릴 하는 건지 모르겠네"라며 딴청을 부렸고 "내가 언제 그랬냐"며 거짓말쟁이 취급을 했다. 예은이는 소위 '가스라이팅'의 피해자였다.

가스라이팅은 상황이나 심리를 조작해 상대방이 스스로 자신을 의심하게 만듦으로써 심리적으로 지배하는 행위를 말한다. 여기서 핵심은 '상황이나 심리를 조작하는 것'과 '스스로 의심하게 만드는 것'이다. 혹자는 가스라이팅이라는 와닿지 않는 용어를 심리적 지배, 정신적 지배로 순화해서 표현하는데, 심리적 · 정신적 지배라는 표현은 너무도 포괄적인 게 문제라고 지적한다.[60] 그래서 사람들이 가스라이팅을 강압에 의한 지배, 공포심으로 인한 조장, 반복된 세뇌, 거부할 수 없는 복종까지 포함된 것처럼 느낄 수 있고, 용어의 정확한 뜻을 모른 채 '가스라이팅 당했다'라는 말을 남발한다는 것이다.

'가스라이팅'은 〈가스등〉(1944)에서 유래했다.[61] 심리상담자 로빈 스턴(Robin Stern)은 자신을 찾아오는 수많은 상담자에게서 비슷한 유형의 사례가 있음을 발견했다. 가해자가 피해자의 마음을 교묘히 조종해 정서적으로 학대하는 유형이었는데, 피해자들은 마치 자기에게 잘못이 있어 학대받는다고 생각했다. 스턴 박사는 〈가스등〉이라는 영화 내용에 착안해 가스라이팅이라고 이름 붙였다. 영화의 내용은 다음과 같다. 주인공 폴라는 어릴 적 부모를 잃고 이모 품에서 자랐다. 그런데 이모마저 강도에게 살해당했다. 하루하루를 간신히 버티는 폴라에게 그레고리라는 한 남자가 나타났다. 그레고리는 폴라를 다정하게 대하며 상처를 보듬어 주었다. 한결같은 사랑에 감동한 폴라는 그와 결혼했다. 신혼집은 폴라가 살던 집에서 시작했다. 그 집은 이모가 살해당한 장소라서 폴라는 원하지 않았다. 그녀는 새로운 곳에서 신혼살림을 시작하고 싶었으나 사랑하는 남자가 그러자고 하니 그 집에서 신혼생활을 시작했다.

하지만 달콤할 줄 알았던 신혼생활은 엉망이 되어갔다. 폴라의 이상행동 때문이었다. 남편의 물건을 숨겨놓는가 하면 소중한 물건을 잃어버렸고 그 사실을 전혀 기억도 하지 못했다. 게다가 방에 있는 가스등이 희미해진다는 헛소리를 늘어놓고 다락방에서 발소리가 난다며 불안해했다. 폴라의 이상행동, 왜일까? 사건의 전밀(顚末)은 이러했다. 유명 가수였던 폴라의 이모는 값비싼 보석을 소유하고 있었고, 이를 탐낸 도둑이 있었다. 도둑은 이모를 살해하고 보석을 훔치려 했지만, 숨겨놓은 보석을 찾는 데 실패했다. 그래서 그레고리라는 가명으로 조카에게 접근한 것이다. 도둑은 폴라를 사랑하는 척 결혼하고 그 집에서 숨겨진 보석을 찾으려는 계획을 세웠다. 하지만 아내가 집에 있는 한 집안을 마음껏 뒤지기 쉽지 않았다. 궁리 끝에 그는 폴라를 미친 사람으로 몰아 정신병원에 보내야겠다고 결심했다. 이후 남자는 폴라가 스스로 미쳤다고 믿게 하려고 사건을 꾸미고 이를 기억도 하지 못한다고 몰아세웠다. 밤마다 폴라 방의 가스등을 희미하게 조절한 다음 이모 유품을 모아둔 다락방에 올라가 보석을 찾기 시작했다. 폴라가 "가스등이 흐려졌어요", "천장에서 소리가 나요"라고 말할 때마다 그레고리는 "무슨 소리를 하는 거야?", "당신 요즘 왜 그러는 거야?' 하면서 다그치며 폴라의 불안감을 유도했다. 폴라는 남편의 말에 주눅이 들고 자신이 미쳐가고 있다고 생각했다. 그렇게 폴라는 남편에게 보이지 않는 폭력을 당했다.

로빈 스턴은 〈가스등〉에서 그레고리가 가스등을 조절하고 폴라가 스스로 자신이 미쳤다고 믿게 만드는 것처럼, 가해자(gaslighter)가 상황을 조작해서 피해자(gaslightee)가 스스로 자신을 의심하게 만드는 정서적 학대를 가스라이팅이라고 이름 붙였다. 가스라이팅을 가하는 사람은 상황을 바꾸거나 교묘한 말 한두 마디로 상대방을 조종한다. 이때 심리적 지배의 늪에 빠진 사람은 자신을 의심하게 된다. '내가 뭘 잘못했나?' '나 때문에 이런 일이 생겼나?' '나, 혹시 정신적으로 문제 있는 건 아닌가?' 하며 문제의 원인을 자신에게서 찾느라 긴장하고 주눅이 들고 자신을 믿지 못하게 된다. 그리고 상대에게 관계의 주도권을 빼앗기고, 의존하고 지배당한다. 가스라이팅을 당하는 사람은 가스등처럼 희미해지는 판단력으로 인해 살아가는 삶이 아닌 살아지는 삶을 살게 되고, 종국에는 자신이 사라지는 삶을 살게 된다.

✎ 생각해 보기

1. 미디어를 통해 끊임없이 제공되는 폭력성을 정당화하기 위해 미디어 산업이 적극적으로 수용한 개념은 무엇인가?
2. 공격성에 내재하는 중요한 2가지 요소를 사용하여 공격성을 정의하고 설명해 보라.

3. 적대적 공격성과 도구적 공격성의 차이가 무엇인지 사례를 들어 설명해 보라.
4. 간접적 공격성이 도덕적 책임에서 면책되기 쉬운 이유는 무엇인가?
5. 학교폭력을 목격했을 때 학생들이 방관하거나 일명 '은따'에 동참하는 이유는 무엇인가?
6. 가스라이팅를 정의하고, 가스라이팅 가해자와 피해자의 특성에 대해 설명해 보라.

2장
할리우드와 폭력

대중이 좋아하는 영화 속 소재는 폭력이다. 포터 감독의 〈대열차 강도〉(1903)는 열차 승객의 귀중품을 강탈하고 도주하는 강도 4명과 그들을 뒤쫓는 경찰들 간에 벌어지는 폭력과 총격전을 현실감 있게 그려 상업적으로 성공했다. 극에서 강도들은 자신을 뒤쫓는 경찰을 몽둥이로 휘두르며 사정없이 때린 후에 그걸로 모자라 달리는 기차 밖으로 내던지는 폭력성을 보였고 경찰의 포위망으로 인해 도주하기 어려워지자, 강도가 관객들을 향해 총을 발사하는 듯한 폭력성을 보였다. 공포를 느낀 관객들은 비명을 지르며 영화관 밖으로 뛰쳐나가는 소동을 벌였지만, 폭력성이 제공하는 무의식적 쾌락과 환희를 느낀 관객도 많았다.

2장 할리우드와 폭력

빛과 그림자

19세기 말 카메라와 사진 기술의 급속한 발전 속에서 영화가 등장했다. 당시 사람들이 접할 수 있었던 정보의 원천은 오직 하나의 감각기관을 자극하는 신문과 라디오였다. 그러나 영화는 달랐다. 사람들은 시각과 청각이라는 감각을 동시에 만끽하며 영화가 제공하는 볼거리의 향연 속으로 빠져들었다. 스펙터클 영화는 관객의 말초적 감각을 자극한다는 비판에도 불구하고 시각적 즐거움과 청각적 흥분을 동원해 관객을 몰입시켰다. 영화는 최초의 영상(映像) 기록과 영사(映寫)의 매체로서 이후 등장하는 모든 영상 미디어의 메타언어로 자리하게 된다.

촛불의 가물거리는 빛은 어두운 밤을 살아 숨 쉬게 한다. 촛불 주위의 물체를 통해 그림자가 생기면 그 그림자는 춤을 추듯 움직인다. 불꽃 앞에서 손으로 모양을 만들어 본 적이 있는가? 어느덧 흰 벽에는 나비, 새, 늑대의 모습으로 가득하다. 영화는 어린 시절 우리가 즐겼던 그림자 놀이가 발전한 것이다. 아주 오래전에 사람들은 창문에 난 구멍을 통해 바깥의 풍경이 위아래가 거꾸로 된 그림자로 방의 벽에 비친다는 것을 발견했다. 이 발견은 영화로 가는 디딤돌이 되었다. 16세기 이탈리아의 의사이자 수학자인 지롤라모 카르다노(Gerolamo Cardano)는 영상을 더 뚜렷이 구현하기 위해 구멍에 렌즈를 달았다. 18세기 무렵에는 단순한 그림자가 유리에 그린 정교한 그림으로 발전했다. 그리고 환등기로 유리 슬라이드를 영사막에 비추기 시작했다. 환등기는 영화 영사기의 조상 격으로, 렌즈가 단순했고 광원으로 촛불을 사용했다. 그러나 19세기에 가스등이 사용되면서 영상이 밝아지고 렌즈도 복잡해졌고, 영사기사는 영상을 밝아지게 혹은 어두워지게, 영상이 나타났다가 갑자기 사라지게 하는 변화를 주는 등 극장의 영사기를 전문적으로 조작하게 되었다.

1872년 경주마에 관심 있던 사람들 사이에서 논쟁이 벌어졌다. 말이 '속보(빠른 걸음)'나 '습보(전속력으로 질주)'일 때 네 발굽이 모두 땅에서 떨어지는 순간이 있는가? 있다면 언제인가? 라는 질문 때문이었다. 말의 걸음걸이는 속도에 따라 평보(walk), 속보(gallop), 습보(trot), 구보(fake gallop)로 나뉜다. 평상시 '터덜터덜' 걸어가면 평보이고, 그보다 빠르게 '탁탁' 하고 뛰면 속보, '타가닥 타가닥' 하고 전속력으로 질주하면 습보, 점프하면서 '성큼성큼' 달리면 구보라 부른다. 평보는 발굽이 모두 떨어지는 때가 없고 구보는 몸이 공중에 떠 있는 때가 많아 말의 네 발굽이 모두 땅에서 떨어지는 순간이 있다는 것은 확실하지만, 속보와 습보의 경우에 판단하기 애매했다. 사람의 눈으로 구별할 수 없을 만큼 빠르고 미묘한 움직임이기 때문이다. 당시의 사진 기술로는 움직이는 물체를 찍기가 쉽지 않았다. 경주마가 달리는 모습을 그림으로 남긴 화가들도 땅에 닿은 발굽의 개수를 저마다 다르게 묘사했다.

그때 경마 애호가였던 릴런드 스탠퍼드(Leland Stanford)가 나섰다. 우리가 익히 알고 있는 스탠퍼드대학교를 설립한 인물이다. 그는 개인 자금으로 영국의 사진작가 에드워드 마이브리지(Eadweard Muybridge)를 고용하여 실험을 통해 이를 증명해 달라고 부탁했다. 마이브리지는 스탠퍼드의 경주마 옥시던트(Occident)를 데려다 속보로 달리게 하고 사진을 찍었다. 그가 고안한 방법은 이렇다. 요란한 소리를 내며 트랙을 속보로 달리던 옥시던트가 길에 팽팽하게 놓인 실을 차례차례 끊는다. 이렇게 실이 끊기면서 카메라 12대의 셔터가 당겨져 말이 발을 내디딜 때마다 사진이 찍히게 한 것이다. 속보로 달리는 말의 모습이 담긴 12컷의 사진은 말이 달리는 실제 모습을 명확하게 잡아냈다. 말의 움직임을 과학적인 방법으로 포착한 한 장의 사진 덕분에 말발굽과 달리기에 대한 논쟁은 말끔하게 해결되었다. 마이브리지는 카메라를 맨 먼저 사용하지도 않았고 움직이는 동작을 맨 먼저 찍지도 않았지만, 두 기술을 결합한 그의 방식은 획기적이었다. 그는 빠르게 움직이는 말발굽을 순간적으로 잡을 수 있을 만큼 빠르게 열리고 닫히는 카메라 셔터를 개량했다. 마이브리지가 달리는 말을 연속으로 찍은 지 10년 후에 최초의 영화가 탄생했다.

영화의 탄생

1895년 움직이는 영상을 스크린 위에 영사하는 장치인 시네마토그라프(Cinematographe)가 세상에 나왔다. 시네마토그라프는 프랑스의 사진사 루이 뤼미에르(Louis Lumiere)와 오귀스트 뤼미에르(Auguste

Lumiere) 형제가 재봉틀을 본떠 만든 카메라 겸용 영사기였다. 재봉틀이 한 땀을 박는 동안에 옷감을 붙잡고 있다가 한 땀이 끝나면 재빨리 옷감을 밀어내고 다음 땀을 박는 것처럼, 시네마토그라프도 한 장면이 영사막에 비치는 동안에는 필름을 멈추고 있다가 영사가 끝나면 재빨리 다음 장면을 비추는 방식이다. 시네마토그라프의 어원은 그리스어로 '움직임'을 의미하는 'kinema'와 '기록'을 의미하는 'grafhein'의 합성어로, 우리가 영화를 '시네마'라고 부르는 것도 이 이름에서 기원했다.

1895년 3월 19일에 뤼미에르 형제는 단편영화 〈뤼미에르 공장을 나서는 노동자들(La Sortie des usines Lumière à Lyon)〉을 상영했다. 공장 근로자들이 일을 마치고 삼삼오오 줄지어 공장 문을 나서는 모습을 담은 것이다. 상영 시간은 약 1분에 불과했나. 이후 1895년 12월 28일에 파리의 그랑카페에서 단편영화 〈기차의 도착〉을 상영했다. 기차가 기차역 선로로 향하는 모습을 담은 1분여 분량의 영화였다. 전작 상영과 다른 점은 유료 상영이었다. 그러나 1분짜리 영화가 채 끝나기도 전에 관객들은 혼비백산하면서 달아났다. 왜 영화를 보던 사람들이 달아났을까? 아마도 기차가 자신들을 향해 달려온다는 공포를 느꼈던 것 같다. 뤼미에르 형제는 기차가 도착하는 장면을 정면이 아닌 비스듬한 각도에서 찍었다. 그럼으로써 관객은 기차가 훨씬 빠르게 다가오는 역동성과 함께 원근감을 온몸으로 느꼈을 것이다. 뤼미에르 형제가 이를 사전에 의도한 것인지 그 여부는 알 수 없으나 이들은 촬영의 선택이 관객에게 미칠 수 있는 심리적 효과를 인지한 듯하다. 이들은 기본적인 카메라의 기능, 즉 물체가 움직이는 것을 사람의 눈으로 보는 것처럼 정확히 기록해 다시 재생시키는 역할을 넘어 확장된 가능성을 제공했다. 그러나 상영의 결과는 참담했다. 텅 빈 객석을 바라보며 뤼미에르 형제는 영화의 길을 접고 본래의 직업인 사진가로 돌아갈 수밖에 없었다.

유럽에서 뤼미에르 형제가 영화를 처음으로 만들었다면, 비슷한 시기에 또 다른 대륙에서 영화를 만든 사람이 있었다. 미국의 토머스 에디슨(Thomas Edison)이었다. 1891년에 에디슨은 촬영용 카메라를 비롯해 키네토스코프(Kinetoscope)라는 관람 상자를 발명했다. 당시 에디슨은 축음기와 백열전구의 발명으로 큰 성공을 이룬 상태였다. 이후 그는 '축음기에 움직이는 이미지를 덧붙일 수 없을까'라는 아이디어에 몰두해서 사진가 윌리엄 딕슨(William Dickson)에게 자신의 '눈을 위한 축음기' 아이디어를 실현해달라고 요청했다. 1889년 딕슨이 에디슨이 요청한 영화 카메라를 완성했고, 그 카메라로 한 사람을 찍은 짧은 영화를 선보였다. 딕슨이 찍은 영화에 사람들은 매료되었다. 당시 신문에서 평론가들은 "그는 인사를 하고 웃음을 지으면서 자연스럽고 우아하게 모자를 벗었다"라고 영화를 논평했다. 사업 감각이 남달랐던 에디슨은 키네토스코프가 축음기와 백열전구만큼 당장에 돈을 벌어들일 수 없지만 언젠가 엄청난 부를 가져다줄 것으로 예상했고 사업화하는 데 주력했다. 에디슨은 프랑스의 뤼미에르 형제와 정반대의 길을 걸었다.

1894년 4월 14일 뉴욕 브로드웨이에 키네토스코프로 영화를 보여주는 최초의 상업 영화관이 열렸다. 그곳을 '페니 아케이드(Penny Arcade)' 혹은 '니켈로디언(Nickelodeon)'이라고 불렀다. 미국 동전에 쓰인 니켈 이름을 본떠서 붙인 이름이었다. 페니 아케이드에는 키네토스코프 기계 10대가 줄지어 배치되었다. 각각의 기계에는 에디슨 스튜디오에서 제작한 15초 분량의 필름이 들어 있었다. 필름은 당시 인기를 끌었던 뮤지컬 '위도우 존스(Widow Jones)'의 남녀 주인공이 마지막 장면에서 한 키스를 재연한〈키스(The Kiss)〉, 선수들의 권투 장면, 쇼걸의 스트립쇼 등을 담았다.[62] 〈키스〉는 남녀가 얼굴을 맞대며 이야기를 나누다가 마지막 장면에서 입을 맞대고 끝난다. 지금 보면 문제될 것이 전혀 없어 보이나, 키스는 관객의 빗발치는 항의를 비롯해 사회 각 계층 지도자들의 분노를 불러일으켰다. 외설적이고 부도덕하며, 너무도 충격적이라는 이유에서였다. 키네토스코프는 상부의 작은 창을 통해 들여다보는 형태로 설계되었다. 마치 은밀한 사생활에 속하는 것이면 그 무엇이건 관찰하고 싶어 하는 인간의 관음적 욕구를 적절히 소구한 형태였다. 관객이 기계에 동전을 넣으면 자신이 원하는 영화를 관람할 수 있었다. 상영관을 찾는 관객의 발길이 끊이지 않았다. 지난 한 세기 동안 우리가 영화관에서 문화생활을 즐길 수 있었던 토대는 에디슨이 마련했다고 해도 과언이 아닐 듯싶다.

가자, 할리우드로

사람들은 영사막에 걸어 다니고 춤을 추는 모습을 보는 데에 아낌없이 돈을 썼다. 그러다 '신기하다'는 생각이 사라지면서 인기가 점점 사그라들었다. 뉴욕과 필라델피아의 영화인들은 에디슨이 발명한 실용적인 카메라를 대여해 짤막하면서 값이 저렴한 영화를 만들기 시작했다. 영화는 무대 연극처럼 이야기와 멋진 영상이 필요했다. 그러나 말처럼 쉽지 않았다. 카메라로 영상을 찍으려면 햇빛이 필요한데 동부 해안을 덮고 있는 구름이 걷히고 햇빛이 나기를 기다린다는 것은 짜증스러운 일이었다. 게다가 에디슨은 영화인들에게 카메라 대여로 말고도 특허료까지 내라고 요구하고 있었다. 특허료는 영화 상영할 때마다 개런티 형식으로 지급하라고 했으나 돈에 쪼들리던 영화인들은 특허료까지 지급하라는 에디슨의 요구가 부당하다고 생각했다. 그래서 이들은 연방정부에 에디슨을 특허에 대한 부당청구권으로 제소했다. 그러나 특허료는 특허권이 있는 사람이 받을 수 있는 정당한 권리였기에 연방정부는 에디슨의 손을 들어주었다. 이에 영화인들은 영화의 성지였던 뉴욕을 버리고 연방정부의 법이 미치지 않는 서부로 이동하기로 했다.

1910년에 영화 제작자들은 서부의 로스앤젤레스 가까이에 있는 조용한 마을 할리우드에 정착했다. 그곳은 특허료를 낼 필요도 없었고, 언제나 햇빛이 쨍쨍했고, 땅값도 저렴하며 인건비도 낮았다. 영화의 배경으로 쓸만한 멋진 경치도 많았고, 비가 적어 실내에서 비싼 조명을 쓰지 않고서도 야외에서 영화를 찍을 수 있었다. 당시 인구가 5천 명에 불과했던 할리우드는 10년도 채 되지 않아 3만 5천 명으로 불어날 정도로 빠르게 성장했다.

초기에 상영된 영화는 모두 흑백에, 소리가 나지 않는 무성영화였다. 흑백 무성영화는 생동감이 전혀 없었다. 영화 제작자들은 처음부터 영화에 자연색을 입히기 위해 애썼다. 우표 크기의 사진 한 장 한 장을 돋보기로 보면서 붓으로 색을 입히던 노력이 스텐실 기법으로 발전했고, 1932년에 삼색 분해식 카메라가 세상에 나오면서 영화는 진짜 천연색을 담기 시작했다. 천연색 영화라고 해서 모든 색이 생동감을 담아내는 것은 아니었다. 빨간색과 노란색만이 선명했고, 두 색으로 표현되는 불꽃은 그야말로 환상적이었다. 영화 〈바람과 함께 사라지다〉

(1939)에 애틀랜타 전역이 불길에 휩싸인 장면이 나온다. 이처럼 한때 컬러 영화에는 화재 장면을 단골 메뉴로 포함했다. 그 이유가 바로 선명한 컬러 때문이었다. 그러나 삼색 분해식 카메라는 매우 무거워서 튼튼한 삼각대가 없으면 쓸모가 없었다. 또 천연색 필름을 만드는 데 특수한 인화 과정을 거쳐야 했기 때문에 컬러 영화 한 편을 만드는 데 들어가는 돈과 노력이 엄청났다. 또 영화인 중에는 천연색의 너무 밝은 색조보다 회색의 미묘한 음영을 더 좋아하는 사람도 많았다. 그래서인지 1954년까지 모든 영화의 절반가량이 여전히 흑백영화였다.

무성영화 시대에는 영화에 대사가 전혀 없었다. 그래서 관객이 영화의 줄거리를 이해하는 것은 거의 불가능한 일이었다. 그래서 자막을 사용해 관객의 이해를 도왔다. 자막은 시간의 흐름을 제시하는 짧은 자막도 있었지만, 긴 내용을 담기도 했다. 그래서 글을 모르는 사람들은 영화를 보러 갈 때 글을 아는 사람과 함께 가야 했고, 극장에서는 언제나 수군거리는 소리로 가득했다. 뛰어난 감독은 자막 대신에 배우들의 연기로 줄거리를 전달하려고 애썼고, 배우들은 감독의 주문대로 평범한 감정을 나타낼 때도 과장된 몸짓과 표정으로 연기했다. 소리가 나는 영화는 1900년 이전에 만들어졌지만, 말이 함께 나오는 장편영화는 1927년 〈재즈 싱어(Jazz Singer)〉가 처음이었다. 최초의 유성영화라고 하지만 〈재즈 싱어〉에서 주인공 알 존슨은 노래를 몇 곡 부르고 짧은 대사를 두 번 했을 뿐이었다. 관객들은 유성영화를 좋아했다. 얼마 동안 사람들은 '배우가 말을 하는 것'을 구경하려는 호기심에 극장으로 몰려들었다. 사람들은 달걀을 기름에 튀기는 소리에도 웃음을 터뜨렸고 탄성을 질렀다. 초기 유성영화에서 배우들은 세트에 숨겨진 마이크에 대고 말을 해야 해서 많이 움직일 수가 없었다. 그러나 이후 긴 팔 모양의 장대에 마이크를 달면서 문제가 해결되었다. 배우들이 움직이면 마이크 담당자가 함께 움직였고, 화면에는 보이지 않는 곳에 마이크를 배치했다.

할리우드의 인기배우들에게 유성영화가 마냥 즐겁지만은 않았다. 무성영화에서 호소력 짙었던 과장된 몸짓이 불필요하게 보였기 때문이다. 또 억양이 센 배우들의 말은 관객들이 거의 알아듣지 못했다. 무성영화 시대에 폭스와 MGM에서 전속 계약 배우로 영화를 찍으면서 슈퍼스타가 된 존 길버트(John Gilbert)는 억양이 높고 목소리가 찢어지는 듯했다. 관객들은 그의 목소리를 듣고 웃음을 터뜨렸다. 반면 스웨덴 억양의 쉰 듯한 그레타 가르보(Greta Garbo)의 목소리는 차갑고 신비로운 그녀의 모습과 완벽하게 조화를 이루며 관객의 사랑을 받았다. 지금이야 영화를 찍을 때 소리가 필름에 그대로 녹음되지만, 초창기에는 별도의 음반에 녹음해야 했다. 그래서 영사기에는 녹음을 재생할 수 있는 장치가 달려 있었다. 극장에서 영사기사의 중요한 업무는 영상과 소리를 잘 맞추어야 하는 일이다. 만약 실수하면 남자 배우가 말하는 장면에서 여성의 목소리가 들리는 해프닝도 일어났다.

싸구려 쇼에서 영화 궁전으로

한때 영화를 '가난한 사람들을 위한 싸구려 쇼'라고 불렀다. 고작해야 15분 분량에 동전 몇 개면 입장할 수 있을 정도로 품질도 매우 형편없었다. 그랬던 영화산업이 달라지기 시작했다. 할리우드의 영화사들이 상영 시간도 길고 품질도 괜찮은 영화를 만들기 시작하면서다. 폴란드 출신의 장갑 판매원이었던 새뮤얼 골드피시(Samuel Goldfish)는 영화의 매력에 푹 빠진 뒤에 성을 골드윈(Goldwyn)으로 바꾸고 영화산업에 뛰어들었다. 그리고 그는 메트로 골드윈 메이어(MGM)라는 할리우드 영화사의 거물급 제작자가 되었다.[63] 20세기 폭스, 유니버설, 파라마운트 역시 영화 제작으로 엄청난 돈을 벌면서 영화계의 거물이 되었다.

영화 제작자들은 영화의 매력을 '돈을 빛으로 바꾸는 작업'이라고 표현한다. 영화 제작에는 엄청난 돈이 들어간다는 의미이다. 〈아바타: 물의 길〉의 초당 제작비가 2억 3,000만 원이라고 알려졌다.[64] 이 영화의 러닝타임이 192분인데 초로 환산해서 계산하면 제작비가 약 2조 7천억 원이 들어갔다는 소리이다. 지금까지 영화 제작비로 1조 원 이상이 투입된 영화가 없고, 나무위키에서 〈아바타: 물의 길〉의 제작비로 약 5천억 원이 들었다고 하니 과장된 금액이긴 하다. 그러나 영화는 많은 돈이 투입되고, 그 돈은 영화 제작자가 요리한다. 영화를 만들 때 영화 제작자는 많은 역할을 맡는다. 우선 어떤 영화를 찍을지 결정해야 하고 자금을 관리해야 한다. 또 영화에 대한 창조적인 결정을 내릴 수 있는 감독을 고용해 함께 영화를 기획하고 생각을 모아 시나리오를 만들며 예산을 짜고 촬영 계획을 세운다.

할리우드의 영화계 거물들은 미국 영화사를 지배하면서 출연진을 자유롭게 고용하고 해고했다. 인기 배우들은 영화사와 전속 계약을 맺고 엄청난 보수를 받았다. 당시 MGM이 내건 슬로건은 '하늘의 별보다 더 많은 스타'였다. 그곳에서 엘리자베스 테일러 등을 비롯한 당대 수많은 스타가 배출되었다. 영화 속에서 펼쳐지는 인기 배우들의 사랑과 모험은 흥미진진했다. 인기 배우들의 생활은 할리우드의 주요한 산업이 되었다. 수많은 영화 잡지에서 배우들의 생활을 세세하기 담기 시작했다. 이들 배우의 이야기는 대부분 홍보 회사에서 각색한 거짓 내용이었다. 영화에 열광하던 사람들은 인기 배우들이 가난한 생활을 전전하다가 화려한 생활을 영위하는 것을 지켜보며 자신들도 가난한 생활에서 벗어나는 환상과 꿈을 꾸었다.

초기 영화산업이 호황을 누릴 때 영화관 안팎은 매우 호화로웠다. 영화관 바깥은 으리으리하게 지어졌다. 밤에는 수백 계의 전구와 네온 불빛이 극장을 밝혔다. 영화관 내부로 들어서면 바닥에는 대리석이 깔려 있었고 천장에는 크리스털 샹들리에가 매달린 화려한 홀이 있었다. 관객들은 호화로운 홀을 지나 푹신한 양탄자가 깔린 계단을 올라가 지정 좌석에 앉아서 팝콘과 콜라를 마시며 영화를 즐겼다. 1920년대에서 1930년대 미국의 영화관은 너무나 웅장하여 사람들은 '궁전'이라고 불렀다. 영화표 한 장 가격으로 사람들은 누구나 할리우드의 왕실 세계를 드나들 수 있었다. 1927년 뉴욕의 록시 극장에는 좌석이 6,200여 개였고, 종업원 수도 300명이 되었다. 영화관에는 카페나 식당을 설치하여 관객들이 쉴 수 있게 했다. 식당은 영화관의 주 고객층에 따라 달라졌는데, 시내 중심가의 호화로운 극장에는 값비싼 요리들이 가득했고, 지방의 작은 영화관에는 돈이 없는 관객을 위해 저렴한 음식을 선보였다. 영화관에는 식당, 탁아소, 무료 전화, 미술관, 무도장, 탁구장, 당구장 등 모든 편의시설도 갖추었다. 심지어 병원이 있는 극장도 있었다. 이들 영화관의 목적은 그저 사람들이 영화를 자주 보도록 하는 데 있었고 그 전략은 성공했다. 궁전처럼 화려한 영화관이었지만 입장권은 그리 비싸지 않아 일반 서민들도 일주일에 한 번 이상 영화관을 찾을 수 있었기 때문이다. 1930년대 미국 인구가 1억 2,200만 명이던 때 일주일에 9,500만 명 이상이 영화를 보러 갈 정도였다.

관객의 마음 사로잡기

할리우드의 메이저 영화사들은 관객이 열광할 만한 영화를 더 빨리 더 많이 제작해야 했다. 이들은 작품의 발상부터 시나리오와 스토리보드 작성, 연출과 배우, 소품, 조명, 촬영 등 영화 제작의 전 공정을 통제하며 마치 공산품을 제조하는 공장의 포드 시스템처럼 영화를 쉴 새 없이 양산하는 구조를 갖추었다. 이러한 영화 제작 방식을 '스튜디오 시스템'이라고 부른다. 또 영화사들은 '관객의 마음을 사로잡을 수 있는' 영화 기법을 연구하고 발굴하기 시작했다. 초기 뤼미에르 형제가 찍은 영화처럼 공장의 문을 나서는 근로자들의 모습을 담은 짧고 단순한 구조에서 벗어나 관객을 자극할 수 있는 체계적이고 복잡한 이야기 구조가 필요해졌다. 예컨대 재난 속에서 가족을 구하는 남자의 이야기, 자식이 선택한 배우자를 부모가 거절하는 이야기 등 관객이 공감하고 충격적으로 느낄 수 있는 대중적 스토리가 필요해졌다. 할리우드는 국가, 계급, 이념을 초월하여 일반 관객이 쉽게 이해하고 해석할 수 있는 서사와 이를 구현할 수 있는 방식을 찾아내는 데 몰두했다. 1917년부터 1960년에 제작된 영화에는 '할리우드 클래식 스타일'이라고 부르는 독특한 스타일이 연출되었다.

예컨대, 할리우드의 클래식은 선명한 인과관계(causality)를 기반한 선형적인 구조를 갖춘다. 좋은 이야기는 결말에 플롯의 사건들과 에피소드들이 극적으로 해결되어야 한다. 이를 위해 극의 시작에서부터 극적인 문제가 제시된다. 등장인물은 명확한 성격과 개성을 지니고 심리적 인과관계에 따라 행동한다.[65] 특히 주인공은 목표지향적이거나 특정한 욕망을 지닌다. 갈등과 투쟁의 과정에서 주인공은 타자나 외부 환경을 통해 부딪치는 갈등과 위기를 겪고 궁극적으로는 문제 해결이나 목표의 성취[66] 혹은 실패라는 닫힌 구조를 구축한다. 예컨대, 넷플릭스의 드라마 〈더 글로리〉(2023)는 선명한 인과관계로 구성되어 있다. 유년 시절 폭력으로 영혼까지 부서진 주인공 문동은은 온 생을 걸쳐 치밀하고 처절하게 복수를 준비하고 깔끔하게 실행한다. 그 결과 손명오는 박연진 모녀에게 죽게 되고, 전재준은 콘크리트 밑에서 시체로 사라지며, 최혜정은 영원히 말을 할 수 없게 된다. 박연진은 살인죄로 교도소에 수감 되고, 이사라 역시 살인 미수범으로 잡혀 들어간다. 할리우드의 클래식 내러티브는 발단-전개-위기-절정-대단원 구조로 이루어지고 해피엔딩 결말을 지향한다.[67] 이는 미국 영화산업을 지탱하는 서사 규칙이다.

이야기 구조에서 데드라인(deadline)을 설정하는 것 역시 관객의 마음을 사로잡기 위한 할리우드의 클래식 스타일이다. 프레드 진네만(Fred Zinnemann) 감독의 서부 영화 〈High Noon〉(1952)에서 주인공은 정해진 시간까지 과업을 완수하지 못하면 큰 어려움에 직면하게 된다. 영화 속에서 계속 시계를 쳐다보는 주인공의 얼굴이 클로즈업되는데, 이때 관객은 주인공의 초조한 느낌을 공유하며 손에 땀을 쥐게 된다. 또 영화 속에서 주인공은 관객에게 이야기의 인과관계를 전달하는 역할을 하는데 이 역시 할리우드의 클래식 스타일이다. 예컨대 주인공의 회상 장면(flash back)에서 관객이 알아야 할 정보를 제공함으로써 현재 일어나고 있는 사건의 인과를 설명하는 도구뿐 아니라 한 사람의 과거를 보여주어 그의 성격을 해명하는 도구로도 흔히 사용되었다. 무대, 소품, 의상 등에 의해 부여되는 그럴듯함(versimilitudity)이나 있음직함(probability)도 관객의 마음을 사로잡기 위한 할리우드의 특별한 기법이었다. 영화를 만드는 사람들은 폭풍우가 몰아치는 망망대해, 눈으로 덮인 산봉우리, 달 표면을 흉내 내기도 했다.

생생하고 진실하게 보이기

기술적 진보와 혁신은 할리우드 영화에서 매우 중요한 요인이다. 유성영화의 출현 이후로 할리우드는 음향, 색채, 대형화면, 입체영화 등의 출현과 보급에 주도적 역할을 담당해 왔는데, 이는 오로지 관객의 발걸음을 영화관으로 향하도록 하려는 목표에서였다. 기술의 진보는 '사실주의'를 추구하는 클래식 스타일이 어떤 것인지를 확실하게 각인시켰다. 예컨대, 〈대부〉 (1972)에 나오는 격렬한 총격전에서 장남 소니 콜레오네 역할의 제임스 칸(James Caan)이 진짜 총알에 맞아 죽는 것처럼 보이게 하려고 그의 옷에 연기가 나지 않은 작은 폭약을 달았고 폭약 전문가가 전기를 이용해 터뜨렸다. 자동차와 건물 벽면의 총알 자국은 압축 공기총으로 진짜와 같이 만들었다. 또 유성영화의 도래는 클래식 스타일의 규범을 넓히고 확고부동한 토대를 마련해주었다. 사실적인 사운드는 관객을 영화에 몰입하게 하는 데 중요한 역할을 했다. 특별한 효과음이 필요할 때 음향 기술자들은 그 소리를 흉내 내어 만들었다. 한 예로, 공포 영화에서 사람의 팔과 다리가 잘려 나가는 소리는 톱으로 양배추를 썰 때 나오는 소리로 대체했다.

영화는 촬영된 그대로 상영되는 것이 아니라 편집(editing, cutting) 과정을 통해 각각 따로 촬영한 필름들을 창조적으로 한데 묶어 현실과 다른 영화적 시공간을 창출한다. 1903년 에디슨 스튜디오에서 촬영기사로 일하며 영화 기술을 습득한 에드윈 포터(Edwin Porter)는 12분 길이의 영화 〈대열차 강도(The Great Train Robbery)〉를 제작했다. 영화는 열차 승객의 귀중품을 강탈하고 도주하는 강도 4명이 이들을 뒤쫓는 경찰과의 총격전 끝에 사살당하는 내용이다. 미국인에게 익숙한 서부극이라는 대중적인 주제와 역동적 액션, 그리고 폭력성 덕분에 폭발적 인기를 얻었다. 특히 주인공 저스터스 반스(Justus Barnes)가 미디엄 쇼트로 카메라를 향해 총을 발사하는 마지막 장면은 관객의 공포와 환희를 동시에 불러일으켰다. 이후 이 장면은 수많은 영화와 TV 프로그램에서 오마주로 등장했다.

구 소련의 감독인 세르게이 에이젠슈테인(Sergey Eyzenshteyn)은 영화의 편집이 단순한 쇼트(shot)의 결합이 아니라고 설명했다. 쇼트는 카메라가 피사체를 촬영한 필름 단편을 말한다. 과거에는 한 장면에 하나의 쇼트만을 사용했으나 이제는 여러 개의 쇼트를 전략적으로 사용한다. 영화에서 기본 쇼트의 크기는 대략 4개로 구분한다. 피사체를 사람이라고 상정했을 때 기본적인 쇼트 크기는 풀 쇼트(full shot), 미디엄 쇼트(medium shot), 클로즈업 쇼트(close-up shot), 여기에 더 먼 거리에서 피사체를 잡은 롱 쇼트(long shot)를 포함한다. 일반적으로 풀 쇼트는 인물의 머리부터 발끝까지 다 잡히는 크기를 말한다. 미디엄 쇼트는 인물의 허리 정도에서 상체 부분이 다 잡힐 정도이고 얼굴만 잡히는 정도의 크기는 클로즈업 쇼트라고 부른다. 롱 쇼트는 인물을 포함하면서 배경이 온전히 드러날 때를 의미한다. 그러나 이러한 구분은 매우 유동적이다. 현장의 카메라맨이나 감독의 감각이나 현장 조건에 따라 달라지기 때문이다. 또 사물을 극단적으로 확대하거나 축소할 때 익스트림(extreme)을 붙여 익스트림 클로즈업 쇼트, 익스트림 롱 쇼트로 세분하기도 한다. 전자는 사람의 눈을 찍을 때 망막의 실핏줄까지 보일 정도로 확대한 장면이고, 후자는 촬영 범위가 너무 넓어 인물의 식별이 어려운 장면을 가리킨다.

영화의 편집은 관객의 강한 정서적 반응을 일으키는 요소이다. 에이젠슈테인은 〈전함 포템킨〉(1925)의 '오데사 계단에서 벌어진 민간인 학살' 장면에서 놀라운 편집을 선보이며 영화의 극적 긴장감과 미학적 완성도를 높였다. 영화의 배경은 1905년 혁명전야의 제정러시아이다. 전함 포템킨에서 장교들의 학대와 열악한 근무 조건에 불만을 품은 수병들이 선상에서 반란을 일으켰고, 이의 발단으로 시민들까지 혁명의 대열에 함께 한다는 내용을 담고 있다. 오데사 장면에서 흰 제복의 군인들이 열을 맞추어 계단을 내려가고 있다. 그들은 모두 총기를 소지했고, 그 총구는 군중을 겨누고 있다. 시민들은 군인을 피해 정신없이 대피하고 있는 사이에 '오데사의 계단'이 나타난다. 계단의 아래편에는 말을 탄 기병대가 포진된 상황이라 시민들은 빠져나갈 곳이 없다. 그때 '검은 두건을 쓴 여자'가 군인이 쏜 총에 맞고 살해된다. 죽기 직전에 그녀는 유모차를 잡고 있었던 터라 그녀가 쓰러지면서 계단 아래쪽으로 유모차가 구르기 시작한다. 영화는 계단 밑으로 굴러가는 유모차와 아무것도 모르는 아기의 천진난만한 표정, 군인들의 학살, 도망가는 군중, 군인들의 학살을 고통스럽게 지켜보는 사람의 모습을 교차적으로 보여줌으로써 관객은 긴장감을 느끼게 된다. 이건 당대로서는 매우 혁신적 편집이었다. 할리우드에서는 한 장면 속 근접 쇼트들을 삽입하는 평행 편집(Parallel Editing) 등의 편집기법이 선보였다. 예컨대, 론 하워드 감독은 F1레이싱을 소재로 한 영화 〈러시〉(2013)를 만들면서 관객이 이야기 속에 깊이 몰입하게 만들고 싶었다. 그는 자동차 경주 장면에서 자동차가 달리는 장면을 먼저 보여주고, 이어 환호하는 관중 장면을 붙인 후에 다시 자동차 장면을 보여주는 식으로 교차 편집했다. 그의 의도대로, 관객은 불안감과 긴박감을 느끼며 장면에 깊이 몰입할 수 있었다.

배우와 관객의 눈 맞춤은 영화의 수사법이자 영화 고유의 미학 양식이었다. 20세기 초반의 소련과 유럽 영화는 배우가 연기 중에 일부러 카메라를 쳐다보는 장면을 배치해 왔다. 관객에게 영화가 실제가 아니라 허구라는 사실을 순간적으로 알게 해주기 위해서였다. 할리우드의 제작자들은 절대로 이런 장면을 허용하지 않았다. 관객이 영화 속 허구를 눈치채지 못하도록 그리고 일말의 의문도 제기하지 못하도록 영화를 만들어야 했기 때문이다. 즉 관객이 영화를 허구로 인식하지 않고 감정적으로 동화한 상태에서 현실처럼 인식하도록 소위 '보이지 않는 기법' 등을 정례화했다. 그래서 미국 영화에서 배우가 갑자기 카메라를, 즉 관객을 똑바로 바라보는 장면은 극히 이례적인 경우를 제외하고 보기 어렵다. 할리우드가 보이지 않는 기법에 주력한 이유는 관객의 관음증을 보장해 주기 위해서다. 카메라의 시선은 없는 것처럼 위장해야 한다. 영화가 배우들이 연기하는 영화 속 인생이나 행동을 관객이 몰래 엿보는 것으로 위장하고 관음증을 보장해 줄 때 관객은 안심하고 허구적 세계에 몰입할 수 있다. 그래서 배우와 관객의 눈 맞춤은 절대적으로 해서는 안 되는 금기사항이다. 영화가 실제가 아니라 허구일 뿐이라는 사실을 관객이 인지하는 순간 관객은 영화에 집중할 수 없다. 할리우드의 보이지 않는 편집 관습에 익숙해진 관객들은 영화와 상호작용을 통해 '영화란 원래 이런 것'이라는 신화가 창조되었고, 미국 영화를 보고 자란 사람들은 관객이 허구의 세계를 사실로 받아들이는 과정에서 몰입을 깨뜨리지 않을 개연성과 그것에 생생한 실감을 부여하는 세부 묘사를 위한 전략 기제들을 자연스럽게 받아들이게 되었다.

1960년대 초반부터 발전하기 시작한 컴퓨터 그래픽 기술은 사실주의(realism)의 실현에 그 목표를 두고, 지금껏 질주하고 있다. 사실주의의 개념은 일상생활에서 시각적으로 인식하고 경험하는 실재(reality)와의 유사성을 근간으로 하는 이미지의 정확성 또는 핍진성(verisimilitude)에 있다. 핍진성은 허구적 세계에서 사실적이거나 진실해 보이는 정도로서, 진짜 같고 그럴듯함을 구성하는 문화적 기준이다. 따라서 영화의 세계가 현실을 그대로 보여주기 때문에 생생하고 진실한 것이 아니라, 영화가 관객이 경험한 세계와 유사해 보이도록 생생하고 진실해 보일 때 관객은 현실로 받아들이게 된다. 영화 자체를 실감 나고 진정성 있게 만들기 위한 세부 요소로는 삶에의 근접(approximation)을 통한 외연적 진실과 내적 진실(internal truth)에 의해 얻어지는 인간 본질에 대한 내면적 진실,[68] 그리고 시각적(visual), 청각적 경험을 통한 영화적 진실[69]이 있다. 외연적 진실은 개연성의 논리에 따라 이야기가 발생할 가능성 혹은 실제로 일어날 가능성을 통해 판단된다. 내면적 진실은 등장인물의 세계관이나 삶의 태도를 통해 가시화된다. 또 영화적 진실은 관객이 보는 것뿐 아니라 듣는 것까지 현실적인 느낌을 주도록 연출했을 때 확보된다. 관객은 영화의 시각 요소와 청각 요소가 모두 만족 되었을 때 비로소 좋은 영화였다고 이야기하기 때문이다. 영화에서 음악은 복선의 암시, 긴장 및 두려움 등 등장인물의 감정선과 심리변화 등을 표현하는 데 주요하게 쓰인다. 자동차 추격 장면에 비트 있는 음악이 삽입되면 추격 장면은 긴장감이 훨씬 더해진다. 장면의 속도와 음악의 템포가 맞아떨어지면 관객은 손에 땀을 쥐며 영화를 관람할 수 있어서다. 청각적 요소는 단순한 정보 전달 이상으로 의미 전달을 이끌어 관객의 정서적인 공감을 유도한다. 스토리에 부합하는 음악, 극의 전개에 따라 수시로 변하는 제대로 된 음악이 없다면 영화는 물거품에 불과하다고 말한 유명 감독도 있다. 지금의 관객은 불이 꺼진 극장에서 커다란 스크린에 집중하며 영화를 보지 않는다. 작은 화면으로 이동하며 도시의 소음 속, 번잡한 지하철 안, 음악과 대화로 가득 찬 카페에서 영상을 즐긴다. 그래서 최근 영화 제작자들은 시각은 물론이고 관객이 청각적 몰입을 하는 데 중점을 두고 있다. 〈킹덤〉의 김성훈 감독은 한 인터뷰에서 "서사에 맞게 감정적인 음악, 긴장을 고조하게 만드는 음악을 만들어 넣었다"라며 영화적 진실에 한 걸음 더 나아가기 위해 서사와 이미지는 물론이고 소리로 흥미와 몰입감을 배가시키려고 노력했다고 말했다.[70]

대중이 느끼는 즐거움

실사를 바탕으로 하는 영화는 사실적인 표현 양식에 종속될 수밖에 없다. 초기의 컴퓨터 그래픽도 보다 실감 나게, 현실에서 표현하지 못하는 부분을 더 현실적으로 표현하기 위해 사용되었다. 또 카메라 움직임, 환상이나 환영을 재현하기 위한 특수효과의 역할을 해왔다. 이전의 영화는 카메라의 움직임이라는 제한을 받아 재현하는 데 한계가 있었다. 그러나 디지털 이미지에서는 그러한 한계에서 벗어나 현실적으로 불가능한 속도로 움직이는 카메라의 구현까지도 가능해졌다. 또 디지털-시뮬레이션을 통해 재현의 완벽성이 극대화되며 관객은 더 이상 이를 생소하게 느끼지 않는다. 〈매트릭스〉, 〈인셉션〉, 〈인터스텔라〉, 〈아바타: 물의 길〉, 〈듄: 파트2〉처럼 지금의 영화는 인간이 상상하는 세계를 실존하는 세계처럼 리얼하게 재현할 수 있게 되었다. 현실의 시공간을 촬영하는 영화제작 과정만큼 디지털 VFX의 역할이 중요해지면서 영화가 표현할 수 있는 세계는 이전과는 비교할 수 없을 정도로 거대해졌다. 과거, 현재, 미래의 시공간이 자유롭게 교차하며 펼쳐지는 영화와 인간의 무의식적인 꿈, 환각의 세계를 배경으로 하는 영화가 관객들을 사로잡기 시작했다. 관객들은 이러한 영화를 보며 현실 세계와 가상 세계가 공존하는 영화 속 이야기 세계가 정말 현실 세계에 존재하는 듯한 경험을 할 수 있게 되었다. 〈아바타: 물의 길〉을 보고 온 한 기자는 주인공 캐릭터가 관객석을 향해 수영을 치는 장면에서 손을 뻗으면 그 캐릭터를 만질 수 있을 것 같은 착각이 들 정도로 몰입감이 최고였고, 지구상에서 이보다 더 재미있는 즐길 거리를 찾을 수 없을 거라며 극찬했다.[71] 현실과 영화적 상상력의 경계를 넘나들며 색다른 볼거리를 실감 나게 구현한 CG 장면의 쾌거이다. 이로써 관객은 몰입을 방해하는 어정쩡한 사실주의가 아닌 현실에 있는 듯한 최고의 스펙터클(spectacle)을 맛보게 되었다.

스펙터클은 인상적인 광경이나 장관을 의미한다. 19세기 말엽 파리의 쾌락, 즉 구경거리와 연결하여 그 의미를 찾아볼 수 있다. 파리는 신문, 잡지 등에서 제공한 글과 이미지를 통해 파리의 삶 자체를 구경할 수 있는 실제의 이야기가 되었고, 도시의 시각화는 도시를 아는 것과 같은 의미를 지니게 되었다.72 이로써 파리를 한 번도 가본 적 없는 사람들도 미디어에서 제공한 이미지를 통해 파리가 어떤 곳인지를 어렴풋하게 인식하게 된다. 영화에서 스펙터클은 강력하고 화려한 이미지를 선사한다는 의미를 뜻한다. 기술집약적이고 특수효과로 가득 찬 할리우드의 블록버스터 영화와 자주 사용하는 단어이다. 이본 태스커(Yvonne Tasker)는 영화에서 감각과 직접 관련된 요소가 강화되면서 스펙터클이 관객을 상징적인 의미로 이끌던 방식인 서사와 경쟁한다고 보았다.73 즉 영화 이미지가 서사에 종속된 것이 아니라 강력한 볼거리를 위한 이미지를 강화한다는 것이고, 디지털 기술을 극대화한 미디어 예술은 현실과 구별되지 않는 실재감, 실시간 관객과의 상호작용을 통해 실제 존재하는 듯한 느낌이 상승함으로써 관객은 강력한 몰입을 경험하게 된다. 이런 현상에 대해 기 드보르(Guy Debord)는 자신의 책 〈스펙타클의 사회(The Society of the Spectacle)〉에서 우리의 삶으로부터 직접적인 경험, 정서, 관계를 박탈하도록 디자인된 이미지에 의해 개인은 수동적인 소비를 강요당하고, 매개된다며 통렬히 비판했다.74

영화와 폭력

대중이 좋아하는 영화 속 소재는 폭력이다. 에드윈 포터(Edwin Porter) 감독의 〈대열차 강도〉(1903)는 열차 승객의 귀중품을 강탈하고 도주하는 강도 4명과 그들을 뒤쫓는 경찰들 간에 벌어지는 폭력과 총격전을 현실감 있게 그려 상업적으로 성공했다. 극에서 강도들은 자신을 뒤쫓는 경찰을 몽둥이로 휘두르며 사정없이 때린 후에 그걸로 모자라 달리는 기차 밖으로 내던지는 폭력성을 보였다. 또 경찰의 포위망으로 인해 도주하기 어려워지자, 강도가 관객들을 향해 총을 발사하는 듯한 폭력성을 보였다. 공포를 느낀 관객들은 비명을 지르며 영화관 밖으로 뛰쳐나가는 소동을 벌였지만, 폭력성이 제공하는 무의식적 쾌락과 환희를 느낀 관객도 많았다. 이후 미국 영화는 스토리에 폭력성을 가미한 요소, 즉 악당, 도시의 불길한 밤거리, 약탈자들, 경찰과 악당 영웅 간의 불꽃 튀는 총격 장면 등을 제대로 갖추고 관객을 맞이하기 시작했다.

1929년 월가의 주가 대폭락으로 당시 미국은 극심한 경제난을 겪었다. 미국에만 1,500만 명의 실업자가 생기며 미국이 곧 망할 수도 있다는 공포와 불안에 휩싸였다. 당시 은행강도 '존 딜린저(John Dillinger)'에 대한 대중의 관심이 높았다. 34곳의 은행을 털고도 경찰에 잡히지 않았기 때문이다. 방송사는 대중의 관심을 포착하고 딜린저의 아버지를 방송에 출연시켜 그의 어린 시절은 어떠했고, 무엇을 좋아했으며, 어떤 사람이었는지 등 인간적 면모를 부각하는 프로그램을 내보냈다. 프로그램 시청자들은 '알고 보니 그도 나와 같은 사람이었구나', '그가 원래 나쁜 사람이라서 은행을 턴 게 아니었어. 이 사회가 범죄를 저지르도록 만들었을지 몰라.'하며 인간적으로 그에게 매력을 느꼈다. 특히 은행이야말로 대공황을 불러온 주범이라고 생각하는 사람들일수록 딜린저를 응원했다. 미국의 연예지 〈버라이어티〉는 '딜린저가 잡히지 않을수록 그의 인기는 더 높아지고 있다'라며 나중에는 우리가

‘그를 대통령으로 추대하기 위해 청원을 해야 할지도 모르겠다’라고 그의 인기를 비꼬았다.[75]

영화는 착한, 좋은, 선량한 범죄자를 미화하고 관객은 범죄를 저지른 그들의 상황을 공감하고 연민을 느낀다. 우리는 영화 속 경찰과 도둑 중 누구를 지지하고 응원했을까? 영화 속이긴 하지만 〈강철중: 공공의 적 1-1〉 (2008)에서 경찰인 강철중이 딸이 다니는 학교에 일일교사로 갔을 때 “깡패와 경찰 중 누가 더 멋있냐?”라는 질문을 하자 학생들이 일제히 “깡패가 멋있다”라고 답했다. 〈캐치 미 이프 유 캔〉(2002)에서 경찰을 피해 잘도 도망 다니는 타고난 사기꾼과 그의 뒤를 쫓는 집요한 경찰 중에서 누구를 응원했을까? 모르긴 해도 우리들 다수가 사기꾼을 응원했다는 사실을 인정해야 한다. 범죄자들의 폭력성을 그린 할리우드의 영화는 1930년에 9편, 1931년에 26편, 1932년에 28편, 이 장르의 인기가 사그라진 1933년에 15편이 개봉되었다. 영화 평론가들은 당시 조직폭력배 영화가 대중의 호응을 받은 이유로 다음과 같이 설명했다. 당시 미국은 경제 대공황이라는 어려운 시기였고, 돈을 벌 수 있는 유일한 방법은 오로지 범죄를 통해서 이루어질 수 있다는 생각이 일반 사람들의 머릿속에 공공연하게 자리하고 있었는데, 사람들의 이러한 부적절한 생각을 영화가 적절하게 실현해 주었기 때문이다.[76]

1930년대 범죄자를 영웅으로 묘사한 조직폭력배 영화가 크게 성공했다. 〈Scarface〉(1932)는 실제 폭력배인 알 카포네의 삶을 다룬 영화로, 당시 알 카포네는 시카고의 갱스터로 명성이 자자한 인물이었다. 실제 영화사가 거액을 제시하며 카포네에게 영화에 직접 출연해달라고 요청까지 했지만 거절해 폴 무니가 그를 연기했다.[77] 범죄자가 영웅으로 묘사된 영화는 다른 장르보다 상대적으로 더 폭력적이었다. 특히 여성에 대한 가학적 폭력성이 빈도 높게 등장했다. 예컨대, 〈The Public Enemy〉(1931)에서 남자 주인공이 식사 도중에 화가 나자 갑자기 식탁 위의 자몽으로 여자의 얼굴을 가격하고는 아예 여자의 얼굴에 자몽을 비틀어 으깨버리기까지 했다.[78] 〈Picture Snatcher〉(1933)에서도 유사한 장면이 나온다. 폭력배 주인공이 옆좌석에 앉은 여성을 난데없이 때리더니 기절시키고는 뒷좌석에 내동댕이치는 게 아닌가. 그가 폭력을 저지른 이유는 그저 그녀가 자신의 감정을 몰라주었기 때문이었다.[79] 범죄자가 영웅으로 묘사된 영화에는 여성에 대한 가학적 폭력성이 빈도 높게 등장했다.

폭력을 미화하는 영화, 응원하는 관객

할리우드 시대가 빚어낸 범죄 영화 역사상 최고의 걸작은 〈대부〉(1972)이다. 흥행과 작품성 양면에서 영화산업에 어마어마한 충격을 안겨주었다. 〈대부〉는 마리오 푸조의 소설 《대부》를 원작으로 파라마운트 픽쳐스가 제작하고 프랜시스 포드 코폴라가 연출한 영화이다. 이탈리아계 이민자 가족이자 거대 범죄 조직 콜레오네 가문의 행보를 그렸다. 영화의 제작진은 실제 이탈리아계 조직폭력배의 사실적인 모습을 조사하고 이를 참고했다고 하지만, 영화에 그려진 마피아는 상류층 신사들로 묘사되었고 그들의 행동에는 귀족적인 품위, 권위, 그리고 가슴 뭉클한 애수까지 버무려 놓았다. 또 주인공들이 저지른 폭력의 동기가 모두 가족(family)이나 '또 다른' 가족(조직에 대한 은유적 표현)을 위한 것이었다. 이후 영화 속에 등장하는 조직폭력배들은 품위 있게 미화되기 시작했고 가족에 대한 복수를 위해 무차별적으로 폭력을 저지르는 행동이 정당화되었다. 〈대부〉에 투영된 마피아 거물들은 잔인하고 흉악한 폭력을 일삼지만 돈 콜레오네의 말처럼 "그건 그저 비즈니스일 뿐"이다. 관객은 콜레오네의 대사에 웃음을 터뜨리고 만다. 그러나 〈대부 1〉에서 알파치노가 파견한 잔인한 아일랜드 경찰과 〈대부 2〉에 등장하는 기름기 줄줄 흐르는 미국 상원의원에게는 관객은 야유를 보낸다. 악당을 응원하고 법을 지키려거나 법을 만든 사람에게는 비난하는 이유는 왜일까? 조직 폭력을 미화하는 영화는 대체로 범죄자들을 의리가 있고, 불의를 보면 참지 못하며, 약자를 돕는 등의 현실과 동떨어져 있는 모습을 담고 있다. 그들의 폭력에는 늘 정당한 이유가 있고, 폭력을 저지른 후에는 내적으로 갈등하는 양심적인 인간의 모습도 담고 있다. 그러나 현실에서도 그럴까? 조직폭력배들은 자신이 권력을 잃거나 불이익을 당하면 복수를 감행하고, 보복 대상은 조폭과 가족관계라는 이유만으로 가족, 친구, 이웃들을 무차별적으로 죽인다. 현실에 존재하는 조직폭력배와의 모습과 영화에서 묘사하는 그들이 모습은 누가 봐도 상반된다.[80]

국내외를 가리지 않고 영화 속 폭력은 가족에 대한 복수를 위해 폭력을 가하는 일반 시민의 모습을 많이 담고 있다. 영화 〈오로라 공주〉(2005)는 엄마가 딸을 위해 연쇄살인을 하고, 〈비밀〉(2023)은 엄마가 아들을 위해 잔혹한 연쇄살인을 감행한다. 친아들을 죽인 자신을 양아들로 삼은 어머니의 죽음의 비밀에 분노하며 복수하는 〈해바라기〉(2006), '묻지 마' 살인사건 현장에서 강력반 형사가 참혹하게 죽은 자기 아내와 딸을 위해 복수를 시작하는 〈무법자〉(2009), 아내와 딸이 괴한에게 살해당했으나 정부가 범인을 보호하는 상황을 마주하고 정부를 향해 거대한 복수극을 감행하는 〈모범시민〉(2009), 부모를 잃은 아이가 성장해서 조직원을 몰살하는 〈콜롬비아나〉(2011), 잡혀간 아내를 구하기 위해 남편이 피비린내 나는 복수를 감행하는 〈장고, 분노의 추격자〉(2012), 킬러 생활을 은퇴하고 아내가 투병 끝에 세상을 떠났을 때 아내가 남긴 강아지가 괴한들에 의해 죽임을 당하자 이내 킬러로 복귀하여 복수하는 〈존윅〉(2014), 폭발 테러로 남편과 아들을 잃은 아내가 진실을 위해 끝이 보이지 않는 법정 싸움을 시작하지만 끝내 폭력으로 복수를 감행하는 〈심판〉(2017), 평범한 주부가 마약 조직원들의 총격에 남편과 딸을 잃고 법정에서 범인을 정확히 지목하지만, 판사가 이들을 풀어주자 본인이 직접 가족의 복수를 하러 나서는 〈아이엠마더〉(2019), 킬러로 길러진 여자의 앞에 의문의 두 남자가 등장하고 자신을 둘러싼 엄청난 비밀에 맞서기 시작하는 〈악녀〉(2017), 운전사이자 올해의 모범 시민으로 상을 탄 성실한 한 남자가 마약 밀매 조직의 사이코패스 보스에게 자기 아들이 처참하게 죽자, 분노의 심판자로 다시 태어나 냉혈한 복수를 감행하는 〈콜드 체이싱〉(2019)에 이르기까지 복수를 위한 폭력은 끝이 없다.

이런 영화에서 볼 수 있는 공통점은 과도하게 섬뜩한 폭력 장면이 많다는 점이다. 사람을 벽돌로 내려치고, 칼로 찔러대고, 시체를 토막 내고, 그 시체를 쓰레기봉투에 주워 담는다. 이 모든 것이 자살, 살인, 자해, 꽁꽁 묶인 채 헐떡거리는 숨소리, 고문, 비명, 피 등 죽음과 관련 있다. 그러나 영화에 몰입한 관객은 마음속으로 처절한 복수를 감행하는 그들을 비난하지 않고 응원하고 있다. 〈오로라 공주〉(2005)의 영화 시사회에서 참석자들에게 '설문'을 작성해달라는 요청이 있었다. 가장 먼저 받은 질문이 '영화 속 연쇄살인범 정순정(엄정화 분)에 대한 유무죄 판단'이었다. 설문 결과는 이후 영화 사이트에 제시되었는데, 무죄가 58%, 유죄가 41%였다.[81] 범죄심리학 관점에서 살인범 정순정은 다수의 피해자를 여러 장소에서 연속적으로 살해했으므로 연쇄살인의 전형으로 봐도 무방하다. 영화는 초반부터 범인이 정순정이라는 것을 고지하며, 그녀가 왜 연속되고 계획된 살인을 하게 되었는지 범행동기를 풀어준다. 그러나 살인자의 범행동기에 대해 영화가 관객이 공감하고 이해할 수 있도록 제작하는 것이 우리 사회에 어떠한 영향을 미칠 수 있는지 〈오로라 공주〉의 설문 결과가 이를 엿볼 수 있게 한다.

모든 건 미디어 때문

2003년 영국에서 자기 친구를 무자비하게 살해한 후 피를 마시고 두개골 일부를 먹은 엽기적인 사건이 발생했다.[82] 가해자 멘지스(22)는 최소 10회 이상 망치로 내려치고 칼로 42차례나 찔렀으며, 시신은 근처 숲에 암매장했다. 그는 법정에서 피해자가 자신이 100번 이상 본 뱀파이어 영화 〈Queen of the Damned〉(2002)와 그 주인공 아카샤에 대해 모욕적인 발언을 했고, 그때 아카샤가 자신에게 그녀를 '죽여'라는 명령했다고 말했다. 미국의 트럭 운전자가 혼잡한 식당을 향해 돌진하더니 무차별적으로 총격을 가했다. 그 자리에서 23명이 죽고 20명이 크게 다치는 사건이 벌어졌다. 경찰은 가해 남성의 소지품에서 〈피셔킹(The Fisher King)〉(1991)의 영화 티켓을 발견했다. 해당 영화는 제정신이 아닌 한 남자가 식당에서 무차별 총격을 가해 5명을 죽이는 장면이 포함되어 있었다.[83] 2013년 한국에서 16세 여성을 성폭행한 후 토막살인을 저지른 뒤 시신을 유기한 남성(19)은 평소에 공포 영화를 즐겨 봤다며 "한 번쯤 공포 영화를 흉내 내고 싶었다"라고 기자들에게 태연하게 말했다.[84] 2023년 온라인 과외 앱으로 만난 20대 또래 여성을 살해하고 시신을 유기한 정유정(23)은 경찰 조사에서 영화 '화차'를 반복 감상했고, 범죄 수사 프로그램을 즐겨보았다고 말했다.[85]

이런 뉴스가 나올 때마다 우린 무슨 생각을 할까? "모든 건 미디어 때문이야"라며 미디어를 잔혹한 범죄의 배후 세력으로 지목한다. 이러한 결과를 예견이라도 한 걸까? 일찍이 플라톤(platon)은 자신이 그리는 이상적 국가에서 추방되어야 할 존재로 극작가를 꼽았다. 극작가는 거울을 들고 사방으로 돌아다니며 만물을 빠르고 쉽게 만들어 내고, 관객의 마음속에 과도한 감정을 불러일으켜 이성을 마비시키기 때문이라는 것이다. 또 극작가가 쓴 허무맹랑한 드라마가 국가의 미래를 이끌어 갈 젊은이들의 인격 형성에 막대한 영향이 미치고, 극작가가 만든 허상은 애욕, 분노, 슬픔, 쾌락 등 대중의 감상적 쾌락만을 자극하기 때문이라고 했다. 플라톤은 뛰어난 극작가일수록 선량한 이들의 이성을 마비시켜 건전하고 진지한 판단을 하는 데 손상을 준다고 보았다.[86]

대중미디어가 매개하는 폭력적 내용에 노출되는 것에 대한 잠재적 효과를 살펴본 공식적이고 체계적인 연구는 페인재단의 기금으로 수행된 연구(Payne Fund Studies)가 최초이다. 1929~1932년 당시 최신의 대중매체인 영화가 아이들에게 미치는 영향에 대해 평가할 목적으로 설계된 대규모 연구였다. 영화는 당시 미국의 대중문화, 가족문화, 청소년문화, 주말 문화를 대표하고 있었다. 매주 9천만 장의 영화표가 판매되었고(대공황 시절에도 매주 6천만 장의 영화표가 판매되었다.),[87] 그중 절반에 가까운 4천만 장이 어린이와 청소년용으로 판매되었다. 문제는 당시의 영화가 폭력적이고 선정적인 묘사가 가득했다는 점이다. 영화 제작사들은 대중이 좋아할 소재로 수많은 영화를 상품 찍어내듯이 만들어 냈다. 관객들이 '영화 속 섬뜩한 장면이 아이들에게 위험한 영향이 있는 건 아닐까?' 하는 걱정을 하기 시작한 것은 당시 영화와 라디오 등 대중매체를 이용해 각국의 선전 활동이 많은 사람에게 효과를 발휘했다는 소식이 들릴 때였다. 눈에 띄게 늘어나는 아이들의 폭력적 행동에 불안을 느낄 즈음이기도 했다.

이러한 분위기 속에서 영화가 아이들에게 미치는 영향을 살펴보는 연구가 시작되었다.[88] 허버트 블루머(Herbert Blumer)의 지휘로 이루어진 이 연구는 오하이오주의 50개 지역사회에서 상영되던 1,500편 영화를 대상으로 진행되었다. 연구 보고서에 따르면, 물리적 폭력, 매춘, 강간, 마약 등 사회질서를 해칠만한 요소가 영화 속에 즐비했다. 예컨대, 부부관계가 아닌 남녀의 성행위가 매력적이고 아름다운 것으로 묘사되었고, 총알이 사람의 몸을 관통해 난사하는 장면은 셀 수 없이 많았다. 또 성직자가 범죄를 저지르는 악당으로 묘사되었고, 무법자를 통제해야 할 법 집행관이 도리어 악당 총잡이에게 고문과 죽임을 당하는 장면도 매우 많았다. 페인재단의 연구 보고서는 영화가 아이들에게 미칠 수 있는 잠재적 해악을 엄중하게 경고했다. 무엇보다 동정과 연민의 관점에서 묘사된 범죄와 범죄 행동을 지적했다. 이는 영화가 아이들의 머릿속에 반사회적이고, 범죄적인 생각(thought crime)을 주입하고 있을 뿐 아니라, 사회적으로 용납할 수 없는 행동이 좋은 결말로 귀결되는 영화에 대한 반복적 노출은 아이들에게 범죄적 행동까지 부추길 수 있다고 보았다. 보고서 출간 후 미국의 종교 단체들은 미국 영화의 비윤리성과 비도덕성을 경고하는 캠페인을 대대적으로 전개했고, 이는 영화 검열의 필요성에 대한 압력으로 작용했다.

방아쇠를 당기는 아이들

어린아이들이 우발적으로 총기를 사용해 사망으로 이어지는 사건이 종종 발생하고 있다. 연구자들은 영화 속에서 무분별하게 노출되는 총기가 총에 대한 어린아이들의 관심을 불러일으킨다고 주장했다. 딜런과 부시맨(Dillon & Bushman)의 연구는 이를 명확하게 보여준다.[89] 이들은 8~12세 104명(남자 62명, 여자 42명)을 대상으로 흥미로운 실험을 진행했다. 보호자의 지도가 필요한 등급의 영화를 20분간 두 집단의 아이들에게 보여주었다. A 집단의 아이들에게는 등장인물 몇 명이 총을 사용하는 원본 영화를 보여주었고, B 집단의 아이들에게는 총이 나오는 장면이 없도록 편집된 영화를 보여주었다. 영화가 끝난 후 A 집단과 B 집단의 아이들은 레고와 게임, 장난감 총, 그리고 실제로는 발사되지 않도록 만들어진 9mm 권총이 있는 방에 들어가서 놀았다. 9mm 권총은 발사되지는 않지만, 방아쇠는 작동될 수 있도록 만들어졌고, 방아쇠에 센서가 부착되어 아이들이 방아쇠를 몇 번이나 당겨졌는지 알 수 있도록 장치를 해두었다. 9mm 권총은 바깥에 두지 않고 방 안 서랍에 넣어두었다. A 집단과 B 집단의 아이들은 어떤 장난감을 가지고 놀았을까? 두 집단 간에 차이가 있었을까? 방 안에 들어간 아이들은 대부분 서랍에 있는 진짜 총을 찾아냈다. 그리고 그 아이들 가운데 42%가 9mm 권총을 집어 들었다. 여기까지는 두 집단 모두에서 발견된 모습이다. 차이는 그다음부터이다. 총이 포함된 영화를 본 A 집단의 아이들이 총을 쥐고 보낸 시간은 약 1분 정도였으나 총이 포함되지 않은 영화를 본 B 집단은 11초였다. 또 총이 포함된 영화를 본 아이들이 더 공격적으로 놀았다. 총이 없는 영화를 시청한 B 집단의 아이들은 총을 보긴 했으나 방아쇠를 거의 당기지 않았다. 그러나 총이 포함된 영화를 본 A 집단의 아이들은 평균 3회 정도 방아쇠를 당겼고 때로는 총을 다른 아이의 관자놀이에 대고 방아쇠를 당기기까지 했다.

폭력적 미디어에 노출되는 것이 아이들에게 얼마나 좋지 않은 영향을 주는지를 실험한 연구가 있다.[90] 똑같은 지능을 가진 2명의 인공지능(AI) 아이(5세 가람이라는 실제 아이를 모델로 3D 모델링 작업을 통해 인공지능 아이의 외형을 제작했다)를 만들고 한 명의 인공지능 아이에게는 아이 나이에 맞는 정제된 콘텐츠를 보여주고, 또 다른 한 명의 아이에게는 무분별한 콘텐츠를 보여주었다. 그렇게 다른 환경에서 인공지능 아이들은 500시간의 딥러닝을 통해 학습되었다. 8주 후 두 명의 인공지능 아이는 어떻게 성장했을까? 양질의 정제된 콘텐츠를 보고 자란 아이는 "오늘 친구들이랑 뭐 하고 놀았어?"라고 묻자 "친구들이랑 놀이터에서 실컷 놀았다"라고 답했고, "가람아, 엄마 사랑해?" 하고 묻자 "나는 엄마를 너무 사랑해요"라고 사랑스럽게 답했다. 무분별한 콘텐츠를 보고 자란 아이는 어떻게 반응했을까? "가람아, 반가워."라고 말하자. "뭐가 반가워요? 나한테 관심 좀 그만 줘요."라고 했고, "가람이는 어떤 장난감 제일 좋아해?"라고 묻자 "말하면 다 사줄 거야?"라고 답했고, 앞의 아이에게 물은 것과 똑같이 엄마를 사랑하냐고 묻자 퉁명스럽게 "나한테 사랑을 강요하지 말라"고 답했다. 아이들에게 노출되는 콘텐츠만 달리해서 성장시켰는데도 아이의 말투와 행동이 모두 달랐다.

여대생을 대상으로 진행한 연구도 보자. 한 집단에는 신체적 공격성을 부각한 영화〈킬빌〉(2004)의 일부를 보여주었고, 또 한 집단에는 간접적 공격성을 잘 보여주는 영화〈퀸카로 살아남는 법〉(2004)의 일부를 보여주었다. 그리고 통제 집단에는 전혀 공격성을 보이지 않은 영화〈왓 라이즈 비니스〉 (2000)의 일부를 보여주었다. 3개 영화 모두 OTT에서 볼 수 있다. 〈킬빌〉, 〈퀸카로 살아남는 법〉은 오래전에 흥행을 거두었던 영화로 서로 다른 공격성을 특징 있게 보여주고 있다. 통제 집단에 제공된 〈왓 라이즈 비니스(What Lies Beneath)〉는 〈포레스트 검프〉를 만든 로버트 저메키스(Robert Zemeckis) 감독의 작품으로 영화에는 피 한 방울 흘리지 않고, 섬뜩한 장면이 나오지도 않는 영화이다. 영화를 본 후에 피험자들은 똑같은 과제를 수행했다. 과제는 단어를 전달하는 것인데, 큰 음량의 음악이 나오는 헤드폰을 쓰고 게임을 진행해야 했기에 상대방의 입 모양만 보고 단어를 전달해야 했다. 저자가 어린 시절에 보던 프로그램에서도 이 같은 게임을 보았었는데 처음 전달된 단어가 끝까지 제대로 전달되는 것을 본 기억이 거의 없다. 공격성이 잘 드러난 영화를 본 학생들은 전혀 공격성이 없는 영화를 본 학생들에 비해 과제를 할 때 더 공격적으로 행동했다. 제대로 전달하라고 재촉했고, 단어를 틀렸을 때 신경질을 부렸다. 신체적 공격성이나 간접적 공격성 간에는 유의미한 차이가 없었다.

미디어 폭력에 노출되는 것은 도움이 필요한 사람을 돕는 행동에도 좋지 않은 영향을 줄 수 있다. 부시맨과 앤더슨(2009)은 흥미로운 연구를 진행했다. 연구자들은 발목에 붕대를 감은 여성이 목발을 놓쳐서 다시 주우려고 애쓰는 상황을 연출했다. 이때 그녀를 돕는 데 어느 정도의 시간이 걸렸을까? 영화관에는 성격이 다른 두 개의 영화를 상영했다. 1

관에서는 〈루인스〉(2008)를 상영했다. 폭력이 가득하고 인간의 고통을 극대화한 영화이다. 2관에는 전혀 폭력적이지 않은 영화 〈님스 아일랜드〉를 상영했다. 생각만 해도 웃음이 나오는 영화이다. 성격이 확연히 각기 다른 영화를 본 사람들이 영화관에서 나왔을 때 연구자가 연출한, 발목에 붕대를 감은 여성이 목발을 놓쳐서 다시 주우려고 애쓰는 상황이 펼쳐졌다. 1관과 2관의 사람들의 행동에 차이가 있었을까? 예상한 대로 폭력적인 영화를 보고 나온 사람들이 폭력적이지 않은 영화를 보고 나온 사람들보다 도움이 필요한 여성을 돕는 데 더 오랜 시간이 걸렸다. 영화를 보기 전에 같은 상황을 연출했을 때는 두 영화의 관람객 간에 차이가 나타나지 않았다. 이러한 결과는 폭력적 영화를 보는 사람들 개개인의 성향이 아니라 폭력적 영화 그 자체가 사람들을 도움이 필요한 여성의 문제에 둔감하게 만들었다는 점을 의미한다.

미국 심리학회 청소년 폭력 위원회(1993년)는 폭력물 시청이 아이들의 공격성을 증가시킨다는 것은 누구도 반박할 수 없다고 주장했다. 특히 공격 성향이 있는 사람들에게는 불에 기름을 붓는 상황이 될 것이라고 강조했다. 발목에 붕대를 감은 여성이 목발을 놓쳐서 다시 주우려고 애쓰는 모습을 보면 돕고자 하는 마음이 드는 것이 인지상정일 텐데, 폭력물을 시청하는 사람들이 그렇지 않은 사람들보다 타인을 돕고자 하는 행동이 느렸다. 미디어 폭력에 노출될 때 공격성이 증가하는 것은 물론이고 타인의 어려운 상황에도 둔감해지는 이유는 무엇일까? 사회적 각본 때문이다.

사회적 각본(social script)은 문화적으로 주어지는 다양한 상황에서 어떻게 행동해야 하는지 알려주는 마음속 안내문이라고 할 수 있다. 사람들의 마음속에 새겨지는 사회적 각본을 미디어에서 제공하기 때문이다. 특히 아이들 대상의 연구들이 이를 잘 설명한다. 사회 경험이 매우 부족한 어린아이들은 새로운 상황에 놓였을 때 어떻게 행동해야 할지 잘 모르기 때문에 사회적 각본에 의존하게 된다.

수많은 액션 영화를 보고 나면 청소년들은 실생활 속에서 발생하는 각종 갈등을 마주했을 때 그때 작동하는 각본을 미디어에서 접한 간접 경험을 통해 얻게 된다. 도전받는 상황에서 청소년들은 미디어에서 본 적이 있는 상황을 떠올린다. 드라마에서 역할 모델로 생각한 매력적인 캐릭터가 상대에게 겁을 주거나 위협하는 행동에 대해 '남자다운 행동'으로 묘사했다면, 그 아이도 유사한 행동을 할 가능성이 높다. 연구자들은 폭력물 시청이 공격성 관련 생각을 점화시킨다는 사실도 발견했다. "그 사람이 고의로 밀었다고 생각하는가?"라는 질문에 폭력물 시청 이후 사람들은 그렇지 않은 사람들에 비해 밀친 행동을 매우 적대적으로 설명했다. 또 미디어 폭력에 많이 노출된 사람들일수록 '펀치'라는 단어를 보고 '음료' 펀치보다 때리는 '펀치'를 떠 빨리 떠올리는 등 공격적 의미로 해석했다.

빌런에 대한 서사

영화는 여러 캐릭터와 서사, 갈등을 엮어 이야기를 만들고, 연출된 세계를 관객에게 보여준다. 서사를 만들어 내는 과정에서 가치의 옳고 그름은 반드시 포함된다. 이를 위해 사용되는 개념이 프로타고니스트(protagonist)와 안타고니스트(antagonist)이다. 전자는 중심인물인 주인공을, 후자는 주인공과 명백한 갈등 양상을 보이는 악인을 의미한다. 이러한 캐릭터와 이익집단에 대한 갈등 연출은 고대 그리스 연극에서부터 시작되었고 서사를 풍부하게 만든다. 주요 인물의 캐릭터를 살리고자 안타고니스트에게 범죄자의 성격을 부여하는 일이 잦아졌고, 현대에는 이를 '빌런(Villain)'이라 불리며 대중의 흥미를 유발하고 있다. 마블스튜디오의 슈퍼히어로 영화가 급부상하며 빌런의 비중은 더 커졌다. 영화 제작자들은 다채로운 캐릭터를 창작하기 위해 빌런의 탄생 비화를 자세히 제공하고, 강하고 멋진 빌런 캐릭터를 작품의 셀링 포인트로 잡기도 한다. 문제는 그 과정에서 빌런의 행동에 당위성이 부여된다는 것이다.

영화뿐만이 아니라 실제 상황을 다룬 다큐멘터리에서도 비슷한 문제가 생긴다. 2020년 넷플릭스에서 공개된 〈타이거 킹: 무법지대〉는 미국에서 호랑이 등 대형고양잇과 맹수를 사육하며 돈벌이를 한 여러 동물원 소유주를 다룬 범죄 다큐멘터리이다. 강렬한 캐릭터와 충격적인 전개를 선보여 선풍적인 인기를 끌면서 이듬해 시즌 2가 공개되었다. 이 프로그램의 주인공이라고 할만한 인물이 '조 이그조틱'이다. 소시오패스가 의심되는 인물로서 매우 강렬하고 기이한 캐릭터이다. 동물원에서 자기 말을 길러 달라고 부탁한 노부인이 돌아가자마자 그 말을 쏴 죽여서 호랑이에게 밥으로 줬고, 동물원에 불을 질러 키우던 악어들을 산 채로 끓여 죽이는 등 정상적인 인간이라면 저지를 수 없는 일들을 태연하게 저질렀다. 다큐가 공개되자마자 사람들은 그를 매우 흥미로워했고 밈을 생산했다. 할리우드 배우를 비롯한 많은 셀럽이 그의 복장을 따라 한 사진을 SNS에 게시하기도 했다.[91] 그러나 제작진이 정작 조명을 하고자 했던 노동 착취, 성 착취, 멸종위기종 학대 등 피해자에 대한 사람들의 관심은 어느 정도였을까? 미디어가 빌런을 조명하는 것이 옳은 것일까? 조커가 죽인 수많은 사람, 한니발이 먹어 치운 사람들, 동물원 사업자들이 착취한 멸종위기종의 피해는 빌런을 탄생하기 위해 사용된 도구로 전락하게 된다. 이와 관련해 1999년 게일 시몬(Gail Simone)이 만든 문학적 비유로 '냉장고 속의 여자(Women in Refrigerators)'가 있다. 미디어 속에서 약자는 이야기의 흐름을 위해 부상, 강간, 살해되는 등 소품처럼 사용된다는 뜻이다.[92]

빌런에 대한 서사는 의도치 않게 범죄자의 변명을 들어주고 그를 추종하는 세력을 키우는 일이 될 수 있다. 〈다크 나이트 라이즈〉(2012) 영화 상영 중 콜로라도주 덴버 인근 도시 오로라의 한 극장에서 총기 난사 사건이 발생했다.[93] 조커의 강렬한 캐릭터에 빠진 24세 청년이 총기를 난사해 12명이 사망하고 약 58명이 다쳤다. 자신을 조커와 동일시해 온 그는 머리를 빨갛게 염색하고 총격을 저지른 것으로 알려졌다. 이후 영화 〈조커〉(2019) 개봉을 앞두고 미국 경찰과 육군, 연방수사국(FBI)까지 비상에 걸렸다. 2012년 조커를 흉내 낸 20대 남성이 극장에 침입해 벌인 총기 난사 사건을 모방한 범죄가 발생할 우려 때문이었다. 〈조커〉는 주인공 배트맨의 숙적이었던 조커가 어떻게 탄생했는지 배경을 그린 영화다. 정신질환이 있는 스탠드업 코미디언이자 생계를 위해 광대 일을 하는 주인공이 조커로 거듭난 과정을 담고 있다. 영화는 왜 평범했던 아서가 자신의 감정에 따라 사람을 잔혹하게 죽이는 조커로 변해갔는지를 조명했다. 많은 이들의 우려대로 뉴욕의 한 상영관에서 젊은 남성이 조커의 총기 난사 장면에서 기립박수를 치고 환호해 경찰이 출동하는 등 소동이 벌어지기도 했다.

✎ 생각해 보기

1. 유성영화의 출현 이후 할리우드가 관객을 영화관으로 향하도록 하기 위해 사용한 전략적 방안에는 어떤 것이 있는가?
2. 초기 할리우드가 관객의 마음을 사로잡기 위해 연출한 클래식 스타일에는 어떠한 것이 있는가?
3. 영화를 실감 나고 진정성 있게 만들기 위한 3가지 요소는 무엇인가?
4. 폭력을 미화하는 영화의 문제점은 무엇인가?
5. 영화가 살인자의 범행동기를 관객이 공감하고 이해할 수 있도록 제작하는 것이 우리 사회에 어떠한 영향을 미칠 수 있는가?
6. 미디어가 빌런을 조명하는 것은 왜 문제인가?

3장
TV와 폭력

TV 앞에서 아이들이 보내는 시간이 늘면서 사람들은 매개된 폭력이 미칠 영향에 대해 우려하기 시작했다. 아이들이 현실과 판타지를 뒤섞어 놓은 TV 세계를 현실 세계로 이해했기 때문이다. 어린아이에게 TV는 세상이 어떻게 작동하는지를 알려주는 정보의 원천이었다. 문제는 이들이 현실과 판타지를 구분하지 못하는 데 있다. 〈돌연변이 닌자 거북이〉(1984)를 본 아이들이 닌자 거북이를 찾겠다고 빗물 배수구로 떼로 몰려다니자, 미 교육위원회가 "현실 세계에 돌연변이 닌자 거북이 따위는 없다!"라고 밝혀야 할 정 도였다. 우려의 목소리 속에는 TV 만화 속 상업주의, 폭력, 반사회적 태도 및 고정관념도 포함되었다.

TV가 바꾼 놀라운 것들 | 타고난 흉내쟁이 | 보보 인형 실험 | TV 폭력이 폭력을 낳는다 | TV와 범죄 | TV 시청 시간과 공격성 | 세상을 적대적으로 보는 아이들 | 미디어 폭력 인식과 캐릭터와의 동일시 | TV 속 은밀한 공격성 | 흡연과 미디어 폭력

3장 TV와 폭력

TV가 바꾼 놀라운 것들

TV가 미국에 첫선을 보인 것은 1939년 뉴욕에서 열린 세계 박람회였다. 2년 후인 1941년에는 연방통신위원회의 승인하에 최초의 TV 방송국이 설립되었으나 제2차 세계대전으로 인해 1946년까지 방송이 전면 중단되었다. 1950년까지는 미국 가정의 약 9%만 TV를 보유하고 있었다. 하지만 가정의 TV 보급률이 증가하는 데는 오래 걸리지 않았다. 1955년에는 TV 보급률이 65%까지 올랐고 1965년에는 약 93%에 이르렀다.[94] 2014년 8월 CNN은 1960년대 TV가 바꾸어 놓은 5가지 놀라운 것들이란 주제로 보도한 적이 있다.[95] 1960년대에 대다수 미국의 가정에 TV가 보급되면서 미국인의 삶에 큰 변화를 가져다주었다. 첫째, TV가 정치적으로 영향력을 가지게 되었다. 미국은 1960년에 세계 최초로 라디오뿐 아니라 TV로 대통령 선거 토론을 중계했다. 공화당 후보로 나온 닉슨은 TV 토론을 진행하는 동안 눈동자를 굴리며 진땀을 흘리는 모습을 보였으나 민주당 후보인 케네디는 카메라 앞에서 편안하고 자신감 넘치게 토론에 임했다. 시청각의 효과로 결국 케네디가 대통령에 당선되었다. 둘째, TV 저널리즘이 부상했다. 케네디가 당선되기 전까지 사람들은 정치, 경제, 사회가 어떻게 돌아가는지 궁금하면 신문을 찾았다. 그러나 곧 사람들은 TV로 많은 정보를 얻기 시작했다. 셋째, TV가 더 다양한 시청자에게 다가갔다. 집에 가면 TV가 거실 중앙에 있었고, 사람들이 TV 없이는 전날 무엇을 했는지 기억조차 하지 못했다. 미국의 채널은 3개(CBS NBC ABC)였고 지금처럼 프로그램에 시청 등급이 설정되지 않아 성인용 쇼도 아이들이 함께 보았다. 평범한 사람들의 솔직함과 웃음을 담은 시트콤이 인기를 끌었고, 현실과 판타지를 혼합한 어린이용 프로그램도 만들어졌다. 넷째, 예능 프로그램이 처음 출현했다. 당시 방송 3사에서 무려 18개의 예능 프로그램을 편성할 정도로 인기가 높았다. 당시 예능은 승패가 중요한 남성들의 게임으로 여겨졌으나 차츰 여자들도 좋아할 만한 춤, 댄스, 실수가 포함된 여러 요소가 더해지면서 더 많은 사람의 사랑을 받게 되었다. 다섯째, 인종차별, 파시즘 등 사회적으로 터부시하던 이슈를 과감하게 TV에서 다루기 시작했다. 1968년 빌 코스비가 〈아이 스파이(I Spy)〉로 에미상을 수상했을 때 그는 "흑인인 내가 스파이 역할을 맡았고, 전혀 문제가 되지 않았다"라고 말했다.

TV가 대중매체로 급부상하면서 사람들의 관심은 온통 TV에 쏠렸다. 미국의 NBC, CBS, ABC 방송사는 모두 뉴욕에 기반을 두고 TV 산업에서 지배적인 위치를 차지하고 있었다. 1950년대 휴대성이 뛰어난 라디오가 발명되고, 고음질 FM 라디오가 등장하면서 라디오는 주로 음악을 위한 매체가 되었고, TV는 드라마를 비롯한 모든 프로그램을 위한 매체로 자리 잡았다. 1950년대 후반부터 대부분의 TV 프로그램 제작을 할리우드 제작사가 맡으면서 오후 7시에서 11시 사이의 황금시간대에 TV에서 월트디즈니의 〈피터팬〉, MGM의 〈오즈의 마법사〉, 로저스 앤 해머스타인의 〈신데렐라〉 등이 방영되었다. 방송사들은 황금시간대를 채울 저렴하면서도 효과적인 프로그램을 만들어 나갔다. 가족 시트콤, 경찰 수사물, 게임 쇼, 프로레슬링, 서부극 등은 다양한 연령층이 시청할 수 있는 프로그램이 쏟아져나왔고, 방송사의 기대 이상으로 시청자들에게 큰 인기를 얻으며 방송사에 높은 수익을 가져다주었다. 또 토요일과 일요일 아침 시간에는 〈슈퍼맨〉, 〈아쿠아맨〉, 〈스파이더맨〉, 〈판타스틱 포〉 등 슈퍼히어로가 등장하는 만화 시리즈가 방영되었다. 특히 만화는 아이들에게 큰 인기를 끌었다.

TV 앞에서 아이들이 보내는 시간이 늘면서 사람들은 매개된(mediated) 폭력이 아이들에게 미칠 영향에 대해 우려하기 시작했다. 현실과 판타지를 뒤섞어 놓은 TV 세계를 아이들은 현실 세계로 이해했기 때문이다. 어린아이에게 TV는 세상이 어떻게 작동하는지를 알려주는 정보의 원천 그 자체였기 때문이다. 문제는 어린아이가 현실과 판타지를 구분하지 못하는 데 있다. 예컨대, 〈돌연변이 닌자 거북이(Teenage Mutant Ninja Turtles)〉(1984)[96]를 본 아이들이 닌자 거북이를 찾겠다고 빗물 배수구로 떼로 몰려다니자, 인디애나 교육위원회가 공식적으로 나서서 "현실 세계에 돌연변이 닌자 거북이 따위는 없다!"라고 밝혀야 할 정도였다. 우려의 목소리 속에는 아이들이 즐겨보는 만화 속에 깊숙이 내재하고 있는 상업주의, 폭력, 반사회적 태도 및 고정관념도 포함되었다. 물론 아이들이 성장할수록 현실과 판타지를 자연스럽게 구분할 수 있으니 걱정할 것 없다는 목소리도 있었다. 그러나 TV를 통해 처음 알게 된 세상에 대한 인상은 어른이 생각한 그것보다 후유증이 더 클 수 있다. TV 세상에서 폭력은 흔하게 일어난다. (아이들이 보기에) 닌자 거북이처럼 매력적인 영웅 캐릭터가 악에 맞서 싸울 때 사용하는 폭력은 그야말로 강력하고 흥미로울 것이다. 폭력으로 악을 무찌른 영웅의 카리스마는 한층 더 강하게 느껴질 것이고 문제해결의 방법으로 아이들은 폭력부터 떠올릴 수 있다. 아이들은 폭력을 긍정적으로 인식하게 될 것이고, 이는 아이들의 행동이 더 폭력적으로 발전될 가능성을 높일 수 있다. 이것이 미디어 연구자들이 아이들의 폭력에 대한 기초 감각이 TV에서 시작되었다고 설명하는 이유이다.

타고난 흉내쟁이

한국의 TV 보급량 역시 빠르게 증가했다. 1960년대 3만 대에 불과했으나 1970년대는 30만 대, 1980년대는 1,000만 대 이상으로 증가했다. TV 보급량과 관련 사고도 끊이지 않았다. 1977년 5세 아이가 5.8m 다리 아래로 뛰어내려 숨지는 사고가 발생했다. 당시 사건을 보도한 기사는 TV 해독(害毒)이란 섹션 면에서 '죽음 부른 6백만 불의 사나이 흉내, 다리서 뛰어내린 5세 꼬마 사망'이라는 제목으로 부모와 함께 놀던 친구들의 증언을 실으며 숨진 아이가 TV 프로그램 〈6백만 불의 사나이(The Six Million Dollar Man)〉[97]에 푹 빠져 있었고, 주인공을 흉내 내다 사망한 것으로 보도했다. 또 숨진 아이가 두 팔을 벌린 채 찍힌 사진까지 구해 크게 실었다.[98] 신문 칼럼에서는 'TV가 또 한 번 악마의 미소를 지었다'라며 어린아이가 보기에 위험한 프로그램을, 그들이 즐겨본다는 이유만으로 어린이 시간대에 편성하는 방송국과 아이의 시청을 방치한 어른 모두가 반성해야 한다고 날을 세워 TV의 문제점을 꼬집었다. 최근 중국에서도 6세 남자아이가 만화영화에서 낙하산을 타고 날아다니는 장면을 보고 따라 하다가 크게 다친 일이 발생했다. 그는 낙하산 대신 우산을 펼쳐서 5층 아파트에서 뛰어내린 것이다.[99]

TV에서 본 프로레슬링 기술을 따라 하다가 13세 소년이 5세 여동생을 죽이는 사건도 일어났다.[100] 소년의 진술에 의하면, 여동생을 들어올려 침대에 내던지는 바디 슬램(Body Slam)을 반복했고 배를 여러 차례 가격하며 여동생의 몸 위로 점프했다. 초등학교 저학년 시절의 기억을 떠올려 보자. 처음에는 가볍게 놀이로 시작했으나 몸을 격렬하게 쓰면서 승리욕이 발동하면 자칫 사고로 이어질 수 있다. 저자의 수업을 들었던 어떤 학생은 친구들과 프로레슬링 놀이를 하던 중에 친구가 계단 난간에서 덮치듯 뛰어내리면서 친구의 치아가 자신의 눈 옆에 찍히며 살점이 떨어져 나간 적이 있었다고 말했다. 사람들이 프로레슬링 장면을 모방하는 이유는 무엇일까? 프로레슬링은 순수 스포츠가 아니라 흥행을 목적으로 하는 '레슬링 쇼'이다. 선수들은 연기자처럼 볼거리를 제공해야 하고, 이에 대중이 환호할 만한 격렬하고 화려한 격투 동작을 선보이는 것이다. 인간이 '타고난 흉내쟁이'라는 사실을 상기한다면[101] TV 프로그램을 모방하는 아이들의 행동은 그리 놀랍지 않다.

보보 인형 실험

1960년대 초 스탠퍼드 대학교의 심리학자 앨버트 반두라(Albert

Bandura)는 어린아이들이 타인의 행동을 지켜보는 것만으로도 새로운 행동을 배울 수 있다는 것을 입증하기 위해 여러 실험을 고안했다.[102] 최초의 연구는 3.5~5세 아이들을 대상으로 이루어졌다. 실험군과 대조군 모두에게 20분 동안 장난감을 갖고 놀게 했다. 이때 실험군에 속한 아이들은 대조군과 다른 경험을 하게 된다. 실험군에 속한 아이들은 어른이 실험군의 방으로 들어와 약 1.5미터짜리 풍선으로 만들어진 Bobo 인형에게 공격적인 행동을 하는 것을 보았다. 어른은 Bobo 인형을 깔고 앉아 인형의 코를 치거나 나무망치로 머리를 때렸으며 공중에 인형을 내던지고 발로 차며 방안을 돌아다녔다. 공격적인 행동을 할 때 '코를 때려' '발로 차버려' 같은 거친 언어도 사용했다. 그러나 대조군에 속한 아이들은 어른의 공격적 행동을 전혀 보지 못했다. 이후 연구자가 아이들을 새로운 방으로 데려가 인기 있는 장난감을 보여준 후 그 장난감을 모두 가져가 버렸다. 그 장난감을 가지고 놀 거라고 예상한 아이들은 모두 실망감을 느꼈다. 연구자는 아이들을 다시 다양한 장난감이 있는 방으로 데려갔다. 그 방에는 Bobo 인형을 비롯해 나무망치 등의 공격적 물건도 함께 있었다. 연구자는 방구석에서 조용히 자기 일을 시작했고, 방 안의 아이들은 놀기 시작했다. 방 밖에는 다른 연구자가 위장된 거울을 통해 아이들의 놀이 행동을 관찰하고 그들의 공격성을 측정했다. 결과는 어땠을까? 대조군 아이들의 평균 공격 점수는 54점이었던 반면, 성인의 공격적 행동을 보았던 실험군 아이들의 평균 공격 점수는 83점이었다.

이듬해 반두라는 실험을 수정해서 다시 아이들의 공격성을 살펴보기로 했다. 이번에는 어른의 공격적인 행동을 직접 보여주는 대신, 방안에 TV를 설치하고 TV 속에서 성인의 공격성 장면을 아이들에게 보여주었다. 또 다른 실험군에는 TV에서 만화 속 고양이가 같은 공격적인 행동을 하는 모습을 아이들에게 보여주었다. TV로 성인의 공격성을 본 아이들의 평균 공격 점수는 92점이었고, 만화로 본 아이들의 평균 공격 점수는 99점이었다.

그림 3.1 반두라(Bandura)의 Bobo 인형 실험

Bandura, Ross, & Ross (1963). p8

* 사회적 학습이 어린이에게 어떤 영향을 주는지를 보여주는 실험이다. 어른들이 Bobo 인형을 때리고 차는 것을 본 어린이들은 그들이 관찰한 대로 똑같이 Bobo 인형을 다루었다.

1965년 반두라는 아이들에게 제공할 TV 속 어른들의 영상을 3개 버전으로 만들어 아이들의 공격성을 살펴보았다. 3개 영상은 끝부분만 다를 뿐 이전 연구와 같이 TV 속에서 성인의 공격성 장면이 담겨 있었다. 첫 번째 영상은 보보 인형을 때린 어른이 칭찬과 선물을 받는 장면을 담았고, 두 번째 영상은 보보 인형을 때린 어른이 혼이 나는 등 처벌을

받는 장면을 끝부분에 담았다. 세 번째 영상은 보보 인형을 때린 어른에게 어떤 보상과 처벌도 하지 않았다. 공격성에 대한 결말이 다른 영상이 이를 본 아이들의 공격성에 어떤 영향을 주었을까? 어떤 영상을 본 아이들에서 가장 공격성이 높게 나타났을까? 우리의 예상대로, 첫 번째 영상을 본 아이들의 평균 공격 점수가 가장 높았고, 두 번째 영상을 본 아이들의 공격성 점수가 가장 낮았다.

TV 폭력이 폭력을 낳는다

1996년부터 3년간 미국의 TV 방송 프로그램, 약 8,000시간 분량을 분석한 결과, 약 60%가 폭력을 포함하고 있었다. 이는 초등학교를 졸업할 때쯤 어린아이들이 평균적으로 TV에서 8천 명 이상의 살인과 10만 건 이상의 다양한 폭력(예: 폭행, 강간)을 봤음을 의미한다.[103] 미취학 어린아이들이 TV 시청을 통해 접한 폭력적 내용이 훗날 공격적이고 반사회적 성향으로 표출될 수 있다는 대규모 실증 연구 결과들이 쏟아져 나왔다.[104] 미국 상원은 청소년 범죄 관련 청문회를 열고 그 결과를 보고서로 제출했는데 보고서의 주된 내용은 미디어 속 폭력이 청소년에게 악영향을 미친다는 것이었다. 미국 연방통신위원회(FCC) 뉴턴 미나우(Newton Minow) 위원장은 전미 방송인 협회(NAB, National Association of Broadcasters)에서 "TV가 공익을 해치고 있다"라고 비판했다.[105] 그는 "아이들 대부분이 교실에서 보내는 시간보다 더 많은 시간을 TV 앞에서 보내고 있고, 아이들이 즐겨보는 만화는 교육적인 내용은 커녕 비명, 유혈, 대혼란, 폭력, 가학, 살인 등 어른이 보기에도 끔찍한 폭력이 난무한다"라며 "아이들에게 TV 시청보다 더 나쁜 습관이 있을지 모르겠다"라며 일침을 가했다.

TV의 폭력성에 관한 수많은 연구 보고서와 정부의 조사가 뒤를 이었다. 미국의 방송 3사는 이러한 상황이 달갑지 않았다. 방송사 대표들은 미디어가 사회에 이미 존재하는 폭력을 반영한 것뿐이라고 항변했다. CBS의 하워드 스트링거(Howard Stringer)는 "TV는 그저 미국 사회에 거울을 비추고 있을 뿐"이고, ABC의 레너드 골든손(Leonard Goldenson)은 "많은 미국인이 받아들이고 싶지 않은 불편한 진실을 TV가 있는 그대로 보여준 것"이라고 말했다. 그러면서 "지금 당장 TV 전원을 꺼버린다고 해도 2년 후 미국의 거리는 여전히 폭력으로 가득할 것"이라며 TV 폭력과 현실 범죄 간의 관계를 전면 부정했다.[106]

그러나 국회 청문회에 불려 간 방송 3사는 100만 달러라는 거금을 들여 TV의 폭력성에 대한 조사를 착수해야 했다. CBS는 런던정경대학의 윌리엄 벨슨(William Belson) 교수에게 연구를 의뢰했다. 연구는 런던의 13~16세 소년 1,565명을 대상으로 6년간 진행되었다. 벨슨 교수가 작성한 〈TV 폭력과 사춘기 소년〉(1978) 보고서에 따르면, TV 폭력물을 장시간 시청하는 남학생들이 그렇지 않은 남학생보다 폭행 및 강간 시도 등의 심각한 폭력성을 50% 더 많이 저질렀다. 또 8명 중 1명(12%)이 지난 6개월 동안 10건 이상의 심각한 폭력 행동을 저질렀다. 그리고 연구 대상(1,565명) 중 725명만이 심각한 폭력 행동을 단 한 번도 저지르지 않았다. 심각한 폭력 행동으로는 자전거를 탄 친구를 넘어뜨려 다치게 하기, 공공전화부스에 있는 전화기 부수기, 친구의 가랑이를 세게 걷어차기, 담배로 친구의 몸에 화상 입히기, 여학생에게 돌을 던지거나 강간 시도하기, 동물 학대 등이 포함되었다. 벨슨은 언론사와의 인터뷰에서 기자가 "다들 우려하던 TV 폭력이 폭력을 낳았다는 것인가?"라는 질문에 그는 단호하게 "그렇다"라고 답했다.[107]

ABC는 미국 템플대학의 교수 멜빈 헬러(Melvin Heller)와 사무엘 폴스키(Samuel polsky)에게 연구를 의뢰했다. 이들은 폭력 범죄(예: 살인, 강간, 폭행 등)로 투옥된 젊은 남성을 대상으로 TV 폭력과 범죄와의 연관성을 조사했다. 연구자들이 작성한 〈폭력 및 텔레비전 연구〉(1976) 보고서에 따르면, 폭력 범죄자의 22~34%가 TV 프로그램에서 배운 범죄 기술을 모방했고, 심각한 폭력범일수록 TV에서 배운 범죄 기술을 이용했다고 응답했다. 이들 폭력 범죄자들은 대체로 어린 시절에 하루 평균 6시간을 TV 시청했다고 보고했다. 이는 당시 일반 어린이의 시청 시간에 2배가량 높은 수치였다. CBS와 달리 ABC는 이들 보고서의 내용을 외부에 공개하지 않았다.

NBC는 연구 자체를 외부에 의뢰하지 않고, 내부에서 팀을 구성해 진행하는 독특한 방식을 취했다. 연구 책임자는 부사장 로널드 밀라브스키(Ronald Milavsky)가 맡았다. 연구팀은 TV 폭력의 시청이 신체적 공격성에 어떠한 영향을 미치는지 확인하기 위해 3년간 약 2,400명의 학생을 관찰했다. 〈TV와 공격성〉(1984) 보고서에서 밀라브스키와 그의 동료들은 텔레비전 폭력이 아이들의 공격성에 어떠한 영향도 미치지 않았다고 밝혔다.[108] 결과에 동의할 수 없는 연구자들이 많았다. 이들 외부 연구자들은 NBC가 수집한 로데이터를 요청한 후 분석했고 그 결과, TV 폭력으로 인해 아이들의 신체적 공격성 수준이 약 5% 증가했다고 보고했다. 이에 대해 NBC는 5%의 증가율은 자신들도 발견했으나 TV 노출과 공격성 간의 관계를 설명하는데 5%는 너무 미비한 수준이라고 판단하여 언급하지 않았다고 밝혔다. 그러나 흥미롭게도 NBC

사장 브랜든 타티코프(Brandon Tartikoff)가 플레이보이와의 인터뷰에서 다음과 같이 말했다.

"텔레비전은 저에게 어마어마한 영향을 미쳤던 게 분명합니다. 1학년 때 저는 저와 늘 같이 다니던 친구 4명과 함께 TV 서부극을 흉내 내며 돌아다녔어요. 하루는 심심해서 TV에서 본대로 의자를 집어 들어 반 친구의 머리를 향해 내려쳤어요. 그런데 TV에서 본 것과 완전히 달랐어요. 예상대로라면 의자가 부러졌어야 했는데 의자는 그대로였고 대신에 친구의 머리가 깨졌던 거예요. 담임 선생님이 제 부모님을 불러서 '아이가 TV 프로그램에 영향을 받고 있으니, 학교에 계속 다니게 하려면 TV를 보지 못하게 조치를 취해야 한다'라고 말씀하셨어요. 그래서 저는 2학년 때까지 TV를 전혀 보지 못하는 암흑기를 보냈습니다."109

이래도 NBC는 TV 노출과 공격성 간의 관계가 없다고 말할 텐가? 펜실베이니아대학교 애넌버그 커뮤니케이션스쿨의 조지 거브너(George Gerbner) 교수는 뉴욕타임스와의 인터뷰에서 "1980년대 평일 프라임 시간에 시간당 평균 5~6건의 폭력 행동이, 주말 아침 어린이 만화 프로그램에서는 시간당 26~28건의 폭력 행동이 발생하고 있다"라고 말했다. 미국 심리학회 조사에 따르면, 미국의 아동과 청소년은 매년 TV에서만 살해, 강간, 심한 폭력 장면을 1만 번 보며, 10대에 이르면 대략 2만 번의 폭력을 본다. 이는 한 개의 프로그램에서 아이들이 4분마다 1번꼴로 폭력을 접한다는 얘기다.110

TV와 범죄

미국 사회에서 TV 속 폭력을 주목한 배경은 다름 아닌 범죄율의 심상치 않은 증가세에 있었다. 학자들은 1960년대 초부터 미국에서 발생하는 사회적 폭력의 잠재적 기여자로 TV 속 폭력을 조사해 왔다. 이들은 TV를 보며 자란 아이들 1세대가 강력범죄를 저지르는 전성기에 도달한 시점과 일치한다는 것을 주목했다. 실제 TV의 도입 이전과 이후에 발생한 범죄율을 살펴본 연구는 몇몇 국가에서 유사한 결과를 제시했다. 부녀자를 대상으로 한 강력범죄 사건이 미국 가정에서 TV 수상기를 구매하기 시작한 1950년대 초반부터 지난 50여 년간 700% 가까이 증가했다는 사실이다. 청소년의 우울증과 자살도 동반 상승했다. TV 속 폭력이 청소년의 우울증과 무슨 상관이 있냐고? 5세 이하의 어린아이들이 TV를 통해 경험한 죽음과 아수라장 같은 세상은 이들에게 지울 수 없는 두려움과 상처를 남길 수 있다. 미디어를 통해 폭력에 일찍 노출된 아이들일수록 세상을 정글과 같은 곳으로 바라보기 때문이다. 1999년 미 법무부는 여성에 대한 강간 범죄가 6분당 1건이 일어나고 있다고 발표했다.111

미디어 연구자들은 폭력 사회로 치닫는 현실을 미디어 속 폭력과 관계지어 논의하며 둘 간의 상관관계가 우연이 아니라고 보았다. 그리고 다양한 방법론을 동원한 연구들이 수행되었다. TV가 아이들에게 미치는 영향을 면밀하게 살피기 위해 코호트 분석(cohort analysis)을 한 연구진들은 TV 폭력에 노출되는 것이 미치는 장단기적 효과를 증명했다. 코호트 분석은 시간에 걸쳐 변화하는 특정 집단의 특성을 조사하는 연구 방법이다. 연구진은 미디어 폭력에 노출되는 것이 어떤 형태로든 아이들에게 부정적인 영향으로 나타난다는 실증적 자료뿐 아니라 장기간 지속 노출될 때 공격적 행동으로 이어질 수 있다는 증거 또한 제시했다. 1960년 뉴욕주의 856명을 대상으로 수행된 종단연구(longitudinal study)에서, 에론(Eron)과 그의 동료들은 TV에서 폭력을 즐겨보던 초등학교 남학생들이 10년 후(고등학교 졸업 후)에 성인이 되었을 때 폭력물을 즐겨보지 않는 아이들보다 훨씬 더 공격적 행동을 보인다는 점을 발견했다.[112] TV 폭력 시청과 공격적이고 반사회적 행동과 유의미한 상관관계를 증명한 셈이다. TV 폭력과 공격성 간의 관계는 사회계층, 교육 및 기타 관련 변수를 통제한 후에도 같은 결과가 도출되었다.[113]

1960년부터 1981년까지 미국의 농촌 지역에 거주하는 856명을 대상으로 추적 관찰한 연구에 따르면, 남녀 학생 모두에게서 8세 때 시청한 텔레비전 총량이 30세의 성인이 되었을 때 그들이 범죄를 저질러 유죄 판결을 받을 가능성과 상관관계가 높았다. 이는 아동의 기본 공격성, 지능, 사회경제적 지위를 통제한 후에도 같은 결과가 도출되었다.[114] 이후 연구진은 2세대 효과도 관찰했다. 연구 결과, 8세 때 TV를 많이 본 아이들이 성인이 되어 그들이 부모가 되었을 때, 어린 시절에 TV를 덜 보고 자란 부모보다 자녀를 더 심하게 처벌하는 것으로 나타났다. TV 폭력에 노출된 초등학생을 22년 동안 추적 조사한 결과, 30세 이후의 성인 범죄까지 예측한 연구도 있다.[115]

TV 폭력과 공격성 간의 유의미한 관계는 비단 미국만의 일은 아니다. 이스라엘, 핀란드, 미국 등 3개 국가에 거주하는 1,000명 이상의 초등학교 1학년 아이들을 대상으로 3년간 수행한 연구도 있다. 연구 결과, 각국의 범죄율과 TV 프로그램의 폭력 수준이 서로 다름에도 불구하고 유년 시절 TV 폭력에의 노출은 성인이 되었을 때 폭력 행동과 유의미한 영향 관계가 있었다. 미국과 달리 이스라엘과 핀란드처럼 폭력적 프로그램이 적은 국가에서도 남녀 아이 모두에게 유의미한 영향을 미쳤다. 즉 TV 폭력에 대한 광범위한 노출은 아이가 성장한 이후 공격성의 강력한 예측 변인으로 확인되었다.[116]

앞서 소개한 연구 결과들은 우리에게 다음과 같은 질문을 던지게 한다. '만약 폭력적인 TV가 폭력적인 범죄에 영향을 준다면, TV가 특정 사회에 처음 도입되었을 때 범죄도 증가하지 않았을까?' 하고 말이다. 다행히 이러한 궁금증을 풀어주는 연구도 있다. 게다가 이러한 연구는 다양한 문화권에서 수행되었다. 캐나다의 브리티시컬럼비아대학 연구진들은 1973년에 처음으로 TV가 보급된 캐나다의 한 농촌 지역(Notel)의 초등학교 1학년과 2학년에 다니는 45명의 학생을 대상으로, 이미 TV가 보급된 2곳의 지역 아이들과 공격성에 어떤 차이가 있는지를 비교했다. 관찰 시기는 TV가 도입되기 전 시기와 도입된 지 2년 후로 2차례 실시되었다. 관찰 결과, 공격 행동의 증가율이 Notel 지역에서는 160% 증가했으나 다른 2곳은 증가율이 발견되지 않았다. 공격 행동의 증가는 성별과 공격 성향을 가리지 않고 동일하게 나타났다.[117] 1973년 캐나다 매니토바 북부 지역에 보급된 텔레비전이 아이들에게 미치는 영향을 살펴본 연구 역시 같은 결과를 제시했다.[118] 센터월은(Centerwall)은 미국, 캐나다, 남아프리카에서 TV가 도입되기 전과 후에 발생한 살인 발생 건수의 변화를 조사했다.[119, 120] 남아프리카의 흑인은 미국의 흑인과 상당히 다른 환경에서 산다는 이유로 두 국가의 살인 수치는 백인으로 한정해 비교했고, 캐나다는 전체 살인 건수로 비교했다. 조사 결과, TV의 도입은 살인 건수의 증가에 영향을 주는 것으로 확인되었다. 1945년부터 1974년까지 TV가 도입된 미국(93%)과 캐나다(92%)의 살인율은 큰 폭으로 상승했다. 남아프리카는 정치적 이유로 1975년에 TV가 도입되었고, TV가 보급되기 전에는 살인율이 오히려 7% 감소했다. 그러나 미국과 캐나다에서 TV 도입 후 살인 수치가 2배 이상으로 증가하기까지 적어도 10~15년의 시차가 나타났다. 남아프리카에서도 살인율이 증가하기까지는 미국과 캐나다처럼 비슷한 지연이 발견되었다. TV 도입 후 즉각적인 효과 대신에 시간 지연이 나타난 이유는 무엇일까? TV를 통해 폭력을 경험한 아이들이 10~15년 후 성인이 되어 살인을 저지른 걸까? 살인은 대개 성인의 공격성에 포함되기에 이 같은 지연은 TV 세대가 성년이 되는 데 필요한 시간으로 해석하는 것이 적절할 듯하다. TV가 아이들에게 장기적으로 미치는 부정적인 영향을 이보다 더 선명하게 제시할 수 있을까?

미디어 폭력 연구의 패턴을 파악하기 위해 메타 분석(meta analysis)을 시행한 연구도 있다. 헤롤드(Hearold)는 TV가 친사회적이거나 반사회적 행동에 미치는 영향을 다룬 230개 연구 결과를 살펴본 결과 폭력적인 TV 내용과 넓은 범주의 반사회적 행동 간의 관계의 유의미한 효과 크기를 확인할 수 있었다.[121] 이처럼 TV가 아이들에 미치는 영향을 살펴본 연구 결과는 모두 TV 노출과 공격성 간의 정적인 관계를 선명하게 제시했다. 이는 당시 대부분의 미국 성인의 우려를 고스란히 반영한 결과였다. 당시 여론 조사에 따르면, 미국 성인의 80%가 텔레비전 폭력이 미국을 폭력 사회로 만드는 데 중요한 역할을 한다고 생각했다.[122] 물론 TV 시청 외에 폭력 범죄에 영향을 미칠 수 있는 요인은 많다. 인간의 모든 공격적 행동은 빈곤, 범죄, 알코올 및 약물 남용, 스트레스 등 다양한 요인이 중첩된 결과로 나타날 수 있기 때문이다. 이런 요인들에 비해 어쩌면 어린 시절의 TV 노출 정도는 사소하게 느껴질 수도 있다. 그러나 미디어 연구자들은 TV가 도입되지 않았다면 미국에서 매년 1만 건의 살인 사건과 7만 건의 강간 사건이 감소했을 것이라고 주장한다.

TV 시청 시간과 공격성

휴즈먼과 그의 동료들은 시카고 지역의 6~7세, 8~9세 초등학생 557명을 대상으로 15년 후 이들이 21세와 23세로 성장했을 때를 추적하며 TV 폭력에 대한 유년기 노출이 미치는 장단기적 효과를 조사했다.[123] 이들의 연구 목적은 크게 세 가지였다. 첫째, 유년기에 노출한 TV 폭력이 어린 시절의 공격성에만 영향을 주는지 아니면 성인이 된 이후의 공격성에도 영향을 주는지 살펴본다. 둘째, TV 폭력으로 인해 나타나는 공격성이 성별에 차이가 있는지를 조사한다. 셋째, TV 폭력에의 노출 외의 변인, 즉 개인의 공격적 성향이나 이들의 공격성을 자극하는 다른 변인의 영향에 대해서도 살펴본다. 단기 효과를 살펴보기 위한 1차 데이터는 1977년과 1978년에 수집되었고, 2차 데이터는 1992년부터 1995년까지 수집되었다. 1차 연구에 참여한 557명의 학생을 추적하기 위해 연구자들은 2년간 운전면허 및 사법 기록부 등을 검색했고, 이를 통해 450명(81%)에 대한 소재지를 파악할 수 있었다. 연구진들은 다시 이들과 연락하기 위해 학교 기록을 비롯해 소셜 네트워크를 검색해야 했다. 이 과정을 거쳐 총 398명의 데이터를 추가 확보할 수 있었다. 데이터의 인구통계학적 특성을 제시하면 다음과 같다. 이들의 평균 연령은 22세였다. 1차 데이터와 2차 데이터는 15~18년이라는 시간 차이가 있다. 성별도 남성 153명, 여성 176명으로 상당히 고른 분포를 보였다. 대다수는 백인이었으나 약 7.5%는 소수 인종에 속했다. 교육 수준은 9학년 수료부터 대학원 또는 전문학위 수료까지 다양했다. 직업 분포는 고위직(65.3%), 중간관리직(26.9%), 노무직(5.8%), 기타(2%)였다. TV 폭력물 시청은 유년기와 성인기에 다음과 같은 내용으로 측정되었다. 매년(1977, 1978) 인기리에 방영되었던 어린이 TV 프로그램 10개 목록(폭력물과 비폭력물 포함)[124]을 제시한 후 아이들이 자신이 좋아하는 프로그램을 표시하도록 요청했다. 폭력 점수는 아이들이 좋아한다고 표시한 프로그램의 폭력 점수를 합산하고 시청 빈도에 따라 가중치를 부여했다.[125] 성인기에는 설문 당시 가장 재미있게 본 TV 프로그램 3개를 작성하게 했고, 얼마나 자주 시청했는지를 물었다. 이후 연구자들은 참가자들이 본 프로그램을 가시화된 폭력을 4단계로 구분해[126] 분석했다. 유년기의 공격적 행동은 "아무것도 아닌 일로 싸움을 시작하는지", "아이들을 밀고 밀치는지" 등 공격적 행동(간접적 공격 포함)을 10가지로 제시한 후 이런 행동을 하는 같은 반 친구가 누구인지 표시하도록 요청했다. 아이들의 공격성 지수는 10개 항목 모두에 대해 또래 친구가 지명한 횟수를 합산한 후 점수를 매긴 반의 학생 수로 나누었다. 또 성인기의 공격적 행동은 신체적 공격, 간접적 공격, 언어적 공격으로 구분해 측정했다. 신체 공격성은 "사람을 때리거나 발로 차거나 밀치는 행동을 얼마나 자주 하는지" 등의 가벼운 수준부터 "칼/총으로 누군가를 위협하거나 실제로 베거나 쏜 적이 있는지" 등의 심각한 수준까지 물었다. 간접적 공격성은 "묻지 않고 다른 사람의 물건을 가져가거나 다른 사람이 자신이 싫어하는 사람을 싫어하게 만드는지"로 물었다. 언어적 공격성은 "다른 사람의 신체적 능력이나 외모를 경시하는지" 등으로 물었다. 또 연구자들은 국가 기록물에서 유죄 판결 기록, 교통위반 기록 등의 데이터를 추가로 수집한 후 공격성 점수를 산출했다.[127]

연구 결과, 어린 시절의 TV 폭력물 시청은 15년 후의 성인 공격성에 상당한 영향을 주는 것으로 나타났다. 이는 남녀 모두에게서 발견되었다. 유년기 TV 폭력의 시청 정도를 높음(20%), 중간(60%), 낮음(20%)으로 구분하고 성인 공격성에 어떻게 반영되었는지를 살폈다. 분석 결과에 따르면, 남녀 모두 TV 폭력의 시청률이 높았던 집단이 15년 후 성인이 되었을 때 공격성이 높았다. 유년기에 TV 폭력물을 더 많이 시청했던 여성들은 그렇지 않은 여성들보다 성인기의 공격성 점수가 높았다. 예컨대, TV 폭력물을 많이 본 여성들은 그렇지 않은 여성에 비해 배우자와 다툴 때 밀치거나, 때리거나 심지어 무언가를 던졌을 가능성이 4배 이상 높았다. 남성은 어땠을까? 유년기에 TV 폭력물을 더 많이 보았던 남성들 역시 그렇지 않은 남성에 비해 배우자와 싸울 때 더 많이 물리적으로 공격하고 있었고, 3배 이상의 유죄 판결을 더 많이 받았다. TV 폭력을 많이 본 아이들은 TV 폭력을 적게 본 아이들보다 낮은 공격성 점수를 받은 사례는 단 한 건도 없었다. 요컨대, 어린 시절에 TV 폭력에 더 많이 노출된 아이들일수록 그들이 20대 초반의 건장한 성인이 되었을 때 공격성이 더 커진다는 것이다. 이는 공격성에 대한 TV 폭력이 미치는 장기적 효과를 경험적으로 검증한 연구로 우리에게 던지는 시사점이 많다.

세상을 적대적으로 보는 아이들

공격 성향의 아이들은 대체로 감정적이고 세상을 적대적으로 바라본다. 그래서 사소한 일에도 쉽게 감정적으로 대응하며 공격성을 띤다. 세상에 대한 공격성 반응은 다른 사람에게 자신이 위협받는다는 인식에서 나오는 일종의 방어적 반응이다.[128] 그래서 다른 아이들은 무심코 지나칠 만한 상황에서도 공격 성향의 아이들은 공격적으로 반응할 때가 많다. 그러나 위협을 상상하고 먼저 공격한다면 선제공격이 보복을 불러오기 쉬우므로 세상이 실제로 더 위험해진다. 세상을 위험하게 보는 아이들이 더 공격적인 세상을 만드는 방향으로 행동하는 셈이다. 폭력 행동으로 구금된 청소년에게서 이 같은 방어적 공격성 양상이 곧잘 관찰된다. 케니스 도지(Kenneth Dodge)와 동료들은 학교 운동장에서 쉽게 벌어질 수 있는 상황에서 방어적인 아이들과 그렇지 않은 아이들의 공격성에 어떤 차이가 있는지를 살펴보았다. 〈표 3.1〉에 제시한 대로, 방어적인 아이들은 다른 사람의 단순한 행동도 자신에게 해를 끼치려는 행동으로 해석하고, 그 대응책으로 공격적인 해결책을 떠올리고 공격 행동을 표출한다. 다른 아이가 자신과 부딪쳤을 때, 방어적인 아이는 부딪친 이유를 잘 몰라도 자신을 밀치려는 의도가 있었다고 생각한다. 그래서 때리거나 어떤 방식으로든 보복하려는 공격적인 해결책을 떠올린다. 그러나 방어적이지 않은 아이들은 부딪친 이유가 확실하지 않으면 우연히 일어난 일로 생각한다. 그래서 조심하라고 주의를 주는 선에서 평화적으로 해결하려고 한다. 아이들뿐 아니라 전 연령대를 아울러 불확실한 상황을 적대적으로 해석하고, 이를 심각하게 받아들이는 공격 성향의 사람들은 그렇지 않은 사람들보다 쉽게 분노를 느끼고 화를 내

며 공격적으로 반응한다. 공격 성향이 공격성을 촉발하는 방아쇠 역할을 한다.[129]

표 3.1 다른 아이와 부딪쳤을 때 공격 성향의 사람들에게 나타나는 반응[130]

다른 아이와 부딪쳤을 때		공격 성향의 아이
단서 해석	저 아이가 왜 나와 부딪쳤을까?	부딪친 이유가 확실하지 않아도 자신을 밀치려는 시도였다고 생각한다.
반응 방식	다른 아이가 자꾸 나에게 부딪친다면 나는 어떻게 해야 할까?	어떤 방식으로든 공격적인 해결책을 떠올린다.
반응 선택	문제를 해결하는 좋은 방법은 무엇일까?	공격적 반응을 선택하고 평화적인 반응은 무시할 가능성이 높다.
반응 실행	어떻게 실행할까?	공격적 방법으로 대응하는 데 더 익숙하다.

Kenrick, D., Neuberg, S. L., & Cialdini, R., B. (2015). p497

TV 속 폭력물의 시청이 인간의 공격성을 자극하는 것만큼이나 개인의 높은 공격 성향이 TV 폭력물의 시청을 자극하는 것은 아닐까? 다양한 인구통계학적 변인, 가족과 개인의 특성도 인간의 공격성과 상관관계가 있는 변인이기 때문이다. 낮은 사회경제적 지위(SES)와 IQ가 낮은 아이들은 대체 오락의 비용, 지적으로 까다로운 작업에 대한 좌절 등의 이유로 TV를 더 많이 시청하는 것으로 알려져 있다. 부모의 TV 습관과 자녀 양육 관행도 아이가 TV를 보는 습관에 영향을 미친다. 자녀에 대한 부모의 가혹한 처벌이나 아이에 대한 거부, 훈육 부족과 같은 어릴

적 양육 환경 요인도 아이의 후속 공격성에 영향을 미치는 것으로 알려져 있다.[131] 그러나 이러한 환경 요인은 공격성에 대한 폭력 노출의 '효과'를 설명하는 것이 아니라, 폭력 노출의 개인 차이와 그 효과의 강도에 대한 개인 차이를 설명하는 요인으로 이해하는 것이 옳다.

폭력적인 영화를 좋아하는 사람이 비폭력적인 영화를 좋아하는 사람보다 공격 성향이 높다고 보고한 기존 연구를 살펴보자. 블랙과 베반(Black & Bevan, 1992)은 실제 영화를 보러 온 관객을 대상으로 이들의 공격 성향을 측정하고, 영화를 관람하기 전과 후에 자신이 선택한 영화의 공격성 점수를 측정한 뒤 관객의 공격 성향이 폭력물 선택에 어떠한 영향을 주는지를 살펴보았다.[132] 당시 영화관에는 폭력 영화와 비폭력 영화가 상영하고 있었다. 폭력 영화는 〈대특명(Missing in Action)〉(1986)으로, 베트남전쟁을 배경으로 피비린내 나는 전투 장면이 나오는 전쟁 액션 영화였고, 비폭력 영화는 〈인도로 가는 길(Passage to India)〉(1986)로, 강간범으로 몰린 인도 남성의 누명을 벗기는 휴먼 법정 드라마였다. 〈대특명〉에는 기관총 사격, 총검술, 칼질, 폭발로 인한 살인 등 잔혹한 죽음을 묘사한 장면이 61회 노출되었으나 〈인도로 가는 길〉에는 이 같은 장면이 전혀 나오지 않아 묘사되는 폭력의 양에서 두 영화는 극명한 차이를 보였다. 연구자들은 폭력 영화를 보러 온 사람들이 비폭력 영화를 보는 온 사람들보다 공격 성향 점수가 훨씬 더 높았고, 폭력 영화를 본 남성들의 경우 영화 관람 후 더 높은 공경 성향이 나타났다고 보고했다.

유년기 TV 폭력의 시청과 성인기 공격성 간의 유의미한 관계를 보고한 휴즈먼(Huesmann)과 그의 동료들은 높은 공격 성향의 아이들이 TV 폭력물을 더 많이 보는 경향이 있다는 기존 연구에 따라 아이들의 공격 성향을 통제한 후 살펴보았다. 그러나 TV 폭력에 대한 조기 노출은 어린 시절의 공격 성향을 통제한 후에도 성인의 공격성에 유의미한 영향을 주는 것으로 나타났다. 또 부모의 사회경제적 지위, 지적 능력, 다양한 양육 요인의 영향을 통제하더라도 TV 폭력에 대한 유년기 노출이 성인기의 공격성에 유의미한 영향을 주었다. 이러한 결과는 TV 폭력 노출로 인한 공격성 증가 현상은 가족과 개인의 특성이 아닌 모든 아이에게 보편적으로 발생할 수 있다는 점을 시사한다.

미디어 폭력 인식과 캐릭터와의 동일시

아이들이 즐겨보는 TV 만화 프로그램에 폭력적 묘사가 매우 많다는 사실은 윌슨(Wilson)과 동료들의 연구를 통해 재점화되었다.[133] 이들은 어린이 TV 프로그램이 성인 프로그램보다 더 폭력적이고 시간당 최대 30개의 다양한 폭력 행동이 보인다는 것을 발견했다. 〈심슨 가족〉[134]의 한 에피소드에는 '싸우자'라고 랩 하듯 쉬지 않고 소리치는 장면이 무려 11번이나 나온다. 우리나라에도 애니메이션에서 가학적이거나 살인 등의 잔인하고 성도착증 성향을 드러내는 장면을 포함하고 있어 문제가 되기도 했다. 2012년 애니메이션 채널 카툰에서 방송된 〈말짱꽝돌이〉에서는 아버지가 아들의 성적 향상을 위해 아들을 기계에 묶어 놓고 문제를 틀릴 때마다 전기로 고문하는 장면이 나온다. 2013년 MBC 드라마 〈여왕의 교실〉에서는 초등생이 교실에서 방화하려다 이를 말리는 교사에게 문구용 칼을 들이대고 반말하며 대드는 장면이 있었다.[135] 극의 전개상 불가피한 표현이라는 말로 합리화하기에는 도를 넘어선 사례이다.

시청자는 드라마 속 캐릭터에 몰입한다. 시청자가 드라마에 몰입할수록 캐릭터의 연기에 더 집중할 수 있어 드라마의 캐릭터 중 한두 사람을 자신과 동일시하게 되고, 그들의 처지에 따라 불안, 초조, 기쁨, 행복을 함께 느낀다. 동일시(identification)는 시청자가 캐릭터에게 일어난 사건을 마치 자신에게 직접 일어나고 있는 것처럼 느끼게 만드는 효과를 준다. 시청자와 캐릭터의 동일시는 시청자가 드라마에 몰입하게 하는 강력한 기제로 작용한다. 드라마의 캐릭터는 원하는 것을 얻기 위해 행동하고 그 과정에서 장애와 맞닥뜨려 갈등하고 변화를 겪으며 성장하거나 파멸한다. 〈슈퍼맨〉, 〈스파이더맨〉 같은 영웅 캐릭터는 언제나 올바르게 행동하고 모두에게 친절하며, 정의를 위해 악당을 물리치며 매력 넘치는 카리스마를 뿜어낸다. 반면 〈해리포터〉의 볼드모트, 〈반지의 제왕〉의 사우론, 〈스타워즈〉의 다스 베이더 같은 악당 캐릭터는 언제나 자기 욕심을 채우기 위해 선량한 사람들을 어렵게 만드는 이기적이고 사악한 존재다. 악당은 정의로운 영웅 때문에 자신의 목적을 달성하는 데 언제나 실패한다. 어린아이도 영웅과 악당은 명확히 구분할 줄 안다. 아이들에게 악당은 술 마시고, 싸우고, 상대를 괴롭히며, 은행을 터는 나쁜 행동을 일삼는 존재이지만 영웅은 선하고, 주변 사람을 도와주며, 나쁜 악당을 물리치기 위해 멋지게 싸움하는 존재로 구분한다. 아이들은 슈퍼맨이 선한 마음을 가지고 사회 정의를 위해 악의 세력과 싸운다고 생각하는 반면에 악당은 자기 이익만을 위해 사람들을 괴롭힌다고 인식한다. 아이들은 영웅 캐릭터와의 동일시를 통해 심리적으로 선이 악을 이기는 과정을 경험한다.

TV 드라마를 보면서 우리는 주인공과 얼마나 동일시할까? 자신이 그 캐릭터의 일부분인 것처럼 느끼고 생각하며, 딱한 상황에서는 함께 슬퍼하고, 목표를 달성했을 때는 함께 기뻐하지는 않았는지, 주인공의 이해할 수 없는 행동을 보며 그 상황에서 왜 그가 공격적 행동을 할 수밖에 없었는지를 공감한 경험이 있다면 그 캐릭터에 동일시되었다고 볼 수 있다. 이처럼 동일시는 시청자가 캐릭터의 위치에 자신을 위치한 후 실제 캐릭터의 역할과 경험에 참여하는 것을 말한다. 주로 시청자가 캐릭터의 시각으로 세계를 보거나 특정 캐릭터에게 애정을 느낄 때 그리고 자신과 캐릭터의 유사성을 인식할 때 발생한다. 캐릭터에게 자신과의 유사성을 더 많이 인식할수록 시청자는 캐릭터와의 동일시를 더 많이 느끼고,136 캐릭터의 관점, 세계관을 공유하며 캐릭터의 경험에 동참한다.137 "오늘부터 내가 슈퍼맨이야"라고 보자기를 뒤집어쓰고 집안 곳곳을 누비는 천진난만한 아이가 있다면 그 아이는 슈퍼맨과 자신을 동일시하고 TV에서 본 대로 자신이 악당이라고 판단하는 모든 것을 통제하려고 들 것이다. 아이들은 자신이 좋아하는 캐릭터처럼 행동하기를 원하고, 그러한 욕구를 충족하기 위해 모방 행동이 쉽게 일어난다. 캐릭터에 대해 더 많이 동일시하는 아이일수록 캐릭터의 모든 행동, 즉 비도덕적인 행동까지 쉽게 받아들이게 된다.138

드라마 제작자는 시청자의 현실적 감각에 호소하기 위해 현실을 충실히 반영하며 극을 만든다. 드라마는 허구적 세계이다. 그러나 시청자가 경험한 세계와 유사할 때 비로소 극의 진정성(authenticity)을 성취할 수 있어서다. 드라마 속 캐릭터가 현실을 충실히 반영하여 사실적으로 생생하게 묘사되었다면 시청자는 그 캐릭터를 더욱 현실적으로 느껴질 것이다. 이를 인지된 현실감(perceived realism)이라고 부른다. 인지된 현실감은 미디어가 사회적 현실을 대표하는 것으로 인식되는 정도로 개념화할 수 있다. 드라마에서 묘사하는 내용이 실생활과의 유사성, 즉 실제 삶에서 누구에게나 일어날 수 있다는 생각이 들수록 인지된 현실감은 높아진다. 예컨대 드라마 속 캐릭터의 삶을 보면서 마치 실생활에서 누군가를 떠올렸다면 인지된 현실감이 높다고 하겠다. 인지된 현실감은 삶의 경험, TV 노출 정도와 동기, 지능지수(IQ) 등과 같은 개인적 특성에 영향을 받는다. 일반적으로 TV를 많이 보고, 지능이 낮은 아이들이 TV 콘텐츠에 대한 현실감을 더 높게 인식한다.[139]

그럼 TV 폭력 프로그램을 볼 때 자신을 주인공 캐릭터와 동일시하고, TV 속 폭력이 현실에서 일어날 수 있다고 인식한 아이들은 15년 후 성인이 되었을 때 공격성에 미치는 영향은 어떨까? TV 폭력이 실제 삶을 높게 반영하고, 동성의 공격적인 TV 캐릭터와 더 많이 동일시한 아이들은 15년 후에 어른이 되었을 때 더 높은 공격성을 보였다. 남자아이의 경우 공격적 남자주인공과 동일시하고 그들이 저지르는 폭력이 현실에서도 일어날 수 있는 일이라고 인식할 때 유년기 TV 폭력물 시청과 성인기 공격성 간의 관계가 더 강화되었다. 만약 악을 처단하기 위해 쓰는 주인공의 폭력 행동이 현실 세계에서도 있을 수 있는 일이라고 인식하고 주인공(폭력 가해자)과 동일시하며 기뻐하는 아이들에게 폭력을 써서 악을 무찌른 주인공이 주위 사람들에게 칭찬과 환호를 받는다고 생각해보자. 아이가 그런 장면을 보며 무슨 생각을 떠올리겠는가? '어려운 친구를 도우려면 주먹질도 필요하겠어. 이건 나쁜 행동이 아니야.'라고 생각하지 않을까? 주인공의 폭력에 따끔한 혼쭐이 아닌 칭찬을 받는 모습을 보며 아이들은 어떤 행동을 하게 될까? 그래서 미디어 연구자들은 드라마 속에서 법의 심판을 받은 비열한 범죄자의 잔인한 살인보다 범죄자를 제거한 후 영광을 얻는 자가 저지르는 폭력 행동을 더 우려한다. 여자아이도 마찬가지 결과를 보였다. 공격적 여자주인공과 자신을 동일시하고 그들이 저지르는 폭력이 현실에서도 일어날 수 있는 일이라고 인식할 때 유년기 TV 폭력물 시청과 성인기 공격성 간의 관계가 더 강화되었다. 그러나 남자아이와 달리 여자아이들의 성인기 공격성은 뒤에서 다른 사람의 험담을 늘어놓거나 싫어하는 사람의 물건을 고장 내는 등의 간접적 공격성의 점수가 유의미하게 높았다.[140]

TV 속 은밀한 공격성

2024년 1월 〈퀸카로 살아남는 법〉이 영화관에서 개봉했다. 그리고 개봉 3주 만에 박스오피스에서 7,000만 달러를 벌어들이며 인기 영화 순위 1위의 자리를 차지했다.[141] 20년 전 배우 린제이 로한이 연기한 〈퀸카로 살아남는 법〉(2004) 역시 박스오피스에서 9,000만 달러를 벌어들일 정도로 인기가 매우 높았다. 영화의 줄거리는 새로운 고등학교로 전학을 온 여학생이 교내 여학생들의 교내 역학관계를 알아가기 위해 고군분투하는 내용이다. 이 영화에는 다른 여학생을 괴롭히기 위해 조작과 가십과 같은 은밀한 공격 전략을 사용하는 학생들로 가득하다. "이곳은 여학생의 세계야……그러니 모든 싸움은 교활해야 해."라는 대사만으로, 이들이 어떻게 학교생활을 하는지를 완벽하게 포착할 수 있다. 비평가들은 '퀸카로 살아남는 법'의 인기가 미국 젊은 세대들의 일상적인 경험으로 가득했기 때문이라고 설명했다. 실제로, 청소년을 대상으로 한 설문조사에서 영화에 등장하는 행동들이 일상생활에서 꽤 흔하다는 것을 보여주었다.[142] 미국 청소년의 50%가 한 달에 한 번 이상은 다른 사람에 대해 험담하고, 66%는 잔인한 가십이나 놀림의 대상이 되었다. 아이들은 어디서 이런 못된 행동을 보고 배우는 것일까?

아이들에게 인기 있는 TV 프로그램에서 간접적 공격성은 얼마나 자주 그려질까? 간접적 공격성에 대한 TV 시청이 청소년에게 어떠한 영향을 미치는지 이해하기 위해 연구자들은 청소년이 즐겨보는 TV 프로그램에 어떠한 유형의 간접적 공격이 묘사되는지부터 살펴보았다. 영국 노스웨스트에 다니는 고등학교 429명에게 자주 본 TV 드라마 5개를 묻고 그들이 가장 많이 보았다는 TV 프로그램 속의 간접적 공격성 유형의 특성을 살펴본 연구가 있다.[143] 연구자들은 분석 대상에서 뉴스, 음악, 스포츠, 게임 프로그램은 제외했다. 그 이유는 해당 프로그램에는 극 중 등장인물의 관계 속에서 일어나는 갈등과 해결 방법으로 표출하는 간접적 공격 양상을 담은 이야기가 들어 있지 않고, 간접적 공격성이 나오더라도 그 양이 매우 적다고 판단했기 때문이다. 분석 대상은 총 29개 프로그램의 402회차로 연구자들은 전체 228시간을 분석했다. 분석 결과, 시간당 평균 18회 이상의 공격 비율로 총 4,209개의 공격 행동이 나타났다. 공격성의 구체적인 내용은 아래 〈표 3.2〉에 제시했다. 전체 프로그램의 시간 중 97%가 어떤 유형이든 공격적 행동이 포함되었다.[144] 그중 간접적 공격성은 92%, 신체적 공격성은 55%, 언어적 공격성은 86%를 포함했고, 어떤 공격 행동도 없는 장면은 3%에 불과했다. 놀랍게도 청소년들이 즐겨보는 프로그램 속에서 가장 높은 비중을 차지한 것은 간접적 공격성 유형이었다. 그중 왕따 등의 사회적 배제는 시간당 6회 이상 묘사될 정도로 빈도가 높았다.

표 3.2 청소년이 즐겨보는 프로그램 속 공격성 유형

	개수	전체 공격률	시간당 비율
간접적 공격성	2129	50.6	9.34
사회적 배제	1544	36.6	6.78
험담/루머/비밀 누설	750	17.7	3.28
다른 사람과 친구되기	18	.4	.08
뒤에서 옷차림/인격 비판	59	1.4	.26
무시하기	146	3.4	.69
상대를 기분 나쁘게 하려고 방에서 나가기	214	5.1	.94
그룹/대화에서 의도적으로 상대를 제외하기	72	1.7	.32
눈알을 굴리는 등 경멸의 표정 짓기	185	4.4	.82
고의로 상대와의 우정/관계를 끊으려고 하기	35	.7	.15
다른 사람들이 상대를 싫어하도록 시도하기	52	1.2	.23
대놓고 떠나라고 말하기	13	.3	.06
악의적 유머	205	4.87	.89
옷차림/인격에 대한 비판	26	.6	.11
욕설 메모/장난 전화	33	.8	.14
의도적으로 상대를 당황하게 하기	92	2.2	.41
뒤에서 상대 흉내내기/제스처를 취하기	25	.6	.11
단지 무언가를 얻어낼 때만 우정/관계 형성하기	5	.1	.02
공유하지 않기	11	.2	.04
겁을 주기	13	.3	.06
죄책감 유발	165	3.9	.72
말을 듣지 않으면 우정/관계를 끝내겠다고 위협하기	93	2.3	.38

	개수	전체 공격률	시간당 비율
죄책감을 느끼게 만들어 영향을 미치기	61	1.4	.27
상대를 기분 나쁘게 하려고 상처받은 척 행동하기	16	.4	.07
간접적 + 신체적 공격성	213	5.1	.93
다른 사람에게 비열한 행동(폭행)을 시킴	46	1.0	.19
갈취, 재산 상해	148	3.5	.65
납치, 독살	6	.1	.02
이유 없는 해고/이전	4	.1	.01
고소/소송	9	.2	.04
신체적 공격성	749	17.8	3.29
때리기, 발차기, 밀기, 목 조르기, 뺨 때리기	363	8.7	1.61
상대 앞에서 누군가의 재산을 파괴하기	59	1.4	.26
깨물기, 머리카락 잡아당기기, 뒤쫓기	33	.7	.15
흉기 등으로 신체적 위해를 가할 위협하기	153	3.6	.65
찌르기	17	.4	.07
누군가를 죽이거나 죽이려고 시도하기	79	1.9	.35
음식/물건을 집어 던지기	35	.8	.15
강간	2	-	-
고문, 기절시키기	8	.2	0.3
언어적 공격성	1331	31.6	5.48
고함치거나 언쟁하기	476	11.3	2.08
놀리고 비꼬고 모욕하기	480	11.3	2.12
욕하기	355	8.4	1.55
얼굴 맞대고 흉내내기	20	.5	.09

Coyne & Archer (2004). p258-259

미국의 2세에서 11세에게 인기 있는 50개의 텔레비전 프로그램을 분석한 연구에서도 프로그램의 92%에서 간접적 공격성을 묘사했다. 이는 4분마다 1번씩 발견할 정도로 빈도 높은 결과였다. 여자아이들은 모욕과 욕설로 상대를 공격하거나 경멸하는 듯한 표정과 미소를 지어 주눅 들게 했다.[145] 어린아이들이 보는 애니메이션은 어떨까? 만화영화는 폭력적인 TV 프로그램 중 하나로 꼽히는 장르이다. 윌슨 등(2002)은 시간당 30개의 폭력 장면이 나오는 성인용 프로그램보다 아이들의 TV 프로그램이 더 많은 폭력 장면을 보여주고 있다고 말했다.[146] 고등학생과 대학생들이 가장 좋아한다고 한 12개의 프로그램(드라마와 시트콤)을 분석한 연구도 있다.[147] 드라마에서 여성 캐릭터는 2명 중 1명이, 남성 캐릭터의 3명 중 1명이 간접적 공격성을 드러냈고, 시트콤에서는 모든 여성 캐릭터가 간접적 공격성을 표현할 정도로 일상적으로 표현되었다. 전 세계 어린아이들의 사랑을 듬뿍 받아온 월트디즈니의 애니메이션 47편을 분석한 연구 결과에 따르면, 시간당 10개의 다양한 방식으로 간접적인 공격성이 묘사되고 있었다. 공격성에 대한 현실적 묘사의 정도를 살펴본 결과, 간접적 공격과 언어적 공격이 신체적 공격보다 더 사실적으로 묘사되었다.[148]

미디어 속 가해자들이 피해자를 괴롭힐 때 나타나는 공격성의 유형은 성별에 따라 달랐다. 남성 캐릭터가 여성 캐릭터보다 전반적으로 공격적 행동을 많이 하는 것은 분명하지만, 간접적 공격성의 빈도는 여성이 높았다. 간접적 공격성의 여러 유형에서도 남성은 다른 사람을 시켜 신체적으로 해를 가하는 공격성 유형을 주로 선택했다면 여성은 사회적 배제, 죄책감 유발, 악의적 유머를 빈도 높게 사용했다. 뛰어난 외모에 사회경제적 지위가 높은 미디어 속 캐릭터는 간접적 공격성을 주로 사용했고, 매력적이지 않은 공격자들은 신체적 공격을 더 빈번하게 썼다. 매력적이지 않은 캐릭터가 매력적인 캐릭터보다 가해자로부터 전반적으로 많은 공격을 받았다. 그러나 매력적인 캐릭터는 간접적 공격을 더 많이 받았다. 신체적 공격의 경우 낯선 관계에서 가장 많이 이루어졌고, 간접적 공격은 지인 관계에서 더 많이 발생했다.

표 3.3 공격성 유형과 성별 차이

	공격 유형(%)			간접적 공격 유형(%)			
공격자	간접적	신체적	언어적	사회적 배제	악의적 유머	죄책감 유발	간접적 + 신체적
남성	1001 (47%)	560 (75%)	741 (56%)	691 (45%)	111 (50.5%)	77 (48%)	133 (62%)
여성	1123 (53%)	189 (25%)	590 (44%)	855 (55%)	109 (49.5%)	83 (52%)	83 (38%)

Coyne & Archer (2004). p261

드라마 속의 매력적인 캐릭터가 저지르는 간접적 공격이 위험한 이유는 무엇일까? 아이들의 강력한 역할 모델이 될 수 있어서다. 아이들은 신체적으로 매력적으로 보이는 캐릭터에 호의적으로 반응하기 때문에 그만큼 공격성을 쉽게 학습할 수 있다.[149] 아이들은 이성 캐릭터보다 동성 캐릭터를 더 선호하고, 그들의 행동을 더 많이 기억하며, 잔인한 캐릭터보다 자비로운 캐릭터에 긍정적인 평가를 한다.[150] 미디어 연구자들이 TV 속 여성 캐릭터의 못된 행동과 일상생활에서 발견되는 소녀들의 미운 행동과 상당히 유사하다고 지적하고 있는데, 이는 여자아이들이 매력적인 여성 캐릭터를 역할 모델로 인식하기 때문이다.

흡연과 미디어 폭력

2000년 7월 미국의 심리학회, 소아과학회, 아동청소년정신의학회, 의료협회, 가족의학회, 미국정신의학회 등 6개 학회가 공동성명서를 발표했다. "현재 1,000개가 훨씬 넘는 연구들이… 압도적으로 미디어 폭력과 아이들의 공격성 간의 인과관계를 보고하고 있다"라는 내용이었다. 미디어 폭력에 더 많이 노출될수록 공격성이 증가한다는 일관된 결과를 보고하는 수많은 연구가 있었다. 그러나 이를 부정하는 목소리 역시 여전하다. 또 미디어 폭력 효과(r) 추정치를 어느 정도 신뢰한 것인지 의구심을 품기도 한다. 이를 위해 부시맨과 앤더슨은 미디어 폭력과 인간의 공격성 간의 관계를 조사한 217개 연구를 메타 분석한 결과[151]와 다른 영역(주로 의료)에서 수행된 연구를 함께 메타 분석했고, 〈그림 3.2〉가 그 결과이다. 〈그림 3.2〉를 보면 두 변인 간의 상관관계가 명백하다는 데 대다수가 동의할 것이다. 칼슘을 섭취하면 골량이 증가하거나 콘돔을 쓰면 에이즈 바이러스에 걸릴 위험이 줄어들 것이라는 주장에 의문을 제기하지 않을 테니 말이다. 연구 결과에서 가장 높은 상관관계는 흡연과 폐암이었고, 두 번째로 높은 상관관계는 미디어 폭력과 공격성이었다.

그림 3.2 미디어 폭력이 공격성에 미치는 영향과 다른 영역의 영향 비교

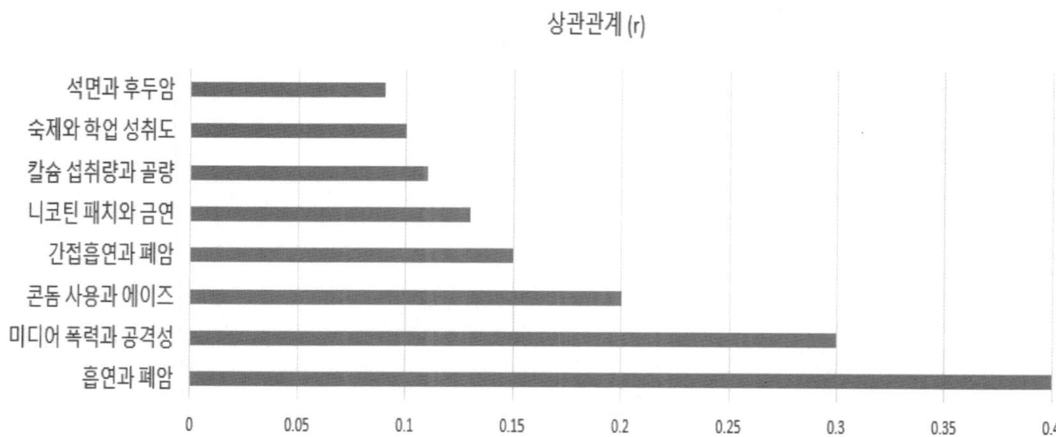

Bushman & Anderson. (2001), p481

부시맨(Bushman)과 앤더슨(Anderson)은 흡연과 폐암 관계와 미디어 폭력과 공격성 관계에는 적어도 여섯 가지 유사점이 있다고 설명한다. 첫째, 담배를 피우는 모든 사람이 폐암에 걸리는 것은 아니며, 폐암에 걸리는 모든 사람이 흡연자인 것도 아니다. 마찬가지로, 폭력적인 미디어를 보는 모든 사람이 공격성이 나타나는 것은 아니고, 공격적인 모든 사람이 폭력적인 미디어를 보는 것도 아니다. 둘째, 흡연이 폐암을 일으키는 유일한 요인은 아니지만, 폐 건강을 해치는 주범이다. 마찬가지로, 폭력적인 미디어를 보는 것은 공격성을 유발하는 유일한 요인은 아니지만, 공격성에 영향을 미치는 중요한 요인이다. 셋째, 처음 피우는 담배는 사람을 역하게 할 수 있다. 그러나 여러 번 피우면 그 역겨운 증상이 감소하게 되고, 더 많이 담배를 열망하게 된다. 마찬가지로, 폭력적인 미디어에 처음 노출된 사람(특히 어린이)은 불안과 두려움을 느낄 수 있다. 그러나 반복된 노출은 이러한 증상을 감소시키고 시청자들이 더 강한 수준의 폭력을 원하게 만든다. 넷째, 흡연이 인체에 미치는 단기적 영향은 크지 않을 수 있다. 담배 한 개비를 피운다고 해서 바로 건강에 영향을 주진 않는다. 만약 해를 준다고 해도 약 1시간 내 사라진다. 마찬가지로, 1편의 폭력적인 TV 프로그램이나 영화를 보는 것은 공격적인 생각, 감정, 행동을 증가시킬 수 있지만, 이러한 효과는 보통 한 시간 정도 내에 사라진다. 다섯째, 흡연의 장기적이고 누적된 영향은 상대적으로 심각하다. 담배 한 개비는 폐암에 거의 영향을 미치지 않는다. 그러나 15년간 하루 담배 한 갑을 피우는 등 담배 연기에 반복적으로 노출되면 폐암에 걸릴 확률이 심각하게 증가한다. 마찬가지로, 1편의 폭력적인 TV 프로그램을 보는 것으로 우리가 상습적 공격자가 될 가능성은 낮다. 그러나 여러 연구가 15년간 매일 몇 시간씩 폭력적인 미디어에 반복적으로 노출되면 습관적으로 공격적인 사람이 될 가능성이 매우 증가하고, 때로는 폭력 범죄자가 될 수도 있다는 것을 보여준다. 여섯째, 담배 산업과 의학 간의 오랜 싸움에서, 담배 산업은 담배가 폐암을 유발한다는 의학계의 주장을 뒷받침하는 과학적 증거를 공개적으로 부인하고 인정하지 않았다. 마찬가지로 미디어 산업은 그동안 폭력적인 미디어에 노출될수록 인간의 공격성을 증가한다는 연구 결과를 부정해 왔다.

모든 흡연자가 폐암에 걸리지 않는 것처럼, 연구자들이 미디어 폭력에 노출된다고 해서 모든 시청자가 폭력적인 범죄자가 된다는 것은 분명 아니다. 미디어 폭력의 노출량과 공격성 간의 완벽한 대응을 이루지 못하는 것은 인간의 공격성을 증가하는 데 미디어 폭력이 필요충분한 원인이 아니라는 것을 의미할 수 있다. 그러나 생각해 보자. TV에서 광고할 때 광고주는 광고로 모든 사람이 자신의 제품을 살 것이라고 기대하지 않는다. 광고가 시청자의 1%에만 영향을 미쳐도 매우 성공적이기 때문이다.[152] 그럼, 폭력적인 미디어가 인구의 1%만을 더 공격적으로 만든다고 가정해 보자. 우리 사회가 그렇게 작은 퍼센트에 대해 걱정해야 할까? 1천만 명의 사람들이 폭력적인 TV 프로그램을 본다고 가정해 보자. 1%의 시청자만 공격성이 증가한다고 해도, 그 폭력적인 TV 프로그램은 무려 10만 명의 사람들을 더 공격적으로 만들 것이다. 너무 많은 사람이 폭력적인 미디어에 노출되고 있기에 소수의 시청자만 영향을 받더라도 사회에 미치는 영향은 엄청날 수 있다.[153]

✎ 생각해 보기

1. TV 앞에서 아이들이 보내는 시간이 늘면서 사람들이 우려하기 시작한 것은 무엇인가?
2. 미디어 연구자들이 아이들의 폭력에 대한 기초 감각이 TV에서 시작되었다고 설명하는 이유는 무엇인가?
3. 반두라(Bandura)는 타인의 행동을 지켜보는 것만으로도 새로운 행동을 배울 수 있다는 것을 입증하기 위해 3개의 보보 인형 실험을 고안했다. 실험의 주요 요지와 결과는 무엇인가?
4. '만약 폭력적인 TV가 폭력적인 범죄에 영향을 준다면, TV가 특정 사회에 처음 도입되었을 때 범죄도 증가하지 않았을까?'라는 질문에 궁금증을 풀어준 연구가 무엇인지 설명해 보라.
5. 센터월(Centerwall)의 연구에서 TV 도입 후 즉각적인 효과 대신에 시간 지연이 나타난 이유는 무엇인가?
6. 자신을 주인공 캐릭터와 동일시하고, TV 속 폭력이 현실에서 일어날 수 있다고 인식한 아이들일수록 공격성에 미치는 영향이 큰 이유는 무엇인가?
7. TV 속 가해자들이 피해자를 괴롭힐 때 나타나는 공격성의 유형은 성별에 따라 어떻게 달라지는가?
8. 드라마 속의 매력적인 캐릭터가 저지르는 간접적 공격이 위험한 이유는 무엇인가?

4장
성 표현물과 미디어

폭력적 포르노에 노출되면 남성이 여성에 대한 적대적 태도와 행동이 증가한다는 것이 학계의 정설이다. 주된 이유로 폭력적 포르노에서 강간당하는 여성이 즐겁게 반응하는 것으로 묘사하기 때문이다. 폭력적 포르노를 소비하는 동안에는 적어도 남성의 성적 공격성이 남녀 모두에게 이익이 될 수 있다는 왜곡된 판단을 하게 된다. 폭력적 포르노를 시청하는 남성들은 여성에 대한 공격을 정당화하며 억제의 필요성을 인식하지 못한다. 이들은 맞고 있는 여성을 보면서 '맞을 만하니까 맞는 거겠지'라고 생각한다. 관련 연구자들은 여성에 대한 폭력에 남성이 침묵하는 데에는 폭력적 포르노의 영향이 크다고 설명하고 있다.

4장 성 표현물과 미디어

포르노그래피

세계보건기구(WHO)가 발행한 2021년 통계보고서는 전 세계 여성 3명 중 1명이 성폭력의 피해자이고, 그 피해자 4명 중 1명은 15~24세라고 보고했다.[154] 미국의 성범죄 방지 단체 RAINN은 2020년 73초마다 성폭력 피해자가 나타나고, 9분마다 아동을 상대로 한 성범죄가 발생한다고 밝혔다.[155] 테드로스(Tedros Ghebreyesus) WHO 사무총장은 여성에 대한 폭력이 모든 나라에서 일어나고 있고, 수백만 명의 여성과 그 가족이 고통을 받고 있다면서 전 세계가 머리를 모아 시급히 문제 해결 방안을 마련할 것을 촉구했다.

여성에 대한 폭력이 무차별적으로 묘사되는 콘텐츠 중 하나가 폭력적 포르노그래피이다. 미디어 연구자들은 노골적으로 여성의 육체를 상품화하는 성 표현물, 즉 포르노그래피(pornography)에의 노출과 공격성 간에 높은 상관관계가 있음을 보여주었다. 포르노그래피란 전체적인 맥락이나 줄거리의 전개 없이 단지 성적 욕망을 자극하기 위해 노골적이고 음란한 내용을 선명하게 묘사하는 표현 양식(영화, 사진, 그림, 글 등)을 말한다.[156] 포르노그래피라는 단어가 영어 사전에 처음 등재된 시기가 1857년이니 얼마나 오랜 시간 우리 삶 가까이에 있었는지 알 수 있다.

인류 문명의 발달 초기부터 성(sex)에 대한 언급이나 묘사가 즐비했다. 고대 그리스 아테네 유적과 이탈리아 폼페이 유적, 인도의 고대 카주라호 신전 성벽 등에는 성기와 성행위에 대한 직접적 묘사들이 수백 개 조각으로 표현되어 있다. 일본과 중국에서도 춘화(春畵)라는 이름으로 은밀한 욕망을 드러낸 성적 묘사가 짙은 그림들이 유통되었다. 조선 시대도 예외가 아니었다. 화가 신윤복의 〈건곤일회첩〉이나 김홍도의 〈운우도첩〉 등에는 여성의 벗은 몸을 비롯해 남녀 간의 육체적 관계를 노골적으로 묘사한 춘화가 그려져 있다.[157] 그리스 · 이탈리아 등지의 벽화, 조선을 비롯해 일본과 중국의 춘화 모두 예술 혹은 에로틱(erotics)이라는 이름으로 상류층에 널리 퍼졌었다. 그러나 당시 일반 대중은 감히 소비할 수 없는 상류층의 문화였다. 이러한 성 표현물들이 세상에 널리 퍼지게 된 시기는 미디어의 소비층으로 대중이 출현하게 된 시기와 맞물려 있다.

19세기 사진의 기술은 인간의 몸을 있는 그대로 전달해 주었다. 여성의 누드를 묘사한 그림이 부유한 상인과 귀족들이 누리던 제한된 미디어였다면, 사진은 누구나 찍어 배포하고 소비할 수 있는 그야말로 대중의 미디어로 자리했다. 20세기에는 영화의 기술이 빠르게 발달하면서 인간의 상상력에 맡겨진 성교 장면을 관객의 눈앞에서 재연할 수 있었고, 급기야 VCR의 개발과 보급, 컴퓨터와 인터넷의 발달은 포르노를 전 세계 안방까지 끌고 와 손쉽게 소비할 수 있게 되었다. 케이블TV에서는 온종일 성인영화만 방영하는 채널이 있을 정도이니 말이다. 포르노그래피는 미디어를 통해 꽃 피워온 대중문화였다. 2023년 월스트리트저널은 메타의 추천 알고리즘이 소아성애적 콘텐츠를 추천하고 있다고 보도했다.[158] 월스트리트저널이 보도한 스탠퍼드대, 매사추세츠대 연구진과 함께 한 연구에 따르면, 인스타그램에서 405개의 '셀프 아동성착취물' 판매자 계정이 발견되었다.[159] 셀프 아동성착취물(self-generated child sexual abuse material)이란 해당 성착취물에 등장하는 미성년자가 직접 제작하고 공유한 것으로 보이는 성착취물을 말한다. 405개의 계정 중 112개 계정은 약 2만 2,000명의 팔로워를 보유하고 있었다. 트위터에서는 128개 계정에서 아동 성착취물을 공개적으로 판매하고 있었다.

음란물과 밀러 테스트

미국은 해마다 포르노의 오스카상이라고 불리는 'AVN 어워드(AVN Award)'가 개최될 정도로 포르노 산업에서 공식적인 세계 1위 국가이다. 음란물 산업은 1950~1960년대 미국 사회가 겪은 성의 혁명(sexual revolution)으로 시작되었다. 1953년에 휴 헤프너(Hugh Hefner)는 여성의 누드를 찍은 사진으로 지면을 채운 남성 잡지 〈플레이보이〉를 창간했다. 1974년에 래리 플린트는 '미국인의 성생활을 그대로 보여드립니다'라는 슬로건을 내걸고 〈허슬러〉를 창간했다. 여기에 실린 사진이나 내용은 성행위와 성기를 노골적으로 강조하는 하드코어 포르노물이었다. 플린트는 잡지에 노골적인 성행위 장면을 여과 없이 실은 탓에 '음란물 간행 및 배포죄'로 법정에 여러 차례 서야 했다. 이 과정에서 플린트는 "살인은 불법이지만 보도하면 특종이 된다. 섹스는 합법인데 왜 보도하면 불법이 되는가?"라고 항변하였다.

1970년대 미국은 성적 자유에 대한 젊은이들의 욕망이 분출하던 시기였다. 여기에 더해 사회적 불안감 속에 범죄율도 치솟았다. 여성을 상대로 한 성폭력 범죄율도 증가했다. 사람들의 입에서 포르노의 위험성이 언급되기 시작했다. 1986년 레이건 대통령은 법무부 장관에게 포르노의 부정적 효과, 즉 범죄와의 관련성 등에 대한 광범위한 조사를 지시했다. 당시 법무부 장관은 에드 미즈였다. 그는 레이건이 신뢰하는 사람이었다. "에드가 좋은 사람이 아니라면 세상에 좋은 사람은 없을 것"이라고 말할 정도로 레이건은 그를 청렴하고 겸손한 인물로 여겼다. 법무부 장관의 이름을 딴 미즈 위원회(Meese Commission)가 발족 되어 다양한 조사가 이루어졌다. 미즈 위원회가 가장 먼저 착수한 일은 포르노그래피가 무엇인지 그 정의를 분명하게 내리는 것이었다. 미즈 위원회는 포르노를 성적 자극을 목적으로 한 노골적인 성 표현물이라고 정의하고, 이를 ① 나체(nudity)를 묘사하는 성 표현물, ② 모멸(degrading), 종속(subordination) 행위가 없는 비폭적인 성 표현물, ③ 지배(dominance), 굴욕(humiliating) 행위가 포함된 비폭력적 성 표현물, 그리고 ④ 강간이나 성범죄가 포함된 각종 폭력적 성 표현물로 구분했다. 그리고 ①~③까지는 에로티카(erotica), ④는 매우 노골적인 성 표현물(extremely explicit sexually materials)로 정의했다.160 이 가운데 법률적 규제 대상은 어떤 것일까?

미국의 법체계상 미즈 위원회가 분류한 위의 4가지 모두 합법적 포르노그래피이다. 미즈 위원회가 분류한 것은 단지 포르노 유형을 분류한 것일 뿐이기 때문이다. 법적 처벌은 음란물인 경우에 한한다. 그럼, 음란물의 기준은 무엇일까? 1973년에 성 표현물의 음란을 판단하는 기준을 마련해준 사건이 발생했다. 이를 밀러 테스트(Miller Test)라고 한다. 1970년대 미국은 텔레비전 보급의 확산, VCR 기술까지 더해지면서 포르노를 보기 위해 남들 눈을 의식하면서 극장에 가지 않아도 되었다. 밀러는 포르노 영상을 VHS에 담아 우편물로 판매하던 회사였다. 밀러는 홍보 차원에서 우편물 포장지에 성적 표현이 노골적으로 묘사한 장면을 담았다. 배송 과정에서 우연히 포장지를 본 사람들이 호기심을 느껴 주문하도록 유도하기 위해서였다. 문제는 그 포장지를 성인뿐 아니라 아이들의 눈에도 띄었다는 것이다. 이를 캘리포니아주 정부가 문제 삼아 소송을 제기했다. 그러자 밀러는 수정헌법 제1조를 내세우며 자신의 권리를 주장했다. 당시 미국 법원에서는 시대상을 반영해 포르노 역시 표현 자유의 산물로 간주하면서 법률적 규제 대상에서 제외하고 있었다. 그러나 1973년 워렌 버거(Warren Burger) 대법관은 음란물은 수정헌법 제1조 표현의 자유, 언론의 자유에 의해 보호받을 수 없다며 캘리포니아주 정부의 손을 들어주었다. 이 소송의 결과로 성 표현물의 음란을 판단하는 4가지 기준이 마련되었다. 음란물은 ① 호색적인(상스러운, 불건전한, 병적 또는 음탕한) 성적 관심을 불러일으킨다거나 ② 명백하게 불쾌감을 주거나 ③ 성적 내용이나 행위의 묘사가 현대 지역사회의 기준을 넘어서는 것, ④ 전반적으로 순수한 문학적, 예술적, 정치적 또는 과학적 가치가 결여된 경우를 말한다.

미국에서 포르노는 예술 작품과 법률적 규제 대상인 음란물 중간에 위치한다. 포르노는 노출 수위에 따라 하드코어와 소프트코어로 구분하는데, 하드코어는 남녀의 성기나 음모가 사실적으로 보이거나 성행위

과정을 선명하게 표현되어야 한다. 그렇지 않고 남녀가 옷을 벗고 몸을 밀착한 채로 성행위를 하고 있다면 소프트코어이다. 개방적인 성 인식의 확산으로 미국에서는 과거에 불법이라고 구분한 것들이 점차 합법의 영역으로 침투해 왔다. 그래서 미국은 하드코어라고 하더라도 지나치게 잔혹한 장면이 없다면 음란물에서 제외되어 법적으로 보호받는다. 우리나라는 2008년 3월에 법원이 음란물을 판단하는 구체적인 판단기준을 제시했다. 음란물은 ① 전적으로 또는 지배적으로 성적 흥미에만 호소하고, ② 하등의 문화, 예술, 사상, 과학, 의학, 교육적 가치를 지니지 않은 것이며, ③ 표현물 제작자의 주관적 의도가 아닌 보통 성인의 눈높이에서 그 시대의 건전한 통념에 따라 객관적으로 판단해야 한다고 규정하고 있다.

음란물에 대한 정의는 있으나 특정 영화나 도서를 음란하다고 판단하는 것은 말처럼 쉬운 일은 아니다. 성 관념에 대한 시대적 통념과 개인적 차이에 따라 전혀 다르게 해석할 수 있고, 법률적으로도 성에 관한 건전한 사회 통념을 판단하기란 쉽지 않아서다. 그래서 특정 작품을 법적 음란물로 판정하는 데에는 일반적으로 많은 논란이 따르게 된다. 1990년대 한국은 외설과 퇴폐라는 딱지가 붙은 금서들이 출현하면서 예술과 외설의 구분, 창작과 표현의 자유에 대한 논쟁이 일었다. 대표적인 사례가 1991년에 마광수가 출간한 소설 〈즐거운 사라〉였다. 소설은 여대생인 사라가 성 경험을 통해 자기 정체성을 찾아간다는 내용으로, 스승과 제자의 성관계 등을 적나라하게 묘사한 성행위 등이 음란하다는 혐의를 받았다. 1995년에 대법원은 판결문에서 성행위를 지나치게 선정적으로 묘사하고 있고, 그 행위가 지나치게 많다는 점, 또 문예성, 예술성, 사상성 등이 성적 자극을 완화하지 못하고 있다는 점 등을 고려해

해당 소설을 음란물로 판정했다고 밝혔다. 이는 예술성이 있다고 해서 반드시 음란성이 없어지는 것은 아니라고 판시한 것이다. 1999년에는 장정일의 소설 〈내게 거짓말을 해봐〉를 영화화한 장선우 감독의 〈거짓말〉도 논란이 일었다. 영화는 38세 유부남 조각가와 미성년자인 여고생 간의 성관계와 작품의 주제와는 별개로 회초리, 채찍, 몽둥이로 전희를 하는 가학 행위를 여과 없이 묘사했다. 이것이 사회 통념에 어긋난다는 이유로 해당 영화는 영상물등급위원회에서 등급 보류 판정을 받아 개봉이 미루어지기도 했다. 그러나 같은 해 베니스영화제에는 〈거짓말〉을 "포르노가 아닌 엄연한 예술 작품으로 감동적이며 완성도가 뛰어나다"라는 찬사를 받으며 상영되었다.

포르노와 예술

강간은 인류의 예술, 문학, 영화, 연극의 단골 주제였다. 중세의 궁정 시인 카펠라누스(Andreas Capellanus)는 자신의 책 〈사랑의 기술(Arte Honeste Amandi)〉(1174)에서 귀족 남성들을 향해 만일 길을 가다가 농부 아낙을 보고 희롱하고 싶은 욕구에 사로잡히거든 망설이지 말고 당장에 쾌락을 완수하라고 조언했다.161 독일의 사회학자 엘리아스는 중세가 전쟁, 약탈, 살해, 강탈 등이 일상사로 벌어지면서 당시 삶을 살아가는 사람들은 매우 본능적이고 충동적인 폭력의 위험에 더 많이 노출되었다며 초기 문명사회에서 강간은 다반사로 일어나는 일반적인 사회현상이라고 설명했다.

리들리 스콧 감독의 영화 〈라스트 듀얼(the last duel): 최후의 결투〉

(2021)는 중세 유럽 프랑스에서 실제로 벌어졌던 강간 사건을 영화화한 작품이다. 중세의 미투 사건으로 보면 이해하기 쉽다. 줄거리는 대략 다음과 같다. 장(맷 데이먼 분)과 자크(아담 드라이버 분)는 오랜 친구로 전장을 함께 누빈 막역한 사이였다. 자크는 화려한 여성 편력으로 난봉꾼이란 소리를 들을 만큼 외모와 학식을 갖춘 인물이다. 영주(벤 애플렉 분)의 총애를 받을 만큼 수완도 좋았다. 그러나 영주의 문제로 이 둘의 관계가 틀어지기 시작했다. 영주의 총애를 받은 자크는 재산과 권력을 손에 쥐고 승승장구 나아갔지만, 장은 영주의 눈엣가시로서 영주에게 재산까지 빼앗기며 천덕꾸러기 신세로 지내게 되었다. 어느 날 자크가 파티에서 장의 아내 마르그리트(조디 코머 분)를 보고 한순간 사랑에 빠지게 되었고, 장이 전쟁터에 나간 사이 자크는 힘으로 제압해 장의 아내를 겁탈하고 만다. 자크는 자기의 사랑은 진심이었고 발설하게 되면 장이 위험해질 거라 협박하며 입단속을 강요했지만, 마르그리트는 이 사실을 남편에게 알렸다. 장은 자크에게 진실을 물었지만, 자크는 사실이 아니라고 잡아뗐다. 모욕감을 느낀 장은 아내의 간곡한 눈물 어린 진실을 믿고 자크와 결투 재판을 하게 된다. 결투에서 장이 지면 신의 뜻으로 마르그리트가 진실하지 않았다고 판단하여 아내는 화형당하게 된다. 장 역시 결투에서 진다는 것은 죽음을 의미한다. 이 영화에서 장이 자크를 이겼지만, 이런 결투 재판은 중세의 독일, 영국, 프랑스 등 유럽 전역에서 이루어졌다. 당시 여성의 인권은 '정말 이래도 되는가' 싶을 정도의 대접을 받던 시대였다. 아내는 거의 가축과 같은 정도로 취급되던 남자의 소유물이었기 때문이다. 남편이 없다면 법적 권리도 주장할 수 없는 존재였다. 이 영화에도 애초에 이 사건은 강간죄가 아니라 장의 소유물인 부인 마르그리트라는 사유재산을 침해한 죄로 불거진 것이다.

초기 문명사회에서 여성이 사회적으로 인정받았던 것은 오로지 모성애였다. 그렇다 보니 강간당한 여성은 자연스럽게 비난의 대상이 되었다. 과거 남성은 여성을 강제로 범함으로써 여성에 대한 소유권을 확보할 수 있었다. 그러다 화폐 경제가 발달하기 시작한 15세기 후반부터 강제적 성관계는 법을 위반하는 행위로 규정되었다. 그러나 이 법은 부유층에만 적용되었고, 16세기까지 소작 여성이나 기혼 여성은 강간의 피해자로 인정하지 않았다.

강간 신화

폭력적 포르노의 소비와 성에 대한 가치와 태도 간의 관계를 이해하기 위해 먼저 강간 신화(rape myth)의 개념을 알 필요가 있다. 강간 신화는 강간이란 무엇이고, 누가 강간당할 수 있으며, 강간 사건이 발생하면 누구를 비난해야 하는지를 정의한다. 강간은 '힘을 사용한다'라는 의미의 라틴어 'rapere'에서 유래했다. 일찍이 영국은 관습법을 통해 강간을 '여성의 의사에 반(反)하거나 강제적으로 여성을 범하는 성욕 행위'로 규정하고 있다. 여기서 피해자를 여성으로 한정한 이유는 가해자 다수가 남성이었기 때문이다. 성범죄의 정의는 문화권마다 약간은 차이가 있으나 시대적 흐름과 인식의 변화에 따라 대체로, 물리적 혹은 사회적 폭력 및 위험을 통해 육체적 · 심리적 혹은 경제적 압력을 가하고 성적 자기 결정권을 침해하는 행위로 보고 있다.[162] 또 한국을 포함해 대다수의 나라가 피해의 주체를 '여성'이 아닌 '사람'으로 규정하고 있다. 우리나라는 형법 제297조에서 강간의 객체를 사람으로 개정하여 강간을 '폭행 또는 협박으로 사람을 강간한 행위'로 정의하고 있다. 2023년 대검찰청에서 발표한 범죄 통계에 따르면, 2022년 성폭력을 저지른 여성 가해자 수가 무려 1,515명이었다.

사람들의 머릿속에서 떠올리는 강간은 어떤 것일까? 오랜 시간 동안 사람들의 고정관념 속에 자리한 '진짜 강간'은 가해자가 흉기를 든 낯선 사람이고, 그가 선량한 여성을 힘으로 제압해 성교했을 때를 의미했다. 이때 피해자는 가해자에게 저항하다가 다치는 등의 신체적 피해가 발생하고, 강간을 당하는 즉시 신고가 이루어져야 한다.163 사람들이 인정하는 '진짜 피해자'는 강간당할 만한 아무런 책임이 없을 때로 제한한다. 예컨대, 피해자의 옷차림(노출이 많은)이나 행동(예: 음주)으로 강간을 도발했거나 윤리적으로 결함이 있을 때(예: 매춘부)는 진정한 피해사로 인정받지 못하게 되므로 피해자는 스스로 강간에 대한 책임을 져야 한다.164 따라서 여성은 자극적인 복장과 부적절한 행동을 피해 스스로 강간을 예방하도록 책임을 부여받은 셈이다.165 즉 성 역할의 기대치에 못 미치게 옷을 입고 행동하는 여성은 자신이 강간의 빌미를 제공했기 때문에 진짜 피해자가 될 수 없다는 것이다. 일부 학자들은 강간범에 대한 너그러운 태도와 강간 피해자에 대한 야박한 태도 모두 강간 정보를 구성하고 해석하는 데 인지 스키마(schema)로 작용하는 강간 신화 때문이라고 주장했다.166

강간 신화는 말 그대로 강간에 대한 신화이다. 여성이 원하지 않는 상태에서, 즉 폭력이나 협박이 수반된 상태에서 남성과 성교하는 상황임에도 불구하고 여성이 성적 만족이나 쾌감을 느낄 수 있다고 본다. 강간 신화에 따르면, 여자가 '싫다'라고 표현하는 건 정말 싫어서 그런 게 아니고 내심 '좋다'라는 의미라고 해석한다. 폭력적 포르노에서 전형적으로 나타나는 시나리오는 대체로 이 같은 강간 신화를 묘사하고 있다. 즉 남성이 여성에게 강압적으로 성교를 하려고 할 때 여성의 반응이 처음에는 강력하게 저항하지만, 성적으로 각성하면서 이내 저항은 사라진다. 여성이 성적 절정을 경험하면서 변화한 것이다. 싫다며 뿌리치던 여성은 사라지고, 성교를 즐기는 여성으로 탈바꿈한다는 것이다. 이러한 시나리오가 가진 문제점은 무엇일까? 성폭력에 노출된 여성은 절대로 이렇게 반응하지 않는다. 이는 순전히 판타지이고 신화일 뿐이다. 그저 포르노물의 소비를 위해 날조된 스토리이다. 그래서 이를 강간 신화라고 부르는 것이다.

2022년의 기사를 하나 보자. 기사 제목은 "성범죄 가해자가 적극적으로 국민참여재판을 원하는 이유"이다.[167] 성범죄 가해자가 국민참여재판을 원한다고? 왜 그럴까? 국민참여재판은 2008년에 우리나라에 도입된 시민의 사법 참여 제도 중 하나이다. 국민참여재판 실시 현황 자료(2010~2020년)에 따르면 성범죄 사건의 무죄율은 2010년 14%에 불과했으나 2020년 48%로 증가했다. 다른 형사사건에 견주어 무죄 비율이 매우 높고, 배심원단의 판단이 법관의 판단과 불일치(배심원단 무죄, 법관 유죄)하는 사례도 많이 발견되었다. 왜 그럴까? 물증 확보가 어려운 성폭력 사건의 경우, 검사의 무리한 기소가 많기 때문이라는 주장도 있지만, 배심원단에 "사회 일반에 통용되는 강간 신화" 통념이 강하게 깔려 있기 때문이라는 지적이 제기된다. 이는 배심원단이 지닌 '피해자다움'이라는 통념에 평결이 좌우될 수 있다는 의미다.

최근 보고서에 따르면, 미국은 여성 6명 중 1명, 남성 33명 중 1명이 성폭력의 피해자가 될 것이라며 우려한다.[168] 연구자들은 성폭행이 대학생 간에 발생할 가능성에 비해[169] 성폭행 사건이 접수되거나 체포되거나 유죄판결을 받는 경우가 거의 없다고 지적하고 있다.[170] 또 강간 신화가 성폭행 사건의 낮은 신고, 체포, 판결에 영향을 주고 있다고 설명하고 있다. 강간 신화를 받아들이는 사람들은 강간 피해자를 비난하고, 가해자의 책임을 최소화하려는 경향이 있다는 것이다. 대학생, 경찰관 및 잠재적 배심원들 사이의 높은 강간 신화 수용도가 피해자를 더 부정적으로, 가해자를 더 긍정적으로 보는 것과 관련이 있다고 설명한다.

포르노가 폭력을 만났을 때

미디어에서 노출하는 성적 콘텐츠의 양은 시간이 흐를수록 증가하고 있다.[171] 넷플릭스의 〈더 글로리〉에서 가해자 집단 중 한 명인 스튜어디스 최혜정(차주영 분)은 극 중 욕조 장면에서 올 누드를 선보이는가 하면, 파격적인 가슴 노출을 감행하면서 시청자의 시선을 사로잡았다. 미국의 상위 10개 TV 채널에서 볼 수 있는 959개 프로그램 중 68%가 성 관련 대화를 나누고 있고, 35%는 성행위를 포함하고 있다. 폭력을 다룬 콘텐츠는 성인용 TV, 영화는 물론이고 인터넷 사이트에서 일반적인 주제이다.[172]

성적 콘텐츠는 대개 폭력을 동반한다. 영화, 음악, 게임에서도 이 같은 현상은 쉽게 찾아볼 수 있다. 예컨대, 미국의 대중가요 279곡 중 103곡(37%)이 성행위에 대한 언급을 포함하고, 그중 65%가 성행위를 비하하는 가사를 포함하고 있다.[173] 또 비디오 게임 속 여성 캐릭터는 전형적으로 성적 대상화로 묘사되고, 남성 캐릭터는 근육질에 공격성이 높게 묘사된다.[174] 성적 대상화는 어떤 사물이나 사람을 보았을 때 전혀 성적인 대상이 아님에도 불구하고 그것을 성적 대상으로 느끼는 것을 의미한다. 예컨대, 여자아이는 성적 대상이 아님에도 불구하고 성범죄자들은 이들을 성적 대상으로 간주해 성폭행을 저지른다. 한 연구에 따르면, TV와 영화 속 여성 캐릭터의 약 3분의 1이 성적 대상화로 묘사되었다.[175] 포르노그래피에는 남성이 여성에게 모욕적이고 공격적인 행동들(예컨대, 욕설, 얼굴에 사정하거나, 뺨과 엉덩이를 때리고 재갈을 물리는 등)이 다수가 포함되어 있다.[176, 177]

포르노그래피는 성을 어떻게 묘사하고 있을까? 몇 편의 연구 내용을 들여다보자. 연구자들은 비디오 가게에서 누구나 대여할 수 있는 성인영화 121개 목록 중 45개를 무작위로 선택해 내용을 분석했다. 그 결과 전체 러닝타임 중 60%가 남녀의 성교 행위를 노골적으로 묘사했고, 지배와 착취의 주체가 남성으로 묘사한 것이 80%를 차지했다. 여성이 지배와 착취의 주체일 때도 있지만 이 경우에는 지배와 착취의 객체는 남성이 아닌 여성이었다. 강간 장면은 영화 절반 이상에서 묘사되었고 강간범은 남성이 90%를 차지했으며, 강간 장면에서 동반된 신체적 공격행동은 73%를 차지했다. 극에서 남성은 전문가 역할로 출연했고, 여성은 비서, 주부, 학생 역할을 맡았다. 남성보다 여성이 더 노출되게 옷을 입었고, 남성이 여성의 몸에 사정하고, 여성은 이를 핥거나 몸에 문지르는 행동을 보였다.[178]

폭력적 포르노에서 묘사하는 남성과 여성의 커뮤니케이션 방식에 주목한 연구도 있다. 포르노에서 묘사하는 성행위는 우연히 알게 된 남녀 간이거나 남성 상관과 여성 부하직원 간에 이루어진 경우가 다수를 차지했다. 남녀 간 성교는 다양한 상황에서 벌어지지만, 상대방과 소통하는 모습은 고사하고 공포와 욕망 어린 감정을 제외한 그 어떤 감정 표현도 찾아볼 수 없었다. 또 전희, 후희, 친근한 포옹과 같은 일반 연인들의 성적 표현은 거의 배제하고 있었다. 성행위는 남성의 자신감과 만족에 초점이 맞추어져 있고, 여성은 문란하고, 종속적이며 복종하는 상대로 묘사하고 있었다.[179] 연구자들은 이러한 포르노물에 노출될수록 왜곡된 성별 인식을 하게 될 것은 물론이고 여성의 품격에 대한 남성의 인식이 낮아질 수 있다고 우려했다.

폭력적 포르노의 효과

2008년 로드아일랜드 프로비던스에서 사는 12세 소년은 당구대 위에서 여성이 강간당하는 영화 〈피고인〉을 재미있게 보았다. 그 소년은 영화에서처럼 당구대 위에서 소녀를 성폭행하면 어떨까 떠올렸다. 며칠 후 그는 그 생각을 실행에 옮겼다. 이 사건은 여성을 구타, 강간, 고문하는 장면을 적나라하게 묘사한 폭력적 포르노가 어린 남성에게 어떠한 영향을 줄 수 있는지를 극적으로 보여주었다.

성(Sex)은 대중 미디어에서 흔히 접할 수 있는 주제이다. 성적인 콘텐츠에 노출되는 것이 시청자에게 어떤 영향을 줄까? 수십 년간 연구자들은 인쇄물,[180, 181] 텔레비전, 영화, 비디오,[182] 게임[183] 등 다양한 미디어를 조사하면서 이 질문에 답하기 위해 노력해 왔다. 연구자들은 폭력적 포르노가 혐오스럽고 무서운 범죄인 강간을 미화하기 때문에 이 같은 일이 발생한 것이라며, 오랜 시간 폭력적 포르노에 노출될 때 성에 대한 옳지 못한 가치와 태도를 형성할 수 있다고 설명했다.

폭력적 포르노의 묘사가 실제 현실 세계에 어떠한 영향을 미칠까? 폭력적 포르노에 노출되면 남성들이 여성에 대한 적대적 태도와 행동이 증가한다는 것이 학계의 정설이다. 주된 이유 중 하나는 많은 매체에서 폭력적 포르노에서 강간당하는 여성이 즐겁게 반응하는 것으로 묘사하기 때문이다. 소비자는 폭력적 포르노를 소비하는 동안에는 적어도 남성의 폭력이 여성을 성적으로 흥분시킬 수 있고, 이는 남성의 흥분을 더욱 고조시킬 수 있다고 해석할 수 있다. 즉 남성의 성적 공격성이 남녀 모두에게 이익이 될 수 있다는 왜곡된 판단을 하게 된다. 폭력적 포르노를 시청하는 남성들은 그렇지 않은 남성에 비해 여성에 대한 공격을 정당화하며 억제의 필요성을 인식하지 못한다. 이들은 여성이 맞는 것을 볼 때 '맞는 이유가 있겠지, 맞을 만하니까 맞는 거겠지'라고 생각한다. 폭력적 포르노를 많이 시청한 남성 중 강간 신화의 신념이 높은 사람들은 그렇지 않은 사람들에 비해 가정폭력 피해자를 덜 동정하고, 가정폭력이 덜 심각하다고 평가했다. 연구자들은 여성에 대한 폭력에 대해 남성이 침묵하는 데에는 폭력적 포르노의 영향이 있다고 강조했다.[184]

많은 연구자가 폭력적 포르노에 대한 노출이 남성의 강간 신화에 대한 수용을 증가하고, 강간의 가능성, 여성에 대한 폭력의 수용 정도가 높아지며, 여성에 대한 신체적 공격성이 증가한다고 보고했다.[185] 강간 성향을 측정하기 위해 '만약 검거될 위험이 없다면 강간하겠는가?'라는 문항으로 설문을 진행했는데, 강간을 일종의 즐기기 위한 유혹 정도로 생각한 남성은 '강간의 가능성'에 대한 점수가 높았다. 그러나 강간을 심각한 범죄라고 인식한 남성은 점수가 낮았다. 또 전자의 남자들은 '여성이 은밀하게 강간을 원하고 있다'라고 생각하며, 그런 인식이 높을수록 여성에 대한 폭력에도 둔감했다.186 질만과 브라이언트는 전반적으로 순수한 문학적, 예술적, 정치적 또는 과학적 가치가 없는 음란물에 대한 반복적 노출이 강간과 강간범에 대한 호의적인 태도를 형성할 수 있다고 경고했다. 강간은 중대 범죄임에도 불구하고, 음란물에 반복적으로 노출된 사람들은 그렇지 않은 사람들에 비해 강간 범죄를 덜 심각하게 인식하더라는 것이다. 연구에서 강간범에 대한 형량을 적어보라고 했을 때 음란물에 반복적으로 노출된 사람들이 그렇지 않은 사람들보다 강간범에게 더 짧은 형량을 선고했다.187 폭력적 포르노에 대한 반복적 노출이 미치는 부정적 영향이 어느 정도인지 잘 알 수 있을 것이다.

관련 연구자들은 폭력적 포르노가 소비자의 귓가에 '여성은 남성이 거칠게 다루는 것을 좋아해! 강간으로 여성도 성적 해방감을 느낄 수 있어! 강간은 남녀 모두에게 유용해!'라는 은밀한 메시지를 전달하고 있다고 주장한다. 따라서 강간 신화에 대한 수용도가 높은 사람들은, 폭력적 포르노 속 "즐거운" 강간 장면을 본 후에 여성에 대한 공격성이 더 증가할 수 있다. 연구자들은 포르노를 통해 남성 다수가 성에 대해 몰랐던 새로운 지식을 얻어간다는 점을 강조했다. 여성의 성을 비롯해 구강성교, 항문성교, 섹스의 역학적 구조, 자위, 성적 매력, 성에 대한 태도 및 가치관 형성에 많은 영향을 준다는 것이다. 사회심리학자들은 남성이 물리적 힘을 행사하고 여성을 성적으로 각성시키는 이러한 가상의 장면이 성적 폭력에 여성이 어떻게 반응하는지에 대한 남성의 인식을 왜곡시킬 뿐 아니라 여성에 대한 남성의 공격성을 증가시킨다고 보고하고 있다.

남성에게 폭행을 당해 공적 의료기관에서 치료받았던 198명의 여성을 대상으로 진행한 연구가 있다. 폭행의 주체는 전, 현 남자친구나 남편으로 제한했다. 따라서 낯선 사람, 친척, 부모의 폭행으로 진료를 받은 여성은 해당 연구에서 제외했다. 연구자들은 여성을 폭행한 남자의 포르노 소비 여부(잡지, 영화, 비디오를 소비하는지)와 포르노 속 모방 행동 요구 여부(여성에게 포르노를 보여주거나 보게 하는지, 남성이 본 포르노 장면을 모방하라고 요구하거나 강요한 적이 있는지, 포르노 사진을 찍으라고 요구하거나 강요한 적이 있는지) 간의 관계를 조사했다. 그 결과 〈표 4.1〉에 제시한 대로 남성 파트너가 포르노 시청을 즐기며 여성 파트너에게 포르노 속 모방 행동을 요구하는 [그룹 3]이 나머지 두 그룹보다 파트너에 대한 폭력 위협, 실제 폭력, 언어적 폭력, 신체적 폭력 정도가 높았다.[188] 여성을 학대하는 남성 중 74%가 포르노를 보고 있었고, 그중 53%가 포르노 속 장면을 해달라고 여성 파트너에게 요청하거나 강제로 재연을 요구했다는 연구도 있다.[189]

표 4.1 포르노 노출, 포르노 모방 행동 요구와 파트너 폭력 간의 관계

	그룹 1	그룹 2	그룹 3
폭력 위협	38.9(14.30)	39.0(11.99)	48.1(13.92)
실제 폭력	46.9(15.57)	46.8(12.80)	56.2(18.13)
언어적 폭력	37.0(26.84)	43.0(25.43)	61.1(23.91)
비언어적 폭력	29.1(22.19)	29.2(17.26)	42.8(21.60)

* [그룹 1]은 남성 파트너가 포르노를 보지 않고 여성 파트너에게 포르노 장면을 연기하라고 강요하지 않았다. [그룹 2]는 포르노는 보지만 포르노 장면을 연기하라고 강요하지는 않았다. [그룹 3]은 남성 파트너가 포르노를 보고, 여성 파트너에게 포르노 장면을 보여주며 포르노 속 장면을 연기하라고 강요했다.

강간 신화에 대한 신념이 폭력적 포르노를 통해 형성되는 것일까? 일부 연구자들은 청소년기에 형성된 성 역할 인식이 강간 신화의 수용에 영향을 줄 수 있다고 설명한다. 청소년의 성 역할 인식에 큰 영향을 미치는 것은 미디어 콘텐츠가 대표적이다. 10~15세 청소년의 X등급(가장 폭력적이거나 성적으로 노골적인 영상물에 매겨지는 등급) 포르노의 노출과 그 이후 성폭행 간의 상관관계를 탐색한 연구에 따르면, X등급 포르노에 노출된 청소년이 그렇지 않은 청소년에 비해 약 6배 정도 성폭력 확률이 높게 나타났다.[190] 청소년들은 선택적 미디어 사용으로 인해 성에 대한 편향된 메시지를 접하고 있다. 성에 대한 고정관념을 묘사하는 미디어, 예컨대 음악 프로그램 등에서 제공하는 성 역할은 대개 남성은 성에 능동적이되(남자아이는 섹스에 관심이 많나), 정서적 친밀감을 표현하지 않지만, 여성은 성에 수동적이며, 성적 대상화(여자아이가 남자아이를 유혹하고 싶다면 외모나 몸매를 사용하는 것이 좋다)로 가득하다. 이러한 콘텐츠에 더 많이 노출된 청소년일수록 편향된 성 역할을 인식할 가능성이 높고, 이들이 성인이 되었을 때 강간 신화의 수용도가 증가할 수 있다. 벨기에 청소년 400명을 대상으로 음악 채널 MTV 프로그램과 온라인 포르노의 노출과 성 역할, 강간 신화의 수용도 간의 관계를 살펴본 결과, 또래보다 음악 채널을 더 많이 이용한 청소년들이 성 역할 인식이 높았고, 5년 후 성인이 되었을 때 강간 신화의 수용도 역시 높았다.[191] 청소년이 즐겨 이용하는 음악 채널이 온라인 포르노보다 성 역할 인식에 더 영향을 준다는 것은 흥미로운 발견이다.

음란물 소비의 4요인 신드롬

폭력적 포르노그래피를 보고 성범죄자와 일반인의 성적 각성(sexual arousal)에 차이가 있을까? 성범죄자는 여성의 동의 없이 강간 당하는 포르노와 여성이 동의한 후 성관계를 하는 포르노에 모두 성적으로 각성하는 반응을 보였다. 그러나 일반인은 여성이 동의한 후 성관계를 하는 포르노에 더 성적으로 각성했다.[192] 강간에 대한 성적 반응의 차이는 강간범의 진단 및 치료에 적용할 수 있기에 이후 관련 연구가 활발히 진행되었다. 연구자들은 폭력적 포르노그래피가 묘사하는 강간 요소에 주목하고 특정 요소가 일반인의 성적 각성을 억제한다는 점을 발견했다. 첫째는 성교에 대한 여성의 동의 여부이다. 강간 묘사는 여성의 동의 없이 성관계가 이루어지나 강간이 아닌 묘사에는 여성의 동의하에 이루어진다. 둘째, 성교에 대한 여성의 반응으로 강간 묘사는 두려움과 혐오감을 표현하지만, 강간이 아닌 묘사에서는 성적으로 흥분하고 즐거워한다. 셋째, 강간의 묘사는 여성이 고통을 드러내지만, 강간이 아닌 묘사에서는 고통을 표현하지 않는다.

캐나다의 매니토바대학(University of Manitoba)의 연구자들은 일반인의 성적 각성을 억제할 수 있는 요인을 찾아내기 위해 남녀 대학생 143명을 대상으로 실험을 진행했다.[193] 이들에게 6가지 버전의 스토리를 제시한 후 어떤 요소가 포함된 스토리에 가장 높은 성적 각성이 이루어지는지 조사했다. 스토리는 성관계에 대한 동의 여부(비동의 vs 동의), 여성의 성적 각성 여부(즐거움 vs 혐오), 여성의 고통 여부(고통 있음 vs 고통 없음)를 달리해 구성했다. 그 결과 6개 스토리 중 성관계를 즐기는 여성의 스토리에만 피험자의 성적 각성과 유의미한 상관관계를 보였다. 이러한 결과는 여성이 성관계에서 혐오감을 표현하는 것이 상대의 성적 각성을 억제하는 데 도움을 줄 수 있음을 보여준다. 반면에 여성이 성적으로 흥분했다는 묘사는 다른 어떠한 억제 요인, 즉 여성의 비동의와 고통의 표현을 무력화할 수 있음을 의미한다.

캐나다와 미국의 성범죄자들을 대상으로 진행한 연구 결과를 보면, 이들은 모두 포르노그래피에 비정상적으로 많은 시간을 들였다. 클라인이라는 학자는 남성 성 중독자와 성범죄자를 대상으로 오랜 심리상담을 해왔고, 그 결과 이들에게서 음란물 소비에 따른 4가지 공통 사항을 발견했다. 클라인은 음란물 소비에 따른 주요 행위적 특성을 4요인 신드롬(four-factor syndrome)이라고 이름 붙이고 다음과 같이 설명했다.[194] 첫째, 음란물 소비에서 가장 먼저 나타나는 현상은 중독(addition)이다. 음란물을 소비할수록 더 소비하고자 하는 현상이 발생한다는 것이다. 둘째, 단계적 증대(상승, escalation) 현상이다. 이는 음란물 소비의 시간 흐름과 연관되는데, 음란물 중독자들은 시간이 지날수록 더 노골적이거나 더 일탈적인 음란물의 시청을 원하게 된다는 상승효과이다. 셋째, 탈감작(탈민감화, desensitization) 현상이다. 동물행동학에서 말하는 시간이 지나감에 따라 주어지는 자극에 대하여 덜 민감해지는 둔감화(습관화, habituation) 현상을 말한다. 음란물에는 불법적·비도덕적·반사회적 성적 행위, 즉 현실에서는 찾아보기 힘든 성적 행위가 포함된다. 따라서 음란물에 지속적으로 노출되면 이러한 현실과 괴리 있는 성적 행위에 대해 둔감해지고, 마치 그러한 행위들이 현실에서도 일어날 수 있는 일로 생각이 들고, 심지어 이를 적합한 사랑의 행위로 받아들이는 부정적 효과가 일어난다. 즉 탈감작 현상은 현실에서 존재할 수 없거나 받아들여질 수 없는 성적 행위를 누구나 하고 있는 일반적 행위로 인식하게 된다. 즉 현실을 잘못 인식하게 되는 인지 왜곡(cognitive distortion) 현상이 나타나는 것이다. 넷째, 모방화(tendency to act out or copy) 현상이다. 음란물에서 시청한 행위를 현실에서 실행에 옮기면서 성범죄가 일어나게 된다.

엘리스는 미디어를 통해 인지 왜곡이 촉진되는 네 가지 학습 과정을 다음과 같이 설명했다.[195] 첫째, 미디어에서 묘사하는 여성에 대한 강압적이고, 폭력적인 행동을 모방한다. 둘째, 성행위와 폭력성을 묘사한 미디어에 노출됨으로써 성행위와 폭력을 자연스럽게 연합한다. 셋째, 이런 미디어를 통해 강간 신화가 강화되고 지속된다. 넷째, 강간 신화의 수용으로 인해 성적인 공격에 무감각해지고, 성적인 공격에 수반되는 고통, 공포, 모욕감 등에 대해 더 관대한 태도를 가지게 된다. 즉 강간 신화의 수용은 성범죄자가 불법적 성행위에 몰두하게 되고, 그런 행동을 저질렀을 때 그 행동을 합리화하고 정당화시킨다.

탈억제 현상

폭력적 포르노의 시청 후 사람들의 공격성이 증가하는 현상을 탈억제(disinhibition) 개념으로 설명할 수 있다. 우리는 사회화(학교 교육 등)를 통해 부적절하고 비윤리적이며 반사회적 행동을 해서는 안 되고, 억제해야 한다고 학습한다. 그러나 폭력적 포르노에는 여성에 대해 부적절하고 비윤리적이며 반사회적 행동, 예컨대 싫다는 여성과 강제로 성교를 맺는 등의 모습, 그리고 강간당한 여성이 즐거워하는 모습 등이 묘사되어 있고, 이러한 폭력적 포르노를 반복적으로 소비한 사람들에게서는 해당 행동을 억제하지 못하고 표출하게 되는 탈억제 현상이 발생할 수 있다.

폭력적 포르노에서 여성이 물리적이고 성적인 폭행을 당하고도 즐거워하는 모습을 반복적으로 보게 될 경우, "여자들은 이럴 때 흥분하네", "재미있겠어" 하는 잘못된 생각을 할 수 있다. 앞서 언급한 대로, 폭력적 포르노를 많이 접한 남자 대학생이 그렇지 않은 학생들에 비해 '성적인 폭력 혹은 강간을 행사할 가능성'이 높았다. 이러한 결과는 폭력적 포르노의 노출과 여성에 대한 폭력 행동 간에 높은 상관관계가 있다는 점을 말해준다.

10~15세 남녀 아동을 대상으로 한 연구에서도 폭력적이고 성적인 내용이 포함된 영화나 웹사이트를 너무 많이 접한 아이들이 그렇지 않은 아이들에 비해 이성에게 성적으로 공격할 가능성이 6배나 더 높았다. 여기서 성적 공격성은 상대가 원하지 않는데도 키스를 하거나 몸을 만지는 등의 성적인 행동을 포함한다. 그간 많은 연구를 통해, 폭력적 포르노에서 묘사하듯이 '여성들이 성적 공격성을 즐기는 것'을 많이 접한 사람들은 '여성이 강간당하는 것을 즐거워한다'라고 잘못 인식하고, 이는 강간 등 여성을 폭행하는 데 대한 도덕적 책임을 경감시키고, 성적 공격이 가해자뿐 아니라 피해자에게도 매우 바람직한(그들이 원하는) 결과를 가져올 수 있다는 왜곡된 생각을 가지게 할 수 있다. 따라서 강간 신화 신념을 가지고 있는 남자들은, "즐거운" 강간 장면을 본 후에는 여성에 대한 공격성이 더 증가할 수 있다.

2009년 EBS에서 〈음란물이 남성에게 미치는 영향〉이란 제목으로 흥미로운 실험 내용을 보여주었다. 구체적으로, 20세 성인 남성을 대상으로 폭력적 포르노가 뇌에 미치는 영향과 그 자극이 행동에 어떠한 영향을 미치는지를 살펴본 실험이었다. 포르노 한 편의 길이는 약 30분으로, 포르노 영상을 보여주는 시간이 길어질수록 남성들의 뇌에 받는 자극의 강도가 매우 높아졌다. 또 3개 그룹으로 나누어 [그룹 1]은 자연 다큐물을 보여주었고 [그룹 2]는 포르노물을 보여주었다. 포르노물은 비폭력 포르노와 폭력적 포르노 등 두 종류로 구분되었다. 영상을 본 후, 연구자들은 남성들에게 집중력을 살펴보는 옆 팀의 실험에 참여해 달라고 요청했다. 이는 피험자들이 실험 의도를 파악하지 못하게 하기 위함이었다. 연구자는 피험자들에게 다트판의 중앙에 사람 얼굴, 사물 사진을 번갈아 가면서 붙인 후에 맞춰달라고 요청했다. 자연 다큐를 본 그룹과 포르노를 본 그룹 간에 차이가 있었을까? 자연 다큐를 본 그룹은 다트에 사람 얼굴을 붙이자 "사람 얼굴은 별로 맞추고 싶지 않다", "사람 얼굴에 던지는 게 좀 그렇다"라며 다트를 던지지 않았다. 그러나 포르노를 시청한 그룹은 달랐다. 특히 폭력적 포르노를 시청한 그룹은 여성의 얼굴에도 주저 없이 다트를 던졌다.196 사람의 얼굴에 다트를 던졌다는 것은 무엇을 의미할까? 2012년 샌디훅 초등학교에서 살인을 저지른 잔혹한 살인범은 자기 엄마의 얼굴에 총을 쏜 사실까지 알려지면서 세상을 놀라게 한 적이 있다. 미국 경찰과 부검의들은 사람의 얼굴에 해를 가하는 행위는 극도의 분노를 표출한 것으로, 극소수 살인범들만 피해자의 얼굴에 총을 쏜다고 한다.197

성적 자극과 공격성

미디어 연구자들은 종종 폭력적 성 표현물 시청 후 나타나는 인간의 공격성 간의 관계를 흥분전이이론으로 설명한다. 흥분전이이론(Excitation Transfer Theory)은 2개의 외부 자극이 연속적으로 주어지는 상황에서, 첫 번째 자극에서 발생한 흥분이 모두 사라지기 전에 두 번째 자극으로 새로운 흥분이 발생하는 상황과 관련이 있다.[198] 다시 말해 첫 번째 자극에서 발생한 흥분 중 여분의 흥분이 두 번째 자극의 흥분으로 전이되어 두 번째 자극으로 발생한 흥분과 결합하게 되고, 이에 따라 두 번째 자극만으로 나타나는 공격적 반응보다 훨씬 더 강도 높은 공격성이 발생한다는 것이다. 예컨대, 우리가 헬스장에서 운동을 열심히 했다고 하자. 운동 후 우리의 심장박동수는 빨라졌을 것이고, 혈압도 상승했을 것이다. 근육도 미세하게 떨리는 등 신체의 흥분지수와 아드레날린 수치가 매우 높아져 있을 것이다. 운동을 마치고 주차장에 갔는데, 누군가 내 차 앞에 불법 주차를 해놓은 것이다. 짜증이 날 것이다. 이때의 반응은 평소보다 운동으로 발생한 흥분으로 인해 더 강도 높은 공격성이 나타날 수 있다.

폭력적 에로틱 영화의 시청과 여성에 대한 공격성 간의 관계를 살펴본 연구를 통해 흥분전이이론에 대해 자세히 살펴보자. 연구자들은 남자 대학생을 대상으로 2가지 실험을 진행했다.[199] 이들 실험에는 공통으로 4가지 유형의 실험 영상물이 제공되었다. 3개는 수위가 높은 에로틱 영상물로, 실험 결과 동일 수준의 성적 각성이 확인되었다. 3개 영상 중 2개는 폭력적 포르노이고, 나머지 1개는 폭력을 포함하지 않은 순수한 포르노였다. 폭력적 포르노는 폭력에 대한 여성의 반응 차이로 구분하였다. 하나는 긍정 결과이고, 다른 하나는 부정 결과였다. 구체적으로, 폭력적 포르노는 도입부와 마지막 30초를 제외하고는 같았다. 동일 내용은 이렇다. 영상에 두 남자와 젊은 여성이 등장한다. 두 남자가 술을 마시고 있었고, 그 둘 사이에 여성이 앉는다. 남성들이 여성에게 거칠게 술을 권유한다. 이후 여성은 옷이 벗겨진 채로 묶여 있는 상태에서 남성에게 뺨을 맞으며 성교한다. 긍정적 결과의 포르노 도입부는, 여성이 강간당한 것을 '즐거웠다'라고 말하고 마지막 30초는 여자가 웃고 있고 두 남자의 폭행에 전혀 저항하지 않는다. 부정적 결과의 포르노 도입부는, 여성이 강간당한 것을 '굴욕적이고 역겨웠다'라고 말하고 마지막 30초 영상에서는 여성이 두 남자의 폭행에 저항하며 고통스러워하는 장면이 나온다. 통제 그룹이 시청한 영상은 토크쇼 인터뷰로, 폭력적이거나 에로틱한 내용은 전혀 없었다.

첫 번째 실험은 영화를 시청한 4개 그룹의 실험 참여자(피험자)들에게 자신의 실험 공모자(남성 혹은 여성)에게 과제를 주고 평가하게 했다. 실험 공모자가 과제의 정답을 맞히면 실험 참여자는 돈을 지급하고, 틀리면 전기충격을 가했다. 전기충격의 강도는 피험자들이 임의로 정하게 했다. 어떤 영상을 본 집단이 실험 공모자에게 공격적이었을까? 남성 공모자에게는 영상에 따른 전기충격 강도에 차이가 나타나지 않았다. 그러나 여성 공모자에게는 달랐다. 폭력적 포르노를 본 남성들은 여성 공모자를 처벌할 기회가 주어지자, 전기충격의 강도를 매우 높였다. 폭력적 포르노의 경우 긍정적 결과와 부정적 결과 간에 유의미한 차이는 없었다. 다시 말해 첫 번째 실험은 폭력적 포르노가 여성에 대한 남성의 공격성을 높일 수 있음을 잘 보여주었다.

두 번째 실험은 흥분전이이론을 검증하기 위함이다. 이를 위해 피험자를 2개 그룹으로 나누어 이들에게 '마리화나 합법화'에 관한 짧은 에세이를 쓰게 했다. 실험 공모자는 모두 여성으로, 이들은 [그룹 1]에게 잘 썼다고 칭찬을 해주었고, [그룹 2]에게는 글이 너무 형편없다고 비난하며 전기충격을 가했다. 비난과 전기충격을 받은 [그룹 2]는 여성 공모자에게 짜증과 화가 나 있는 상태였고, 칭찬받은 [그룹 1]은 전혀 화가 나지 않았다. 이후 첫 번째 실험과 같은 4개 영상에 피험자들을 무작위로 배치한 후에 영상을 시청하게 했다. 이후 피험자들이 실험 공모자에게 과제를 주고 평가할 수 있는 기회가 주어졌다. 실험 공모자에게 화가 난 피험자들은 영화 시청 후 자신을 화나게 한 여성을 처벌할 기회가 주어졌을 때 어떻게 반응했을까? 그들의 반응은 화가 나지 않은 피험자들과 차이가 있었을까?

화가 난 남성은 화가 나지 않은 남성보다 여성 공모자에게 더 심한 전기충격을 가했다. 이러한 결과는 흥분전이이론에서 주장하듯 첫 번째 자극에서 발생한 흥분 중 여분의 흥분이 두 번째 자극의 흥분으로 전이되어 두 번째 자극으로 발생한 흥분과 결합하게 되고, 이에 따라 두 번째 자극만으로 나타나는 공격적 반응보다 훨씬 강도 높은 반응이 발생한다는 것을 잘 보여주었다. 그러나 화가 나지 않은 남성들도 긍정적 결과의 포르노, 즉 여자가 강간 상황을 즐기는 것으로 묘사한 경우에는 여성 공모자에게 강한 충격을 주었다. 말하자면, 폭력적 포르노의 노출은 여성에 대한 남성의 폭력에 긍정적 영향을 미칠 수 있다는 흥미로운 결과를 보여준 연구이다. 많은 연구에서 폭력적인 포르노의 시청이 남성에게 여성이 강간을 즐긴다는 잘못된 신념을 수용하게 하고, 여성에 대한 폭력을 강화한다는 연구결과와 일치한다.

그러나 일부 연구자는 폭력적 포르노 때문이 아니라 영상 속 폭력이 사람을 흥분하게 하는 본성을 가지고 있어 인간의 공격성이 올라가는 것이라고 설명한다.[200] 영화가 관객을 자극하기 때문에 사람들이 가지고 있던 기존 공격 성향에 활력을 불어넣었기 때문이라는 것이다. 정말 그럴까? 만약 이들의 주장이 옳다면 관객을 자극하는 영상에 노출될 경우, 공격성이 증가해야 할 것이다. 예컨대, 앞선 실험 1에서 실험 처치한 영상 중에 폭력이 포함되지 않은 순수한 포르노의 영상도 폭력적 포르노만큼이나 자극적이었다. 그래서 피험자의 각성 수준을 조사했을 때 폭력적 포르노 영상을 본 사람들과 동일 수준으로 나타났다. 그러나 순수한 포르노 영상물은 공격성을 높이지 않았다. 따라서 관객의 흥분을 불러일으키는 영상이라고 해서 공격성이 증가하는 것은 아닌 것 같다.

흥분전이이론에 따르면 사람들이 어떤 감정으로 폭력적인 영화를 보는지에 따라 공격성이 달라질 수 있다. 즉 관객들이 화가 났을 때 자극적인 영화를 보면 공격성 강도가 더 높아질 수 있어서다. 그러나 이 연구를 보면, 강간 신화를 포함한 폭력적 포르노의 경우에는 화가 나지 않은 사람들도 공격성이 증가했다. 왜 그럴까? 탈억제 개념을 적용해 이해해 보자. 관찰자의 관점에서 강간 당하는 여성이 즐거워하는 모습은 여성에 대한 폭행이 충분히 가치가 있을 수 있음을 암시하는 것이고, 이는 자연스럽게 여성에게 공격해도 괜찮을 거라는 왜곡된 인식을 심어줄 수 있다.

지금까지 폭력적 포르노의 시청과 공격성 간의 관계를 살펴보았다. 이쯤에서 우리는 다음과 같은 질문을 던질 수 있다. "모든 포르노그래피를 보는 것이 여성에 대한 남성의 성인식을 왜곡시키는가?" 혹은 "모든 포르노그래피의 시청이 여성에 대한 공격성을 증가시키는가?" 이에 미디어 연구자들은 절대로 "그렇지 않다"라고 말한다. 이 말은 포르노그래피의 내용에 따라 공격적 행위가 달라진다는 것을 의미하는 것이다. 앞서 우리는 포르노그래피의 여러 유형을 살펴보았다. 즉 포르노가 폭력적이고 비인간적 내용을 다루는지, 사랑하는 연인 간의 일상적이고 유쾌한 성적 표현을 다루는지에 따라 달라질 수 있다는 것이다. 폭력적이면서 비인간적인 내용을 담은 포르노는 대개 강간 신화를 포함하고 있는데, 이 경우가 공격성을 촉진하는 것이다. 연인 간의 사랑을 담은 포르노는 긍정적인 결과를 제공한다. 예컨대, 오래된 부부가 에로틱 영화를 본 후에 사랑을 나누는 경향이 그렇지 않은 영화를 봤을 때보다 더 많았다.201

강간 인식의 변화

강간 인식을 조사한 연구자들은 피해자와 가해자의 책임 귀속을 일관되게 예측하는 몇 가지 특성을 발견했다. 예컨대, 피해자의 신체적 저항은 피해자에 대한 비난은 감소하고 가해자에 대한 비난을 더 증가시키는 반면에, 피해자가 술에 취한 경우에는 가해자에 대한 비난보다 피해자에 대한 비난이 더 증가하는 것으로 나타났다.202 그러나 이러한 연구를 자세히 들여다보면, 실험에 쓰인 강간 시나리오에서 문제점이 보인다. 낯선 가해자가 술을 마시지 않은 여성을 물리적 힘을 사용한다는 가상의 상황이 현실과 괴리가 있기 때문이다. 미국에서 발생하는 대학생의 성폭력 사건은 주로 데이트나 파티에서 발생하고 있기에 강간은 대개 낯선 관계에서 벌어지지 않는다. 또 술을 한 잔 정도는 마신 여성에게서 일어난다. 이런 상황에서 사람들은 강간의 책임은 누구에게 있다고 판단할까?

아래 두 개의 시나리오가 있다. 하나는 데이트 중에 발생한 강간 상황이고 또 하나는 파티에서 일어난 상황이다. 당신은 누구에게 강간의 책임이 더 크다고 생각하는가?

데이트 강간

벤과 이사벨은 1년 전 대학 강의실에서 만났고, 약 1년간 데이트를 해왔다. 둘은 주말 저녁에 만나서 시간을 보냈고, 그날도 둘 다 일찍 집에 들어가고 싶지 않았다. 대화를 더 나누기 위해 이사벨의 집 근처에 있는 바에 들어갔다. 그들은 몇 잔의 술을 주문하고 이야기를 나누고 춤을 추었다. 이사벨이 술에 취한 것 같다며 피곤하다고 말하자 벤이 그녀의 집까지 데려주었다. 벤은 그녀와 함께 집 안으로 들어갔고, 둘은 거실 소파에 앉아 키스하기 시작했다. 잠시 후 이사벨이 벤에게 그만하자고 밀쳤다. 그러나 벤은 멈추지 않고 그녀의 목에 키스하고 가슴에 손을 댔다. 이사벨은 벤의 손을 밀어내며 "하지 마! 그만!"이라고 말했다. 벤은 이사벨을 소파 위로 밀쳐 바지를 벗기려고 했다. 다시 이사벨이 "싫어! 그만!"이라고 말하며 그의 얼굴을 때렸고 격렬하게 몸부림을 쳤다. 그러나 벤은 저항하는 이사벨의 팔을 부여잡고 그녀의 다리를 벌려 성관계를 감행했다.

파티 강간

토요일 밤, 제시카가 친구들과 파티에 갔다. 데이비드는 그녀들을 거실로 안내했다. 제시카는 데이비드를 파티에서 처음 봤지만, 귀엽게 생긴 그의 외모에 호감이 갔다. 데이비드가 제시카에게 맥주를 권했고 제시카는 여러 잔의 맥주를 들이켰다. 둘은 영화, 음악, 일, 수업에 관해 계속 대화를 나눴다. 제시카가 자신이 너무 취한 것 같아 술을 좀 깨야 집에 갈 수 있겠다고 말하자 데이비드는 자고 가도 괜찮다고 말했다. 그들은 침실로 가서 키스를 시작했다. 잠시 키스를 한 후 제시카가 멈춰서 그냥 자고 싶다고 말했다. 그러나 데이비드는 제시카의 셔츠 아래로 손을 넣었다. 제시카는 "그만해. 나는 원하지 않아." 하며 그의 손을 밀어냈지만, 데이비드는 아랑곳하지 않고 그녀의 바지 속으로 손을 넣었다. 제시카는 데이비드의 얼굴과 가슴을 치며 떨어지려고 안간힘을 쓰며 "싫어! 멈춰!" 하며 큰 소리로 말했다. 그러나 데이비드는 제시카의 옷을 벗기고 성관계를 했다.

수잔 조지는 미국 대학생 622명을 대상으로, 앞서 제시한 데이트나 파티에서 경험할 수 있는 강간 상황을 담은 시나리오를 보고 가해자와 피해자 중 누구에게 강간의 책임이 더 크다고 인식하는지에 대해 조사했다.[203] 피험자들은 1(비동의) ~ 4(동의)점 척도로 측정했고, 점수가 높을수록 동의하는 것이다. 〈표 4.5〉는 두 시나리오 모두에서 피해자보다 가해자에 대한 비난 수준이 높았다. 또 전반적으로 데이트 강간보다 파티 강간 상황에서 피해자와 가해자 모두를 더 비난했다. 그러나 "피해자가 사건을 피할 수 있었고", "사건의 책임이 피해자에게 있다"라는 항목은 데이트 강간이 파티 강간보다 피해자에게 비난의 책임을 더 물었다. 또 가해자가 "강간으로 형사 책임을 질 것"과 "처벌을 받아야 할 것"에 대해서는 파티 강간의 가해자에 대한 비난이 데이트 강간보다 더 높았지만, 가해자가 "성관계에 대한 피해자의 동의 인식"에 대해서는 파티 강간보다 데이트 강간의 가해자를 덜 비난했다. 이러한 결과는 강간의 상황적 맥락이 미묘한 방식으로 피해자와 가해자 비난에 대한 인식에 영향을 미쳤음을 시사한다.

표 4.5 강간 유형에 따른 비난 책임의 차이

	데이트 강간	파티 강간	
	평균 (표준편차)		t
피해자 비난	1.73 (.52)	1.82 (.49)	-3.02*
사건의 책임은 피해자에게 있다.	1.32 (.57)	1.27 (.54)	
피해자는 사건을 피할 수 있었다.	2.21 (.83)	2.60 (.85)	-8.22***
피해자는 무슨 일이 일어났는지 통제할 수 있었다.	1.68 (.71)	1.72 (.71)	
피해자에게 안타까움을 느낀다.	3.28 (.76)	3.32 (.77)	
가해자 비난	3.59 (.46)	3.67 (.42)	-3.25*
사건의 책임은 가해자에게 있다.	3.64 (.59)	3.68 (.61)	
가해자는 무슨 일이 일어났는지 통제할 수 있었다.	3.61 (.60)	3.65 (.63)	
가해자는 피해자가 자신과 성관계를 갖는데 동의했다고 생각했다.	1.55 (.79)	1.42 (.70)	3.00*

	데이트 강간	파티 강간	
	평균 (표준편차)		t
가해자는 강간에 대한 형사적 책임을 져야 한다.	3.62 (.61)	3.72 (.56)	-3.04*
가해자는 해당 사건에서 저지른 행동에 대해 처벌받아야 한다.	3.66 (.59)	3.75 (.54)	-2.93*

해당 연구가 위의 제시한 시나리오에서 피해자의 저항을 언어적 저항과 언어적이고 신체적 저항을 구분해 살펴보았는데, 대학생들은 피해자의 언어적 저항('싫어')만으로도 가해자의 행동을 강간으로 인식하고 가해자를 비난하는 것으로 나타났다. 과거의 연구에는 언어적으로 저항하는 경우 언어적 저항과 신체적 저항이 함께 이루어질 때보다 데이트 강간의 여성 피해자를 더 비난한 것으로 나타났는데204 이는 강간에 대한 인식이 달라진 점이다. 또 시나리오에서 피해자가 술에 취한 상황임에도 강간의 책임을 피해자로 돌리지 않고, 술에 취한 피해자를 이용하는 가해자의 책임으로 인식한 점도 달라진 점이라 할 수 있다.

✎ 생각해 보기

1. 특정 작품을 법적 음란물로 판정하는 데에 많은 논란이 따르는 이유는 무엇인가?
2. 폭력적 포르노의 소비와 성에 대한 가치와 태도 간의 관계를 이해

하기 위해 알아야 할 중요한 개념인 강간 신화와 탈억제 현상은 무엇인가?

3. 폭력적 포르노에 노출되면 남성들이 여성에 대한 적대적 태도와 행동이 증가한다는 것이 학계의 정설이다. 왜 그런지 설명해 보라.
4. 클라인이 주장한 음란물 소비에 따른 4요인 신드롬은 무엇인가?
5. 흥분전이이론에 따르면, 사람들이 화가 난 상태에서 자극적인 영화를 보면 공격성 강도가 더 높아질 수 있다. 그러나 강간 신화를 포함하고 있는 폭력적 포르노를 볼 때는 화가 나지 않은 사람들도 공격성이 증가했다. 왜 그런지 설명해 보라.
6. 성범죄 가해자가 적극적으로 국민참여재판을 원하는 이유가 무엇인지를 추론해 보라.

5장
게임과 폭력 그리고 범죄

폭력적 게임이 아이들에게 가르치는 것 중에 최악은 '이기려는 욕망'이다. 샌디훅 초등학교의 살인범은 자신의 노트에 살인범 500명의 이름과 이들이 살해한 희생자 수, 그리고 범죄에 사용했던 무기에 점수를 매겨 놓았다. 당시 경찰은 그 노트를 보고 자신의 이름을 1위에 올려놓고 싶어 범죄를 저질렀다고 추론했다. '영광의 살인자' 반열에 오르려는 이 병적 욕망은 왜 그가 하필 초등학교 아이들과 교사들을 표적으로 삼았는지에 관한 이유를 설명해 준다. 범인은 아동을 살해하는 것이 사회적 관심을 받기에 좋고, 아동은 맞서 싸울 수 없어 저항도 적기 때문에 최고 점수를 얻는 데 유리하다는 것을 알고 있었다.

죽음의 대결 | 게임 학습과 폭력적 욕망 | 보는 대로 배운다 | 고전적이고 조작적인 학습 조건 | 살인 훈련 | 폭력적 게임에 빠진 뇌 | 게임의 3중 타격 | 피로 물든 안경으로 보는 세상

5장 게임과 폭력 그리고 범죄

죽음의 대결

1972년에 가정용 비디오 게임기이자 거치형 콘솔 게임기 마그나복스 오디세이(Magnavox Odyssey)가 처음 세상에 나왔다. 게임 개발자들은 플레이 메커니즘에 폭력을 포함하기 시작했다. 1976년에 출시된 〈데스 레이스(Death Race)〉[205]가 그 시작이었다. 플레이어들은 적을 자동차로 치어 죽이고, 무기로 때려죽이고, 총으로 쏴 죽였으며, 폭탄을 던져 건물을 파괴했다. 1993년에 전 세계 플레이어의 가슴을 설레게 하는 게임이 출시되었다. 게임업계의 천재라 불리는 존 카맥(John Carmack)[206]이 만든 〈둠(doom)〉이었다. 최초로 네트워크 대전 기술을 도입한 게임이었다. 여기에 그는 제한 시간 안에 많은 상대를 죽이면 승리하는 데스매치 모드를 구현했다. 데스매치는 일종의 권투 시합과 같았다. 그러나 상대를 그저 쓰러뜨리기만 하면 이기는 맨송맨송한 시합이 아닌 상대가 죽을 때까지 싸워야 하는 죽음의 대결이었다. 게임은 유혈이 낭자했고, 매우 폭력적이었다. 플레이어가 적을 해치우면 적의 몸이 산산조각이 나고 사방으로 피와 살점과 내장이 튀었다. 플레이어들은 데스매치 방식에 쾌감을 느꼈고, 〈둠〉은 미국 전역의 네트워크 통신망을 마비시킬 정도로 높은 인기를 끌었다.207 당시로서는 제 방에 앉아 멀리 떨어진 플레이어와 대전을 즐긴다는 것은 하나의 혁명과도 같았다. 이후 데스매치 게임은 불특정 플레이어와 매칭을 즐길 수 있는 배틀넷으로 확장되었고, 여기서 영감을 받은 수많은 게임사가 온라인 멀티플레이 게임을 출시했다.

1997년에 GTA(Grand Theft Auto)가 출시되었다. 자동차 절도 범죄를 일컫는 숙어에서 게임명을 따왔을 정도로 폭력성과 선정성의 수위가 상당히 높았다. 플레이어가 도시의 범죄자가 되어 각종 불법행위를 저지르는 게임이다. 지금부터 〈GTA5 파트 38〉을 묘사할 것이다. 게임 속 폭력성이 어느 정도인지 가늠해 보길 바란다. 플레이어가 게임을 하는 '당신'이라고 가정해 보라.

> 당신이 검은색 차를 도로 옆에 댄다. 매춘부를 사기 위해서다. 차로 다가온 여자가 "사람 없는 데로 가요."라고 말한다. 플레이어가 속도를 내어 차를 몰기 시작하더니 비포장도로와 가파른 언덕을 올라 도시가 내려다보이는 인적이 드문 곳에 차를 세운다. 여자에게 100달러를 내자 여자가 조수석에 앉은 당신의 몸 위로 올라가 성관계를 한다. 당신이 추가 서비스를 받는 대가로 여자에게 20달러를 더 낸다. 화면에는 이들의 성행위가 사실적으로 드러난다. 음향 효과까지 생생하다. 서비스를 마치고 여자가 돈을 챙겨 나가자, 당신이 이 여자를 쫓더니 여자를 퍽 소리 날 정도로 주먹으로 때려 땅에 쓰러뜨린다. 그러고는 여자를 무자비하게 때린다. 여자에게 준 돈을 빼앗기 위해서다. 돈을 뺏은 후에도 구타는 계속된다. 당신은 사망한 여자를 언덕 아래로 굴려버리며 중얼거린다.

> "증거인멸" 그런 후 "몸이나 파는 년, 활활 타 죽어라!" 하며 시체 쪽으로 수류탄을 던진다. 경찰의 사이렌 소리가 들리자, 당신은 서둘러 차로 이동해 저격 총을 설치하고 달려오는 경찰관을 제거한다. 그런 후 차에 올라타 광란의 질주를 시작한다. 거리의 차량과 충돌하고 길 가던 행인들을 차로 친다. 새 차가 필요해진 당신은 타고 있던 차를 아무 데나 버리고, 다른 차를 접수한다. 불행히 미션을 끝내기 전에 경찰이 당신을 쏜다. 화면이 검게 변하면서 "제거(wasted)!"라는 붉은 글씨가 화면에 나타난다.[208]

가상 세계에서 벌어지는 살인이 현실 세계에서도 재현되고 있다. 목조르기, 찌르기, 죽을 때까지 때리기 등 모든 유형의 폭력이 게임 속 살인을 모방하고 있다. 1999년 4월 20일 미국 콜로라도주 컬럼바인 고등학교에서 발생한 총기사건에서 가해자 에릭과 딜런은 〈둠〉의 마니아였다. 2002년 독일의 10대 청소년은 자신이 다니던 학교를 찾아가 16명을 살해했다. 그의 부모는 아들이 게임에 빠져 있었다고 말했다.[209] 2009년 벨기에의 한 남자는 육류용 칼로 무장한 채 어린이집으로 침입해 아기 2명과 보육교사를 살해하고, 아기 10명과 직원을 다치게 했다. 그는 공포 영화와 게임의 열혈 마니아였다.[210] 2011년 필라델피아의 16세 소년은 자신의 어머니를 살해한 혐의로 유죄판결 받았다. 소년과 어머니는 게임 때문에 1시간가량 실랑이를 벌였고, 어머니가 벌로 게임기를 가져갔다. 그날 밤 그 소년은 잠든 어머니를 해머로 20번이나 가격했다. 2012년 코네티컷의 샌디 훅 초등학교에서 1학년생 20명과 교사 6명에게 총격을 가한 애덤 란자는 〈콜 오브 듀티〉 게임을 하며 많은 시간을 보냈다. 2019년 브라질에서 게임에 빠져 있던 17세 학생 2명이 총을 들고 학교로 가서 마구잡이로 총을 쏘았다. 학생과 교직원 등 7명이 숨지고 10여 명이 다쳤다. 경찰은 범행을 저지른 학생이 타고 온 차에서 노트를 발견했다. 노트에는 각종 인터넷 게임 무기를 사용하는 방법과 게임에서 이길 수 있는 전술 등이 빼곡히 적혀 있었고, 범행 이후 스스로 목숨을 끊겠다는 약속까지 써 있었다. 2015년 11월 파리에서 ISIS의 주도면밀한 협조에 의한 공격으로 130명이 살해되었고 350명이 다쳤다. 테러 용의자는 GTA 마니아로 알려졌다.[211]

가장 끔찍한 범죄 중 하나는 게임에 빠진 부모가 어린 자식을 살해하는 것이다. 부모라면 한밤중에 울어대는 아기 때문에 잠을 설친 기억이 있을 것이다. 그런데 부모가 폭력적인 게임광이라면 자기 자식에게 어떤 짓까지 저지를 수 있을까? 게임에 빠진 24세의 젊은 아빠는 16개월의 아들이 울자, 손으로 아기의 입과 코를 3~4분간 틀어막았다. 아기가 질식사하고도 남을 시간이었다. 아빠는 아기를 이불로 꽁꽁 싸서 침대에 눕히고 다시 게임을 하러 갔다. 게임을 마치고 다시 방에 돌아왔을 때 아기는 숨이 멎어 있었다.[212] 온종일 게임을 하던 또 다른 아빠도 생후 3주의 아기가 울어대자, 빨리 자라고 고함을 지르며 아기를 세차게 흔들어 댔다. 그 아기 역시 그날 죽었다.[213] 시카고의 한 아빠는 4개월 아들이 울자 흠씬 때린 후 게임을 다시 시작했다. 그의 아내가 아기를 발견하고는 급히 병원으로 옮겼으나 아기를 살리지 못했다.[214] 많은 연구에 따르면, 폭력적 게임 이용자들의 공격성은 게임 직후가 가장 높게 나타난다. 미국, 프랑스, 독일인으로 구성된 연구팀은 발현된 폭력성의 존속 기간이 3일이라는 것 발견했다. 한센(Hasan) 등의 연구에 따르면, 폭력적 비디오 게임을 3일 연속으로 했던 사람들은 매일 공격적인 행동과 악의적 감정 상태가 증가했다고 밝혔다.[215] 게임을 하면 할수록 인간의 공격성은 증가한다. 그 희생자가 무력한 제 자식이라고 해도 마찬가지였다.

게임 학습과 폭력적 욕망

폭력은 학습된 행동이다. 그렇다고 폭력적 게임을 하는 아이들이 모두 살인범이 된다는 말은 절대 아니다. 그러나 폭력적 게임을 많이 할수록 인간은 죽음과 고통에 냉담하고 둔감해진다. 학교 총격 사건과 같은 대규모 폭력 행위는 게임이 번성하기 이전에는 결코 일어난 적이 없다.[216] 아이오와 주립대 젠타일(Douglas Gentile) 박사는 게임을 통해 학습된 폭력을 피아노 연습에 비유했다. 연습을 반복적으로 되풀이하면 머릿속에 관련 지식이 자리하게 된다. 몇 년간 피아노를 치지 않아도 피아노 앞에 앉으면 곡을 연주할 수 있듯이 말이다. 폭력적 게임을 하며 아이들은 적을 경계하는 방법을 연습하고, 도발에 폭력으로 대응해도 된다는 생각을 연마하게 되며, 폭력이 낳은 결과에 둔감해지는 연습을 하는 것이다.

1997년 미국에서 14세 남학생이 학교에서 기도하던 학생들을 향해 8발의 총을 쏘았다. 총알은 100% 명중했다. 첫 발은 여자 친구의 두 눈 사이를 명중했다. 그런 후 시야에 보이는 모든 표적을 향해 총을 쏘았고 한 명당 한 발씩 명중시켰다. 살인을 저지르기 전에 그 학생은 실제로 총을 쏘아 본 적이 없었다.[217] 2006년 양질의 훈련을 받은 뉴욕시 경찰은 무장한 남성을 향해 근거리에서 총으로 사살했다.[218] 경찰은 41

발을 발사했고, 그중 표적을 맞힌 것은 19번이었다. 경찰의 명중률은 46%였다. 이는 무차별 난사 뒤 표적이 맞기를 기도하는 수준에 불과하다. 그럼 14세 소년이 명사수가 된 비결은 무엇일까? 그는 수년간 일인칭 슈팅 게임으로 사격 연습을 했다. 게임을 통해 그는 한 방에 한 사람을 죽일 수 있도록 훈련했다. 그래서 살아 있는 인간을 향해 총을 쏘는데도 불구하고 게임을 하는 것처럼 차분하게 움직일 수 있었다. 살인 습관이 그의 뇌 신경세포에 각인되어 무념무상의 상태가 된 것이다.

실제 연구에서 실전 사격 경험이 전혀 없는 비디오 게임 플레이어들이 과녁을 적중하는 비율은 게임을 하지 않는 이들보다 현저히 높았다. 심지어 연구자들이 피험자에게 머리를 겨냥하라고 요청하지 않았음에도 이들은 머리를 저격했다. 살면서 단 한 번도 실제 총기 훈련을 받아 본 적이 없는 사람들이었지만 사람을 죽이는 데 가장 효과적인 부위를 알고 있었다. 이들은 치명상을 덜 입는 상체를 피해 머리를 표적으로 삼았다. 평소에 자신이 하던 슈팅 게임에서 머리를 맞히면 보너스 점수를 받았기 때문이다.219

살인을 하려면 3가지가 필요하다. 의지, 무기, 기술이다. 누구든 죽이겠다는 살인에 대한 의지를 품으면 무기를 구하는 것은 아무 문제가 되지 않는다. 총기 규제가 엄격한 나라에서도 칼, 도끼, 망치 등을 이용한 처참한 살인이 벌어지고 있다. 따라서 총기를 비롯해 치명적 무기를 아이들의 손에 닿지 않는 곳에 두는 것은 매우 중요하다. 군과 경찰에서는 현실과 유사한 시뮬레이터를 통해 전투에서 실제로 마주할 표적을 놓고 기술을 연마한다. 사격자는 실제 무기와 똑같은 무기를 가지고 언제, 어디서, 왜 총을 쏘아야 하는지 결정할 수 있는 시나리오 내에서 훈련받는다. 훈련용 시뮬레이터와 일인칭 슈팅 게임은 너무나 흡사하다. 샌디훅 초등학교의 살인범은 게임을 통해 전술 재장전이라는 기술을 습득했다. 전술 재장전은 한 공간에서 다음 공간으로 이동하기 전에 총을 다시 장전하는 것으로 경찰학교 후보생들이 배우는 기술이다. 살인범은 아이들이 꽉 차 있는 모든 교실에 들어갈 때마다 총기를 비운 후 다음 재장전을 하는 행동을 되풀이했다.220

〈맨헌트 2〉에는 플레이어에게 사람을 죽이라는 목소리도 등장한다. 게임을 계속하려면 그 목소리가 명령하는 대로 따라야 한다. "그놈이 너를 발견하면 죽일 거야. 그러니 그놈을 없애버려, 알겠나?" 플레이어는 그놈을 죽이기 위해 야구방망이를 선택하고 세게 휘두른다. 그놈의 머리통이 딱 소리를 내며 깨진다. 그때 목소리가 다시 들린다. "좋아, 기가 막힌 선택이었어!" 이제 그 목소리는 다른 사람을 살해하라고 명령한다. "저 사이코를 죽여!" 플레이어는 칼로 여자를 죽이기로 한다. 플레이어가 손을 움직일 때마다 화면 속 칼과 플레이어의 손은 그대로 모방한다. 플레이어가 칼로 여자의 목을 긋자, 여자가 주저앉으며 피를 쏟고 플레이어는 그 모습을 지켜본다. 게임이 진행되는 동안 플레이어는 여러 인간을 죽을 때까지 목을 조르고 구타하고 난도질하기를 반복한다.

폭력적 게임이 아이들에게 가르치는 것 중에 최악은 '이기려는 욕망'이다. 샌디훅 초등학교의 살인범은 자신의 노트에 살인범 500명의 이름과 이들이 살해한 희생자 수, 그리고 범죄에 사용했던 무기에 점수를 매겨 놓았다. 당시 경찰은 그 노트를 보고 자신의 이름을 1위에 올려놓고 싶어 범죄를 저질렀다고 추론했다. '영광의 살인자' 반열에 오르려는 이 병적 욕망은 왜 그가 하필 초등학교 아이들과 교사들을 표적으로 삼았는지에 관한 이유를 설명해 준다. 범인은 아동을 살해하는 것이 사회적 관심을 받기에 좋고, 아동은 맞서 싸울 수 없어 저항도 적기 때문에 최고 점수를 얻는 데 유리하다는 것을 알고 있었다.[221] 다시 말해 살인 범죄는 무작위적으로 이루어지는 충동의 산물이 아니다. 이들은 계획을 세우고 가장 높은 점수를 획득할 비뚤어진 목적을 갖고 살인에 관해 곰곰이 생각한 결과를 실행한 것이다. 폭력적 게임과 훈련 시뮬레이터의 효과를 직접적으로 보여준 사건이 있다. 2011년 노르웨이 한 섬의 청소년 캠프에서 폭탄으로 7명을 살해한 후 총으로 69명을 죽인 참사가 벌어졌다. 살인범은 1,500쪽 분량의 선언문을 작성했는데, 선언문에서 그는 전투기술을 훈련하려면 〈콜 오브 듀티: 모던 워페어 2〉 게임을 써보라고 조언했고 자신은 게임을 하면서 표적 확인과 강력한 훈련 전략을 만들었다고 말했다.[222]

보는 대로 배운다

아기는 성인의 행동을 모방할 준비가 된 채로 태어난다. 생후 몇 시간 정도의 신생아도 부모의 표정을 그대로 흉내 낼 수 있다는 것이 여러 연구를 통해 입증되었다. '애들 앞에서는 냉수도 못 마신다(monkey see, monkey do)'라는 옛말이 있다. 아이들은 부모의 행동을 그대로 따라서 하므로 늘 조심해야 한다는 의미다. 이를 잘 보여주는 연구가 있다. 연구는 14개월의 아이가 TV에서 장난감을 분해하는 방법을 배우는 모습을 보여주었다. TV에 어른이 나와 아이가 처음 본 장난감을 분해하자 아이가 TV 앞으로 바짝 다가앉아 어른의 행동을 유심히 살폈다. 그런 후 아이에게 TV에서 본 똑같은 장난감을 건네주자 TV 속 어른의 행동을 모방해서 아이도 금세 그 장난감을 분해했다. TV에 노출된 아기

중 65%가 즉각적으로 장난감을 분해하며 제대로 갖고 노는 반면에 TV에 노출되지 않은 아기는 20%만 장난감을 분해했다. 14개월의 유아도 TV 속 행동을 명백하게 관찰하고 모방한다는 사실이다.

이처럼 아기는 태생적으로 모방 욕구를 가지고 태어나지만, 어떤 행동을 모방해야 하는지를 결정하는 본능은 없다는 것이 문제이다. 성인의 파괴적이고 반사회적 행동까지도 아이는 모방한다. 그게 현실의 내 부모건, TV 속 다른 사람이건 말이다. 7세 미만의 아이들은 허구와 현실을 잘 구분하지 못한다. 이것이 이들을 법정의 증인으로 세우지 않는 이유이다. 7세 미만의 어린아이의 말을 믿고 누군가를 감옥에 보낼 수는 없다.

인간은 태어날 때부터 생존 정보를 찾도록 설정되어 있다. 생존 정보란 인간이 위험한 조건에 살아남도록 도와줄 수 있는 세상에 대한 정보를 말한다. 인간은 동물처럼 강한 팔다리도, 치명적인 송곳니나 날카로운 발톱도 없다. 그러나 잘 발달한 뇌를 가지고 있다. 인간의 뇌는 인간의 생존을 돕도록 설계된 프로그램이라고 할 수 있다. 인간이 자연에서 생존할 가능성은 인간의 뇌가 환경 변화에 신속히 적응하는 능력에 달려 있다. 이것이 바로 인간이 폭력에 끌리는 이유 중 하나다. 말하자면 뇌는 폭력을 일종의 학습 기회로 인식한다. 학교 운동장에서 또래 친구들 간에 싸움이 났을 때 아이들은 구경하러 몰려든다. 위험에 처한 타인의 모습을 보고, 비슷한 상황에서 어떻게 행동해야 생존하는 데 도움이 되는지, 폭력에 가능한 한 신속하게 적응하고, 이를 통해 자기방어용 폭력을 사용하는 법을 배운다.

매일 밤 아버지가 어머니를 구타하는 모습을 보았을 때 아이들 다수는 회피하거나 공포감 혹은 우울감을 느낀다. 그러나 소수는 스스로 적응하고 거기서 배운 것을 행동으로 실행한다. 가령, 밤마다 어머니를 때리는 아버지의 모습을 본 6세 미만의 남자아이는 구타 행동을 진저리를 칠 정도로 미워하고 아버지에 대한 증오심도 생긴다. 그러나 20년 후 그가 자라 결혼하고 자식을 낳아 살면서 스트레스를 받는 상황이라면 그 역시 아내를 때리는 일이 발생하는 것은 통계적으로 밝혀진 사실이다. 가정폭력을 목격하며 자란 아이들이 다 배우자에게 폭력을 행사하지 않는다는 것쯤은 잘 알려진 사실이지만, 아버지가 어머니를 학대하는 것을 본 아이들은 그렇지 않은 가정의 아이들보다 동일 행동을 되풀이할 확률이 높다. 생후 6~7년 동안 관찰한 모든 행동은 잘 잊히지 않아서다. 어린아이는 아버지가 어머니를 때리기 시작하면 눈을 가리지 않고 구석에 웅크리고 앉아 그 모습을 지켜보며 학습한다. 생존에 대한 본능적 욕구와 환경에 적응하려는 욕구 때문에 아이는 그렇게 할 수밖에 없는 것이다.

청소년 역시 모방의 욕구가 강하다. 청소년기는 신체적 변화와 더불어 나타나는 긴장과 불안, 정신적 불균형으로 인해 외부적 환경에 의해 쉽게 동화되는 심리적 특징이 있다. 이는 미디어의 등장인물을 쉽게 모방하는 청소년의 행동을 통해서도 나타난다. 청소년은 자기 또래가 미디어에 등장하는 경우 그들을 자기 친구로 여기거나 그들의 행동을 마치 현실로 상상하는 등의 경험을 한다. 또 청소년기에 자의식이 생기면서 또래와의 관계의 필요성을 절실하게 느낀다. 이들은 가정으로부터 독립하고자 하고, 친구들과 어울리고 싶은 강한 욕망을 느끼며, 소속감을 성취하려고 한다. 따라서 같은 모양의 복장, 같은 어투, 은어 사용을 선호하고 공통의 생활 유형을 공유함으로써 소속감을 느낀다. 특히 제한된 놀이문화로 인해 청소년의 정체성 형성에 미디어가 미칠 수 있는 영향력이 매우 크다.

방송은 다양한 자극으로 가득하다. 3세 아이가 미디어에서 누군가 총에 맞거나 칼에 찔리거나 살해당하는 모습을 본다면 어떨까? 아이는 얼어붙은 듯 그 장면에서 눈을 떼지 못할 것이다. 호흡이 가빠지고 심장 박동 수가 증가할 것이다. 미디어 속 이미지를 생생한 현실로 받아들이기 때문이다. 이들에게 미디어는 세상이 어떻게 작동하는지를 제공하는 정보의 원천이다. 3세 아이가 우연히 포르노 영화를 보았다고 가정하자. 아이는 아무런 관심을 보이지 않을 것이다. 화면의 영상이 아이에게 아무런 의미가 없기 때문이다. 그러나 12세 아이에게 포르노 영화를 보여준다면 어떨까? 아이는 얼어붙은 듯 그 장면에서 눈을 떼지 못할 것이고 즉각적으로 생리적 반응이 나타날 것이다.

폭력적 이미지와 3세 아이의 관계는 포르노에 노출된 12세 아이의 관계와 같다. 실제로 많은 연구가 이러한 점을 지적하고 있다. 예를 들어 폭력적인 영상물을 많이 접한 청소년들이 그렇지 않은 청소년들보다 더 높은 공격성을 보이고, 선정적인 장면을 많이 접한 청소년들이 그렇지 않은 청소년보다 더 빠르게 성인화의 가능성을 보인다. 또 미디어에 재현된 신체 이미지에 대한 정형화된 인식이 청소년들의 자기 외모에 대한 부정적 인식에 영향을 미칠 수 있다는 연구 등은 정체성이 확립되지 못한 청소년들이 미디어에 나타난 행동을 그대로 모방하고, 충동적으로 발산할 수 있음을 보여준다. 특히 많은 연구가 미디어의 폭력성과 선정성이 청소년에게 미치는 영향력에 대해 논의하고 있는데, 이는 미디어에서 재현되는 폭력적이고, 선정적인 장면이 청소년기의 심리적 욕구를 그대로 발산하게 만드는 위험 요소로 작용하기 때문이다.

고전적이고 조작적인 학습 조건

수천 년 동안 군대는 전장에서 병사들의 살인을 이끄는 메커니즘을 진화시켜 왔다. 과거 전쟁이 벌어질 때마다 국가는 수십만 명의 부대원들에게 살인 훈련을 제공했고, 고국을 향해 이들이 치열하게 싸울 수 있게 만들었다. 건강한 인간이 방아쇠를 당겨 타인의 목숨을 빼앗고, 살인에 둔감할 수 있게 유도하는 일은 살인 훈련을 통해서만 가능한 일이기 때문이다.[223] 군대에서 살인 기술을 훈련하는 데 활용되는 고전적 조건 형성, 조작적 조건 형성과 똑같은 과정을 우리 아이들도 게임을 통해 연마하고 있다. 게임을 하면서 살인 훈련 학습이 어떻게 작동하는지 그 메커니즘을 살펴보자.

그간 많은 사상가가 학습의 본질을 논의해 왔다. 관련 논의 중 가장 오래된 것 중 하나가 경험에 의한 연합 작용이었다. 아리스토텔레스는 모든 지식은 경험을 통해 습득되는 것이지 타고나는 것이 아니라고 주장했다. 뜨거운 불에 한 번 데어본 사람은 절대 불 가까이에 가지 않는 것처럼 말이다. 인간의 감각적 경험들은 상호작용하면서 발생하기 때문에 우리의 마음속에서 서로 연상과 조합된다는 것이다. 아리스토텔레스는 이런 상호관계 속에서 연합의 4가지 법칙을 제시했다. 유사성 법칙, 대비 법칙, 시간의 연속성 법칙(인간은 늙으면 죽는다거나 나이가 들수록 지혜가 쌓인다 등), 공간에서의 공존 법칙(함께 살기 위해서는 협력해야 한다 등)이다. 아리스토텔레스는 대부분의 복잡한 사상은 이 감각적 경험들에 기초한 연합으로 얻어진 것이라고 설명했다.

인간이 어떻게 학습을 하는지, 그 메커니즘을 밝혀낸 획기적인 연구가 있다. 1897년 러시아의 생리학자 파블로프(Pavlov)가 발표한 고전적 조건화(classical conditioning)가 첫 번째이다. 고전적 조건화는 어떤 외부 자극에는 이전의 경험이 전혀 없어도 반응을 할 수 있다는 것이다. 파블로프는 개가 음식을 먹을 때 침을 흘리는 것을 관찰했고, 일반적으로 개들은 음식이 있을 때뿐 아니라 음식을 주는 사람 앞에서도 침을 흘리기 시작한다는 것을 발견했다. 파블로프는 이를 '정신적 분비(psychic secretion)'라고 불렀다. 파블로프는 고전적 조건화를 밝히기 위한 실험을 했다. 그는 개에게 음식을 줄 때마다 종소리를 울렸다. 특정 자극을 준 것이다. 그리고 단 7일 만에 그 개는 종소리만 들려도 침을 흘리기 시작했다. 개의 타액 분비는 무의식적 반응으로, 이는 개가 원초적 층위에서 경험, 즉 종소리라는 경험에 의한 연합을 통해 자극에 대한 행동이 이루어진 것을 의미한다. 자극과 무의식적 반응을 연관시킨 파블로프의 실험은 외부 자극에 대한 행동이 경험에 의한 연합으로 이루어질 수 있음을 제시한 매우 통찰력 있는 연구로서 1904년에 노벨상을 받았다.224

파블로프의 개 실험은 자극에 대한 행동이 경험에 의한 연합으로 이루어진다는 사실을 밝혔다. 그러나 특정 반응을 이끄는 자극이 무엇이고, 자극의 반응 결과가 어떻게 연합되는지는 설명하지 못했다. 이후 손다이크의 고양이 실험과 스키너의 쥐 실험을 통해 조작적 조건화(operant conditioning), 즉 특정 반응이 그 반응의 결과들과 어떻게 연합하는지가 세상에 알려지게 되었다.

미국의 심리학자 에드워드 손다이크(Edward Thorndike)는 동물이 모방이나 관찰을 통해 학습하는지에 관심이 많았다. 1898년에 그는 고양이를 데리고 '상자 탈출' 실험을 진행했다. 손다이크는 고양이를 나무로 만든 상자에 가두었는데 이 상자에는 문이 달려 있었다. 이 문은 고양이가 특정한 손잡이를 앞발로 특정한 방식으로 조작해야만 열리게 되어 있다. 고양이가 상자 안에 갇히면 처음에는 가만히 있겠지만 금세 지루해지면서 그곳에서 나오고 싶어할 것이다. 하지만 나오는 방법을 모르니 그때부터 고양이는 상자의 여기저기를 당겨도 보고, 쳐보기도 하고, 물어뜯기도 하며 상자 안의 다양한 자극들에 랜덤한 방식으로 반응하기 시작할 것이다. 물론 이런 행동들은 대부분 좋은 결과를 낳지 않는다. 여기서 좋은 결과는 문이 열리는 것이다. 그러다 우연히 문고리를 건드렸을 때 문이 열렸다고 생각해 보자. 문이 열린 것은 갇힌 고양이에게는 보상이다. 그리고 이런 보상을 낳은, 문이 열리기 직전의 행동을 하는 과정에서 뇌에서 일어나는 정보처리를 뇌가 기억하게 된다. 물론 고양이가 기억하는 내용에는 문고리라는 자극과 그 자극에 대한 반응까지 모두 포함된다. 이런 경험을 한 고양이를 다시 같은 상자에 가두고 문을 잠그면 어떻게 될까? 고양이는 학습하기 전과 같은 보상이 없는 행동을 전혀 하지 않는다. 고양이는 바로 문고리(자극)로 가서 앞발로 문고리를 건드리는 반응을 할 것이고, 문이 다시 열릴 것이다. 보상이 따르는 행동을 반복한 결과, 문고리와 반응 간의 연합은 더욱 강해진다.225

미국의 심리학자 B. F. 스키너(Burrhus Frederick Skinner)는 1938년에 상자에 지렛대, 먹이 접시, 전등 따위를 설치하고 그 속에 쥐를 넣고 관찰했다. 먹이는 쥐가 지렛대를 누를 때만 나오게 설치했다. 상자 속의 쥐가 다양한 행동을 하다가 우연히 지렛대를 눌렀고 먹이가 쏟아져나왔다. 이후 쥐는 보상이 따르는 같은 행동을 되풀이했고, 반복

횟수는 먹이가 나오지 않는 조건보다 나오는 조건에서 급격히 증가했다. 이러한 현상은 먹이가 행동을 반복시키는 보상의 역할을 했기 때문이다. 반대로 쥐가 지렛대를 누를 때 먹이가 아닌 전기충격을 주자 이후 쥐는 지렛대를 누르지 않았다. 이러한 현상은 전기충격이 특정 행동에 대한 재발을 감소시키는 처벌의 역할을 했기 때문이다. 스키너는 사람도 어떤 행동을 반복하느냐의 여부는 행동의 결과로 얻어지는 강화물에 의해 결정되고 개인의 행동은 자신이 속해 있는 객관적 세계에서 겪은 과거 또는 현재의 경험으로 결정된다고 주장했다.[226]

손다이크와 스키너의 실험과 파블로프의 실험은 차이가 확연하다. 파블로프의 개 실험에서는 종소리라는 분명한 자극이 존재하지만, 개는 그것의 의미를 보상과 연합이 이루어질 때까지 알지 못한다. 그러나 손다이크와 스키너의 실험에서 고양이나 쥐는 어떤 자극이 파블로프 실험의 종소리에 해당하는 결정적인 자극인지를 처음에는 모른다. 그래서 이것저것 능동적으로 해보면서 문제를 해결한다. 손다이크는 효과가 있었던 자극과 행동 간의 연합은 강화되고 효과가 없었던 자극과 행동 간의 연합은 약화한다는 '효과의 법칙(law of effect)'을 주장했다.[227] 구글이 개발한 인공지능 바둑 프로그램 알파고도 스스로 학습할 때 효과의 법칙에 따라 자신이 이기게 하는 행동은 강화하고 그렇지 않은 수는 다음에 다시 나오지 않도록 약화하는 학습법을 탑재하고 있다. 스키너는 자극과 행동 간의 연합 강도는 보상과 처벌에 따라 달라진다고 설명했다. 보상이 주어진 자극과 행동 간의 연합은 강화되고, 처벌이 따른 자극과 행동 간의 연합은 약화한다는 것이다.

고전적 조건화 관점에서 미디어 폭력을 통해 어떻게 공격성이 학습되는지 생각해 보자. 영화와 게임 속에서 아이들은 수류탄이 폭발하고, 피가 솟구치며, 피투성이가 된 사람들을 쉽게 마주한다. 그 아이들 주변에는 달콤한 음료와 과자가 즐비하다. 인터넷 앞에서 친구들과 함께 앉아 타인의 끔찍한 죽음과 고통의 장면을 쳐다보고, 그런 장면을 보면서 웃고 함성 지르면서 팝콘, 초코바, 탄산음료를 먹고 마시는 아이들은 무엇을 배우게 될까? 폭력적인 게임과 간식, 친구와의 즐거운 시간을 연관짓도록 학습한 아이들에게 우리가 예상할 수 있는 것은 무엇일까? 폭력에 둔감해지는 조건 형성이 된 것이다. 이 아이들은 단순히 폭력에 둔감해진 것만이 아니다. 강력계 형사나 부검의도 폭력에 둔감해지지만, 이들은 자신이 목격하는 폭력에서 쾌락을 느끼지 않는다. 그러나 폭력적 게임에 빠진 아이들은 파블로프의 개처럼 인간의 죽음과 고통을 보며 쾌락을 느낀다!228 스키너는 조작적 조건 형성만 적절히 이용하면 어떤 아동이건 자신이 원하는 모습으로 바꾸어 놓을 수 있다고 장담했다. 그리고 베트남 전쟁에서 미국 군대는 그의 조언대로 청년 신병 집단을 유능한 전투 부대로 변모시키기 위해 조작적 조건 형성을 성공적으로 활용함으로써 이를 입증했다.

살인 훈련

무고한 사람들이 참혹하게 살해될 때마다 우리는 "도대체 어떤 종류의 인간이 그런 짓을 저지를 수 있는가?"라는 질문을 던지게 된다. 우리 안에는 같은 인간을 죽이는 것에 대한 거부감, 망설임이 존재하기 때문이다. 살인에 대한 망설임은 같은 종의 구성원들이 서로를 죽이지 못하게 막아주는 일종의 안전장치이다. 이것은 본능, 이성, 환경, 유전, 문화, 사회적 요소들이 서로 강력하게 결합하여 나타난 결과이다. 그런데 왜 이런 일이 연거푸 발생하는 것일까? 같은 인간을 죽이는 것은 어디서 비롯되는 것일까? 학습되는 것일까?

현대 사회의 미디어는 '살인은 쉬운 일'이라는 신화를 창조했다. 슈퍼맨, 배트맨, 원더우먼, 람보, 인디애나 존스, 007의 제임스 본드, 스타워즈의 루크 스카이워커, 더 글로리의 문동은, 범죄도시의 마석도 형사를 통해 우리는 아무렇지도 않은 듯이 무자비하게 사람들이 살해되는 장면을 보고 있다. 문제는 미디어가 살인과 전쟁을 미화할 뿐 살해의 본질에 대해서는 알려주는 게 없다는 사실이다.

2차 세계대전 동안 공중전에서 싸우는 전투기 조종사 가운데 1퍼센트 미만이 적기를 격추했고, 근접 전투에서 싸우는 소총수 가운데 실제로 총기를 발사했던 비율은 20퍼센트가 채 되지 않았다.[229] 전투기나 폭격기를 모는 조종사들, 소총수들은 무엇 때문에 적을 죽이지 못했을까? 훈련이 덜 된 것일까? 이들은 보통 작은 편대를 이루어 적기를 격추했던 경험이 많은 조종사의 지휘를 받은 용감한 사람들이었다. 그러나 적을 죽여야 할 순간이 왔을 때 그렇게 하지 못했다. 다른 인간을 죽이기를 망설이는 인간 본성 때문이었다. 그러나 전장에서 살인의 망설임은 명백히 장애물이었다. 그래서 미국 군대는 1950년대 이후 조작적 조건 형성이라는 심리 기제를 이용하여 살인의 망설임을 극복하는 훈련을 시켜왔다.

2차 세계대전 이전까지 표적 훈련은 과녁 모양으로 해왔다. 그러나 전장에서 군인들의 발포율이 떨어지자, 표적을 인간 모양으로 바꾸었다. 인간 모양의 표적은 여러모로 조작적 조건 형성을 학습하는 데 도움이 되었다. 훈련 과정은 다음과 같다. 쓰러져 있던 표적이 앞으로 세워지면, 군인은 그 표적을 쏜다. 표적을 맞히면 표적은 뒤로 넘어진다. 여기에 특정 숫자의 표적을 쏘게 되면 군인은 보상까지 받는다. 이러한 훈련 과정을 통해 총기의 발사 비율은 놀라울 정도로 상승했다. 조작적 조건 형성은 미국의 소방관, 비행기 조종사에게 응급 시 대처할 수 있는 능력을 강화하는 데도 사용한다. 교관이 훈련병들이 마주할 자극(위기 상황)을 제공한 후 그 자극에 대한 바람직한 반응을 형성시킨다. 훈련병이 기대하는 결과대로 반응할 수 있도록 조건화가 이루어질 때까지 끊임없이 자극과 반응을 반복시킨다. 이렇게 훈련을 받은 사람들은 극심한 공포로 제정신을 차리지 못하는 위급한 상황에서도 자동으로 적절한 대응에 돌입할 수 있게 되어 인명을 구할 수 있다.230

데이브 그로스먼은 24년을 육군으로 복무한 군인으로서, 그리고 육군사관학교 심리학 교수를 거쳐 FBI(연방수사국), 마약 단속국, 폭발물 단속국 등을 교육하는 검경 교육 담당관으로서 일해왔다. 그는 미국 사회에서 벌어지는 충격적인 폭력과 살인의 원인을 게임 산업이라고 지목하고, 이들이 만든 폭력적 게임이 폭력 바이러스를 퍼트리며 아이들을 폭력과 살인을 하도록 학습시킨다고 주장했다. 그는 발달한 의료 기술로 인해 사망률은 낮아지고 폭력 범죄자의 교도소 수감 비율은 나날이 증가하고 있음에도 폭력 범죄 발생 건수가 계속 증가하는 것은 게임 산업이 아이들의 삶에 폭력의 씨앗을 뿌려놓고 그 씨앗이 폭력과 범죄라는 열매로 수확되기 때문이라고 말했다. 군대에서는 심리적 조건 형성 훈련을 통해 (대부분의 사회 구성원에게 깃든) 군인들이 같은 인간을 죽이는 짓을 혐오하도록 만드는 선천적 안전장치를 꺼버리도록 훈련 시킨다. 그런데 게임 산업이 게임 이용자에게 군대에서 가르치는 똑같은 기술을 무차별적으로 적용한다는 것이다. 그는 군인이 받는 훈련과 게임 플레이어 간의 차이는, 군인은 살인 훈련을 받는 동시에 엄격한 규율도 습득시켜 승인받지 않거나 불법적 살인을 저지르지 못하도록 강제하지만 게임 플레이어는 그렇지 않다고 설명했다.231

> 비디오 게임이 아이들에게 무엇을 가르치고 있는지 온전히 파악할 필요가 있다. 아이들은 입을 딱 벌린 채 굉장한 열의에 차서 게임방의 기관총 뒤, 화면에서 튀어 오르는 전자 표적을 맞히려는 총기 뒤에 딱 버티고 서 있다. 아이들이 방아쇠를 당기면 총기는 이들의 손에서 덜커덩 소리를 내며 큰 총소리를 울린다. 아이들이 쏘아야 할 〈적〉을 맞히면 적의 형상이 바닥에 쓰러진다. 대개 고통의 비명 소리가 들리고 살점들이 공중으로 날아간다. 그다음 게임 사용자는 점수를 받는다. 과제를 훌륭하게 수행해 낸 데 대한 보상이다.
>
> [Grossman, Paulsen, & Miserany (2016). Assassination Generation, p81]

폭력적 게임에 빠진 뇌

미디어를 통해 수위 높은 폭력을 목격할 때 아이들의 뇌는 보통 아이들의 뇌와 다르게 작동한다. 겉으로는 똑같아 보여도 이들의 뇌 회로는 다르게 움직인다. 우리의 뇌는 화가 나거나 공포를 느낄 때 전뇌

(forebrain) 사고를 멈추고 중뇌(midbrain)로 사고한다. 전뇌는 우리의 생각과 행동, 감정을 결정하는 중요한 뇌의 부분으로, 우리의 사고, 문제 해결, 기억, 학습, 감정, 언어와 같은 복잡한 인지 기능을 맡고 있다. 따라서 우리가 일상을 정상적으로 처리하는 데 많은 도움을 준다.[232] 전뇌와 연결된 중뇌는 우리의 시각과 청각 정보를 처리하는 중요한 기능을 수행하는데, 이러한 기능들은 우리가 세상을 인지하고 반응하는 데 필요한 본능적인 행동을 조절하는 데 중요한 역할을 한다. 이러한 중뇌는 척추동물의 뇌와 구별되지 않는 뇌의 부위로서 중뇌로 사고하는 사람은 공포를 느낄 때 제정신을 잃고 합리적 사유나 이성적 추론을 하지 못한다.[233]

폭력적 게임은 아이들의 뇌에 폭력적 이미지를 쏟아붓고 있다. 이로 인해 아이들의 감각은 예민해지고, 중추신경계로 혈류의 공급이 증가하게 되는 등 스트레스를 받게 되고 결과적으로 투쟁-도피(fight-flight) 호르몬의 방출을 촉진한다. 이들의 뇌는 실제 위기 상황에서 반응하는 생존 모드로 변하면서 전뇌는 닫히고, 중뇌가 이를 대신한다. 뇌 스캔 사진에서 중뇌의 활동이 활발해진 것이 이를 증명한다. 한 실험연구에서 단순하고 논리적이며 예측과 관련된 추론 과제를 부여받았을 때 건강한 아이들은 과제를 받자마자 합리적 사고를 돕는 좌뇌가 활발하게 움직였다. 그러나 폭력적 게임을 한 아이들은 좌뇌의 논리 중추가 거의 작동하지 않았다. 폭력적 게임을 하면서 내보낸 투쟁-도피 호르몬이 아이들의 뇌에 강력한 영향을 미친 것이다.

게임 중독에 빠진 청소년의 뇌 상태는 어떨까? 미디어 폭력에 과다 노출된 아이들과 그렇지 않은 아이들의 뇌를 fMRI(기능적 자기공명영상)를 이용하여 검사해 보았다. fMRI는 혈류와 관련된 변화를 감지하여 뇌 활동을 측정하는 기술로, 뇌의 특정 부위가 사용될 때 그 영역으로 가는 혈류의 양도 함께 증가한다는 점을 이용해 특정 부위의 신경이 활성화되었는지를 파악하는 기술이다. 연구 결과, 미디어 폭력에 과다 노출된 아이들의 뇌는 그렇지 않은 아이들의 뇌에 비해 활성도가 상당히 떨어졌다. 그러나 미디어 폭력에 덜 노출된 아이들의 뇌는 미래를 내다보고 결과를 저울질하며 결정을 내리는 문제에서 논리 중추를 활발히 사용했다.[234] 게임 중독자의 뇌를 PET(양전자 방사 단층촬영)로 찍어보니 일반 청소년의 뇌보다 시각 정보처리 영역의 활성도가 크게 떨어졌다. 장기간 과도한 자극에 노출된 경우, 게임처럼 강한 자극이 없을 때 뇌의 활성이 매우 떨어진다는 것이다. 너무 강한 자극에 오랜 시간 노출되면 일상에서 이루어지는 일반 자극에는 반응을 보이지 않는 것이다. 일반 자극은 책을 보거나 다른 사람과 대화한다거나 할 때를 말한다. 게임 중독자의 뇌는 알코올 중독자나 마약 중독자의 뇌의 회로와도 매우 유사했다.[235]

폭력적인 게임과 비폭력적인 게임을 하는 사람들의 공격성은 어떠한 차이를 보일까? 대학생 남성을 대상으로 한 연구가 있다. 참가자들을 2개의 그룹에 무작위로 배치한 후에 한 집단에는 다양한 무기를 사용하며 많은 인명을 살상해야 하는 1인칭 슈팅 게임을 하게 했고, 또 다른 집단에는 무기나 공격성을 배제한 퍼즐 게임을 하게 했다. 슈팅 게임은 플레이어가 죽인 인명 수에 따라 진행 여부가 달라지므로 게임을 계속하기 위해서는 지속적이고 노골적인 공격성이 필요했다. 퍼즐 게임은 비폭력 게임이지만 사전 분석 결과, 슈팅 게임의 플레이어만큼이나 흥미롭고 어렵고, 속도감 있게 진행되었다고 응답했고 생리적 각성 결과도 유사한 수준이었다. 게임을 한 후에 이들에게 또 다른 게임을 하게 했다. 두 사람이 하는 게임으로, 게임에 참여한 사람들은 헤드폰을 끼고 있고 거기서 소리가 나면 상대보다 빨리 반응해야 이기는 게임이었다. 상대보다 자판을 빨리 누르면 화면에 커다랗게 '승리'라는 글자가 나타날 것이고, 상대보다 느리게 누르면 '패배'라는 글자와 함께 벌칙을 받게 된다. 벌칙은 참가자들이 매번 경기 전에 자신이 이겼을 때 상대의 헤드폰에 울리는 소음의 강도와 지속 시간을 정했다. 소음의 강도 범위는 무음에서 최대 105 데시벨(dB)이고, 지속 시간은 0.25초에서 2.5초 범위에서 설정할 수 있다. 최대 소음은 자동차 경적과 동일 크기의 소리로 매우 시끄럽다. 폭력적 게임을 한 참가자들이 비폭력 게임을 한 참가자들보다 높은 공격성을 보였다. 이들은 상대방에 대한 벌칙의 강도 및 지속 시간을 높게 설정했다. 또 평상시 폭력적 게임의 노출 정도(VVE, video game violence exposure)가 높은 사람들은 슈팅 게임뿐 아니라 퍼즐 게임을 한 경우에도 상대에게 높은 수준의 벌칙을 설정했다. VVE가 낮은 사람들의 경우 게임의 유형에 따라 공격성이 크게 달라졌다. 이들은 폭력적 게임을 했을 때만 상대에게 더 공격적으로 벌칙을 부과했다. 평상시 폭력적 게임에 많이 노출된 사람들은 상대의 반응을 적대적으로 인식했으나 폭력적 게임에 덜 노출된 사람들은 폭력적 게임을 한 후에만 상대의 반응을 적대적으로 인식했다.236

그림 5.1 비디오 게임 유형이 공격성에 미치는 정도

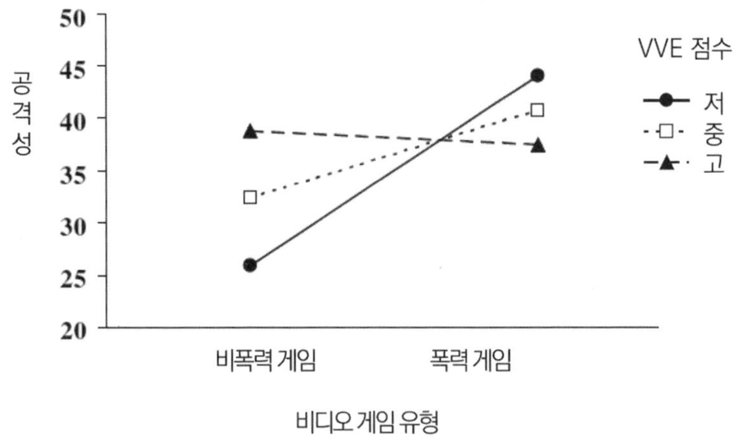

Bartholow, B. D., & Sestir, M. A., & Davis, E. B. (2005). p1581

게임의 3중 타격

핍진성(verisimilitude)은 허구의 세계에서 현실을 충실히 반영하는 정도나 질을 의미한다. 영화에서 폭력과 죽음을 묘사하는 정도가 더 사실적으로 진보하면서 게임 역시 같은 전철을 밟고 있다. 게임 속 핍진성은 사실성(reality)과 유사하다. 기술의 발달로 실재 세계를 축소하거나 재현하는 거울 세계(Mirror world), 실재 세계(actual world)를 기반으로 유사 현실의 일부 요소를 부수적으로 확장하는 형태의 증강현실(Augmented Reality)은 게임의 핍진성을 제대로 구현할 수 있는 기술이다.

게임이 얼마나 사실적인 묘사를 해내는가의 정도와 게임의 폭력성 간에는 직접적 관계가 있다. 전투 훈련에서는 이것을 시뮬레이션 충실도라고 부른다. 시뮬레이션 충실도는 군인들이 훈련을 효과적으로 수행하는 데 매우 중요하다. 실제 군대에서 군인들을 공격 시뮬레이션 게임에 참여시켜 실제 전투에서 공격할 수 있도록 준비시키는 경우가 많다는 것이 이를 증명한다. 생생한 그래픽과 뛰어난 음향, 그리고 매우 현실적인 가상 환경까지 초현실적일 정도로 현실을 충실히 재현한 게임에서 플레이어는 킬러가 되어 주변에서 튀어나오는 적들을 향해 총을 발사하거나 검을 쥐고 적을 베거나 찌른다. 적을 죽여 승리를 거둔 플레이어는 게임 세계를 완전히 파악하고 통제하고 있는 듯한 에너지가 솟구치는 느낌을 받는다.

대중적으로 인기 높은 게임은 대부분 총기 등의 무기를 포함한다. 〈콜 오브 듀티〉 같은 슈팅 게임의 제조업체들은 플레이어의 몰입을 높이기 위해 매우 사실적인 총기 컨트롤러를 설계하는 데 집중하고 있다. 무기 효과(the weapons effect)에 따르면, 사람들은 무기나 무기 그림을 접하기만 해도 공격성이 증가한다. 특히 화가 난 사람들에게 무기의 유무는 공격적 반응을 유발한다는 것이다.[237] 게임 연구자들은 무기 효과가 TV나 영화보다 게임이 더 우려스럽다고 주장한다. 게임 속에서 무기는 매우 반복적이고 광범위하게 노출되기 때문이다. 총기의 경우, 지난 50년간 50건 이상의 연구 결과에서 무기 효과에 대한 지지가 발견되었다.[238] 화면에서 사용하는 총, 혹은 총의 사진만으로 무기 효과가 존재한다면, 실제 폭력적인 슈팅 게임을 하면서 사실적인 형태의 건 컨트롤러(gun controller)의 사용은 공격성을 더 높일 수 있을 것이다. 영화에서 총기 폭력에 대한 노출만으로도 공격성을 증가시키는 것을 고려할 때 1인칭 슈팅 게임은 게임 속 폭력을 바라보면서 폭력적인 게임을 하기 위해 실제 총과 유사한 건컨을 사용하는 것이므로 그야말로 무기의 3중 타격(triple whammy) 효과로 나타날 수 있다.

멘탈 모델(Mental model)은 현실 세계 혹은 가상의 세계에서 존재할 수 있는 상황에 대한 인지적 표현이다. 실제 사건(예: 운전)과 가상의 사건(예: 좀비 세계에서 생존)을 모두 포함하며 개인적, 사회적, 매개적 경험을 통해 형성된다. 슈팅 게임을 해본 사람은 총을 어떻게 사용하는지 이해하게 되고, 자동차 게임을 해본 사람은 운전에 대해 이해할 수 있다. 게임이 공항을 배경으로 이루어지고, 미션이 비행기에 탑승하는 것이라면, 공항에 가봤던 이전의 실제 경험은 환경을 효과적으로 탐색하는 데 도움이 될 수 있다. 또 가상 비행 시뮬레이터를 해본 이전 경험은 현실에서 비행기를 조종하는 데 유용할 수 있다. 이처럼 우리는 빠르고 효과적인 결정을 내릴 때 도움이 되는 특정 멘탈 모델에 의존하기 쉽다.239

예전에 게임을 하기 위해 사용하던 버튼이나 조이스틱 컨트롤러를 떠올려 보자. 이전 컨트롤러는 게임을 하는 플레이어의 행동과 관련성이 거의 없었다. 가령, 키보드에서 A를 누르면 점프가 되고, ↑를 누르면 가속이 되었다. 이로 인해 실제 행동에 대한 사용자의 멘탈 모델과 게임에서 수행되는 행동 간에 큰 차이가 발생했다. 이러한 격차는 잠재적으로 플레이어의 상호작용을 늦추고, 퍼포먼스에 영향을 미치며, 몰입을 방해하는 장애물이었다. 반대로, 플레이어가 총을 쏘기 위해 실제 총기와 유사한 모양의 건컨을 쓰거나 운전하기 위해 핸들 컨트롤러를 사용하는 것, 현실 세계의 행동(즉, 라켓을 휘두르고 펀치를 가하는 것)을 통해 가상 세계와 상호 작용하는 것은 현실 세계와 게임 세계 사이의 간격을 메울 수 있다. 이는 플레이어의 재미와 몰입은 물론이고 공격성도 증가시킬 수 있다.

폭력적인 게임을 할 때 플레이어들이 실제 총기와 유사한 건컨을 쥐고 인간 목표물을 향해 발사할 때 이들의 공격성은 어떻게 나타날까? 맥글로인(McGloin)과 동료들은 미국 대학생을 대상으로 흥미로운 연구를 진행했다. 연구자들은 건컨의 현실 유사성 정도를 구분해 2개 집단으로 무작위로 할당했다. 한 개 집단은 실제 총을 쏠 때 움직이는 동작과 같은 건컨 조건(현실감이 높은 조건)에 배치했고, 다른 집단은 조이스틱의 조건(현실감이 높지 않은 조건)에 배치했다. 참가자들은 건컨을 손에 쥐고 움직이는 방아쇠를 당겨 목표물을 향해 발사하는 1인칭 슈팅 게임을 12분간 했다. 그런 후에 참가자들에게 50개의 불완전한 단어를 제공하고 2분 안에 누락된 글자를 최대한 빨리 작성하도록 요청했다. 예를 들어 ki__는 kiss, kick 또는 kill로 완성할 수 있다. 연구자들은 참가자가 작성한 단어를 폭력적(예: kick 또는 kill) 또는 비폭력적(예: kiss)으로 구분해 코딩했다. 결과는 어땠을까? 모두의 예상대로 실제 총과 유사한 건컨을 들고 게임을 한 집단이 그렇지 않은 집단보다 공격성이 높았다. 무기 효과가 나타난 것이다. 현실적인 건 컨트롤러를 사용하는 것과 공격성 사이에서 발견된 효과의 크기는 폭력적 게임과 공격성 간 관계를 탐구한 메타 연구에서 보고한 효과 크기의 두 배에 해당할 정도로 높았다.[240] 이는 폭력적 게임의 무기가 갈수록 사실적으로 발전하는 데 따른 우려스러운 결과이다. 물론 이 연구는 실제 현실의 공격적 행동이 아닌 인지적 공격성을 측정했다. 인지적 공격성은 현재 또는 미래의 행동적 공격성에 관한 측정치는 아니다. 그러나 관련 연구자들은 인지적 공격성이 장기적으로 볼 때 공격적 행동 변화를 예측할 수 있는 유용한 변수라고 본다.[241] 반복적으로 활성화되는 공격적 사고

(Aggressive thoughts)는 사람의 성격과 행동을 공격적으로 변화할 수 있기 때문이다.

피로 물든 안경으로 보는 세상

미디어 연구자들은 사람을 공격하고 무참히 죽이는 롤플레잉 게임(RPG: Role-Playing Game)이나 슈팅 게임을 하면서 청소년들이 무엇을 배울지에 대해 우려한다. 사람들은 게임이 즉각적인 피드백과 보상이 주는 즐거움, 게임 세계를 완전히 파악하고 통제하고 있는 듯한 느낌, 다른 플레이어와의 협력에서 오는 사회적 유대감 등을 느낄 수 있어서 좋다고 한다. 그래서 폭력적 게임을 좋아하는 학생들은 게임의 부정적 영향에 대해 반박하고 싶을 수도 있다. 그런 사람들의 논리는 아마도 이럴 것이다. '흡연자가 모두 폐암으로 죽는 건 아니다.', '학대받고 자란 아이들이 모두 학대하는 성인이 되는 건 아니다.', '나는 게임을 무척이나 좋아하지만, 전혀 공격적이지 않다'라고 말이다. 그래서 게임 연구자들은 과학적 연구 결과로 이를 증명하려고 노력해 왔다. 총기 난사범 한 사람이 폭력적 게임을 즐겨 했다고 해서 폭력적 게임이 공격성을 유발한다고 주장하긴 어려우니 말이다. 전 세계에서 폭력적 게임이 미치는 영향을 조사한 연구는 어림잡아 천여 개가 될 것이고, 그 연구에 참여한 사람들은 족히 수십만 명이 될 것이다. 이러한 연구 결과들은 폭력적 게임의 부정적 영향을 지적하고 있다. 폭력적 게임이 해를 주는 대상은 폭넓다. 드라마나 영화와 달리 아동, 청소년을 비롯해 20대 성인도 해당한다. 게임의 부정적 효과의 크기는 일관된 결과를 보이지는 않는다. 어떤 연구에서는 유의한 효과 수치가 높게 나타나기도 하고, 어떤 연구에서는 그 효과 수치가 낮다. 그러나 분명한 것은 폭력적 게임을 많이 하는 사람들은 그렇지 않은 사람들보다 높은 공격성을 보였다는 점이다.

게임 연구를 오래 해온 연구자 중 한 사람인 젠타일 박사와 그의 동료 앤더슨은 폭력적 게임이 다른 폭력적 미디어에 노출되는 것보다 훨씬 더 해롭다고 말한다. 플레이어가 게임 속에서 폭력을 일삼는 캐릭터와 자신을 동일시하고 그 캐릭터의 임무를 수행하기 때문이다. 플레이어는 이야기의 진행에 따라 레벨이라는 단계를 올리며 캐릭터를 성장시키고 게임 속 다른 캐릭터들과 대화하거나 임무를 맡아 해결해 나간다. 이는 수동적으로 폭력을 지켜보는 것이 아니라 능동적으로 폭력의 모든 단계에 참여한다는 의미이다. 피해자를 선택하고, 무기와 탄약을 획득하고, 피해자를 따라다니며 무기를 겨누고, 방아쇠를 당기는 모든 단계에 능동적으로 참여하게 된다. 폭력적 영화나 포르노 시청을 통해서도 공격적이고 폭력적인 행동들을 모방할 수 있어 위험하다. 그러나 폭력적 게임은 공격적이고 폭력적인 행동들을 직접 '실행'한다는 데 큰 차이가 있다. 머리로 익힌 것은 금방 까먹지만 직접 몸으로 익힌 것은 절대 잊어버리지 않는 이치다.

학자들은 폭력적 게임을 반복적으로 하는 사람들은 피로 물든 안경으로 세상을 바라보는 것과 같다고 경고한다. 첫째, 폭력적 게임에 오랜 시간 노출된 사람은 공격적 사고가 증가할 수 있기 때문이다. 가령 추돌 사고를 당한 차를 보여주고 왜 이런 사고가 났을지 생각해 보라고 해보자. 폭력적 게임을 즐겨한 사람들은 상대 차 운전자에게 '욕설했거나', '창문을 발로 걷어찼거나', '싸움을 걸어와서' 등의 공격적 반응 때문에 사고를 당했을 거라고 말한다. 놀랍게도 이들이 떠올린 생각은 게임에서 쉽게 볼 수 있는 상황이다. 둘째, 공격적 느낌이 증가하기 때문이다. 적대감, 분노, 복수심을 포함한 공격적 감정이 증가하게 된다. 셋째, 폭력에 습관적으로 노출되면서 폭력에 둔감하게 반응하기 때문이다. 폭력적 게임을 자주 하는 사람들의 두뇌는 부정적 이미지에 덜 강하게 반응한다. 그래서 웬만한 폭력에는 꿈적도 하지 않게 된다. 넷째, 공격적 행동이 증가하기 때문이다. 폭력적 게임을 많이 한 아이들의 놀이 형태는 매우 공격적이다. 그래서 공격적 행동을 저지하는 교사와도 언쟁을 더 많이 벌인다. 다섯째, 무기를 소지할 가능성 또한 증가하기 때문이다. 총기를 소유할 수 있는 미국의 경우, 9~18세 아동 청소년을 대상으로 한 종단 연구에서 제3의 다른 변인을 통제하더라도 1년 전에 폭력적 게임을 많이 했던 아이들이 현재 학교에 무기를 가지고 다닐 가능성이 그렇지 않은 아이들에 비해 5배나 더 높았다. 여섯째, 자기 통제적 행동은 줄고 반사회적 행동은 높아질 수 있기 때문이다. 한 연구에서 폭력적 게임을 한 학생들은 폭력적 게임을 하지 않은 학생들에 비해 옆에 놓아둔 m&m 초콜릿을 4배 더 많이 먹었다. 또 폭력적 게임을 많이 한 청소년들이 절도, 재물손괴, 마약 판매를 할 가능성이 더 높았다. 일곱째, 친사회적 행동이 감소할 수 있어서다. 이들은 타인에 대한 공감 능력과 도움 행동이 현저히 줄었다. 학생들을 두 그룹으로 나누어 폭력적 게임과 비폭력적 게임을 하도록 무선 할당을 한 뒤 게임을 하게 했다. 이들이 한참 게임을 하는 도중에 방 밖에서는 시끄러운 다툼 소리가 났고 한 사람이 발목을 삐어서 고통스럽게 바닥을 뒹구는 소리가 났다. 폭력적 게임을 하던 학생들은 도움이 필요한 사람을 도와주기까지 평균 1분이 넘는 시간이 걸렸다. 이것은 비폭력적 게임을 하던 학생들보다 4배나 더 걸린 시간이었다. 비폭력적 게임을 하던 아이들은 아픔을 호소하는 소리를 듣고 바로 방 밖으로 나와 도왔지만, 폭력적 게임을 하던 아이들은 계속 게임을 이어가다가 1분이나 지난 시점에 나가본다는 것이다. 실제로 매일 밤 폭력적 게임을 하는 사람이라면 앞서 열거한 내용이 전혀 놀랍지 않을 것이다.[242]

✎ 생각해 보기

1. 폭력적 비디오 게임을 3일 연속으로 했던 사람들의 공격성은 어떻게 나타날까?
2. 젠타일은 학습된 폭력을 피아노 연습에 비유했다. 이에 대해 설명해 보라.
3. 손다이크의 '효과의 법칙'에 대해 설명해 보라.
4. 고전적 조건화 관점에서 미디어 폭력을 통해 어떻게 학습이 이루어지는지 설명해 보라.
5. 게임 중독에 빠진 청소년의 뇌는 어떻게 작동할까?
6. 폭력적인 게임을 할 때 플레이어들이 실제 총기와 유사한 건컨을 쥐고 인간 목표물을 향해 발사할 때 이들의 공격성은 어떻게 나타날까?
7. 연구자들은 폭력적 게임을 반복적으로 하는 사람들은 피로 물든 안경으로 세상을 바라보는 것과 같다고 경고한다. 왜 그런지 설명해 보라.

6장
효과이론과 내용분석

내용분석은 최초 연구가 1743년에 이루어졌을 정도로 오래된 연구 방법의 하나이다. 이후 미디어가 제공하는 상징과 메시지를 밝히기 위해 수많은 미디어 연구자들이 내용분석 연구를 수행했다. 내용분석의 장점은 연구 대상이 어떤 동향을 보이는지를 규명하는 데 있다. 거브너는 매년 TV의 폭력지수를 조사했는데 그 결과, 주 시청 시간대의 드라마 속에 살인과 강간, 약탈 등과 같은 폭력 범죄가 시간당 최소 5건이 포함되었고, 어린아이들이 보는 드라마에는 시간당 평균 20건의 폭력이 묘사되고 있었으며 드라마 속 폭력의 묘사 수준이 해가 바뀌어도 거의 변하지 않았다고 보고했다.

미디어 효과 | 마법의 탄환이론 | 문화계발이론 | 비열한 세계 증후군 | 관찰학습 | 인지점화이론 | 내용분석 | 내용분석의 절차 | 내용분석의 결과와 해석

6장 효과이론과 내용분석

미디어 효과

미디어 이론은 보통 효과이론이라고 한다. 미디어가 개인이나 집단, 그리고 사회 전체에 어떤 영향을 미치는지 그 효과를 탐구함으로써 미디어와 인간 간의 관련성을 이해하는 데 그 목적을 두기 때문이다. 그래서 미디어가 이용자에게 어떠한 영향을 미치는지 밝히는 효과 영역은 미디어 연구의 중심에 있다. 미디어 효과는 원론적으로 볼 때 '미디어가 이용자에게 일으키는 모든 변화, 혹은 의도 여부와 관계없이 미디어가 발생시킨 결과'로 정의할 수 있다. 그러나 이러한 정의는 너무 광범위하기에 미디어의 이용과 직접적으로 관련되지 않은 요인까지 포함할 수 있다. 가령, "TV를 많이 보는 아동일수록 살이 더 찔 수 있다."라는 가설을 미디어 효과로 볼 수 있을까? 일견 맞는 주장처럼 보이지만 그렇지 않다. TV 시청보다 운동 부족이나 칼로리 소모 부족으로 인한 설명이 더 적절하기 때문이다. 그럼 "TV 시청 시간이 적을수록 학생들의 학업성적이 더 우수할 것이다."라는 건 어떨까? 이것 역시 미디어 효과로 볼 수 없다. 실제 아이들의 성적에 직접적인 영향을 주는 것은 부모의 일관된 교육방식이라고 볼 수 있기 때문이다. 그럼 어떤 경우를 미디어 효과로 볼 수 있을까? BBC가 영국 리버풀대학 연구진들의 실험 결과를 소개한 적이 있다. '먹는 방송'을 많이 보는 사람일수록 살이 더 찐다는 것이다. 주로 고칼로리의 음식을 먹는 방송을 보는 사람들일수록 먹방을 보지 않는 사람들보다 더 많은 양의 음식을 먹었다는 것이다. 이처럼 먹방 콘텐츠가 이용자의 식욕을 자극해 평소보다 더 많은 음식을 섭취하게 되었다면 이것이 바로 미디어 효과로 볼 수 있다. 그러므로 미디어 효과를 미디어가 이용자에게 일으키는 모든 변화라는 방식으로 광범위하게 인식하기보다 좀 더 제한된 범위에서 정의할 필요가 있다. 따라서 미디어 효과는 "특정 미디어(콘텐츠)의 직접적인 노출의 결과로 개인 혹은 사회에 발생시킨 변화"로 이해하는 것이 옳다.

미디어 효과는 개인적 차원의 효과와 사회적 차원의 효과로 구분할 수 있다. 개인적 차원의 효과는 미디어 이용의 결과가 개인에게 발생하는 효과이고, 사회적 차원의 효과는 사회제도나 문화, 생활 등에 미치는 거시적 효과를 말한다. 즉, 미디어 이용은 개인을 변화시키는 데서 그치는 것이 아니라 사회 전체와 문화에도 영향을 미칠 수 있다. 가령 월드컵이나 올림픽과 같은 스포츠 이벤트의 중계는 단순히 개인적 재미 차원에서 벗어나 국민을 통합하는 데 도움을 준다. 한일전과 같은 국가 대항전에서 한국팀이 이겼을 때 우리가 모르는 사람들과도 스스럼없이 얼싸안고 기뻐하는 것처럼 말이다. 또 우리가 즐겨보는 영화도 사회적 차원에서 영향을 줄 수 있다. 가령 〈살인의 추억〉(2003)은 570만 명의 관객을 동원하며 공소시효 기간 폐지에 대한 논의에 불을 댕긴 영화이다. 또 1991년 당시 9살이던 어린이가 유괴되어 살해당한 사건이 있었는데 범인을 잡지 못한 채 2006년 공소시효가 만료되었다. 이를 모티브로 한 영화 〈그놈 목소리〉가 2007년에 개봉 후 공소시효를 연장해야 한다는 여론이 형성되었고 결국, 기존에 15년이었던 살인죄의 공소시효가 25년으로 늘어나게 되었다.[243] 2011년에는 개구리 소년 실종 사건을 영화화한 〈아이들〉이 개봉되었는데, 영화의 재미를 넘어 아동 범죄 공소시효 폐지에 대한 사회적 반향을 이끌었다.[244] 1997년에 발생한 이태원 살인사건은 미제사건이었다. 용의자 두 명 중 하나가 살인범인 건 분명하지만 그게 누군지를 특정하지 못해 둘 다 풀려난 사건이었다. 그런데 2009년에 해당 사건을 다룬 〈이태원 살인사건〉이 상영되면서 재수사 여론이 빗발쳐 사건 10년 만에 검찰 재수사가 이루어져 20년 만에 진범을 잡는 데 이바지했다. 영화 〈도가니〉 (2011)의 흥행은 소위 도가니법이라고 불리는 장애인 성폭력 관련법의 제정을 이끌었다. 과거 미국에서는 스토 부인의 〈톰 아저씨의 오두막〉이 남북전쟁과 노예제도 폐지에 영향을 미쳤다. 이러한 점을 상기할 때, 미디어의 영향은 단순히 개인 차원에만 머무르지 않는다.

1960년은 미국 대통령 선거가 있던 해였다. 닉슨과 케네디라는 걸출한 대선 후보자 간에 토론이 준비되어 있었다. 당시 미국 가정의 TV 보급률이 90%에 달했기 때문에 토론 모습을 라디오와 TV로 생중계했다. 유권자들은 대통령 선거 토론을 TV와 라디오로 들을 수 있었는데, 흥미롭게도 이들이 어떤 미디어를 경유했는지에 따라 닉슨과 케네디 후보에 대한 평가가 매우 달랐다. TV로 토론을 본 유권자들은 누가 미국의 대통령감이라고 생각했을까? 라디오를 통해 토론을 들은 유권자들은 누가 더 잘한다고 평가했을까? TV를 통해 토론을 시청한 유권자들은 케네디를 더 좋게 평가했다. 화면에 드러난 케네디의 모습이 매우 호감을 주었기 때문이다. 그는 젊고 잘생겼고, 당당하며 똑똑해 보였다. 그러나 닉슨은 진땀을 흘리며 매우 혼란스러워 보였다. 게다가 닉슨은 거뭇거뭇한 수염이 유독 화면에서 도드라지며 전체적으로 호감을 주지 못했다. TV를 통해 토론을 시청한 유권자들은 케네디가 닉슨보다 잘했다고 평가했다. 하지만 라디오를 통해 토론을 청취한 유권자는 닉슨이 케네디보다 훨씬 더 잘했다고 평가했다. 닉슨의 목소리가 깊고 권위 있어 신뢰감을 주는 반면에 케네디의 목소리는 딱히 매력이 없었다. 35대 미국 대통령은 케네디가 당선되었다. 선거인단에서 케네디는 303명, 닉슨은 219명으로 차이가 있었지만, 득표율에서 케네디와 닉슨의 차이는 10만여 표 차이에 불과했다. 이 사례는 엄밀한 조사방법론을 적용하지 않은 여론조사의 결과로써 체계적 연구라고 할 수는 없지만 같은 내용이라도 어떤 미디어를 경유하는지에 따라 사람들의 평가가 얼마나 달라질 수 있느냐를 잘 보여준다.

마법의 탄환이론

미디어의 효과를 과학적으로 밝히기 위한 연구자들의 노력은 신문이 대중매체로 자리 잡기 시작한 20세기 초부터 진행되었다. 내용분석, 서베이 연구, 종단연구, 실험연구 등의 과학적 연구 방법을 통한 결과들이 축적되었다. 신문, 라디오, 영화, 텔레비전, 인터넷 등 새로운 미디어가 등장할 때마다 그리고 각종 사회문제가 발생할 때마다 사람들은 미디어가 그 배후에 있는 양 미디어에 대한 강력한 통제를 외쳤다. 미디어의 영향력이 매우 크다는 인식 때문이었다. 1920~1940년대 중반까지 미디어가 사람들에게 직접적이고 즉각적이며 획일적으로 강력한 영향을 준다는 연구 결과들이 쏟아져 나왔다. 1927년 시카고 대학의 해롤드 라스웰(Harold Lasswell) 교수가 '탄환이론(bullet theory)'을 주창했다.[245] 미디어는 탄환을 발사하는 총이 되고, 대중은 탄환을 맞는 대상이라는 것이다. 다시 말해 미디어의 메시지가 대중에게 직접적으로 전달되고 나면 대중의 태도와 행동은 미디어가 의도한 대로 '마법'처럼 변화를 일으킨다는 것이다. 탄환이론을 피하주사이론(hypodermic needle mode)으로도 부른다. 미디어가 주삿바늘처럼 대중에게 메시지를 주입함으로써 그 효과가 직접적, 즉각적, 획일적으로 강력하게 나타난다는 의미이다. 1929~1932년 페인재단의 기금(Payne fund)으로 수행된 연구들은 당시 최신의 대중매체인 영화가 아이들에게 미치는 영향에 대해 평가할 목적으로 대규모로 진행되었다. 이들 연구 결과는 영화가 아이들에게 매우 큰 영향을 주고 있다고 보고했다.

미디어는 아이들뿐 아니라 성인에게도 매우 큰 영향을 준다. 1938년 오손 웰스(Orson Welles)가 벌인 우주전쟁(The War of the Worlds) 사건이 단적인 사례이다. 웰스는 감독, 배우, 작가, 프로듀서를 망라하는 재능 있는 사람이었다. 그는 방송에서 화성 침공이 벌어졌다고 하면 사람들이 어떤 반응을 보일지 알고 싶었다. 그는 원작 소설을 각색한 후 라디오 드라마 '머큐리 극장'을 통해 인기리에 방송하고 있었다. 드라마 방송 도중에 그는 돌연 "화성에서 침공했으니 대피하세요"라며 속보성 뉴스를 내보냈다. 약 600만 명의 사람들이 그 방송을 들었고, 170만 명의 청취자가 뉴스 속보를 믿었으며, 그중 120만 명은 겁을 먹고 피란 보따리를 싸서 길에 나섰다.[246] 당시 소동에 미국 군대까지 출동했다.[247] 이러한 사례는 미디어가 대중의 태도나 행동을 쉽게 변화시킬 정도로 강력한 영향력을 가지고 있음을 보여주었다. 이는 당시 과학연구의 조류였던 자극과 반응, 즉 수용자가 미디어라는 외부 자극에 기계적 반응을 보이는 것으로써, 당시의 수용자를 이성적 판단 능력을 갖추지 못해 미디어의 메시지를 수동적이고 무저항적으로 받아들이는 존재로 바라보았다. 이러한 정의는 당시 영화나 라디오를 이용한 각국의 선전 활동이 많은 사람에게 효력을 발휘했다는 사실에 근거한다.

문화계발이론

1963년에 케네디 대통령 암살을 비롯해 가시적 폭력 현상이 폭증하면서 미국은 사회 전반에 내재한 폭력 문화를 우려하기 시작했다. 폭력 문화에 대한 근절 방안을 모색하는 과정에서 사회문화적 가치 표현에 주도적 역할을 하는 TV를 주목하고 미디어 폭력의 효과를 입증하려는 여러 시도가 이루어졌다. 그중 하나가 펜실베이니아대학의 애넌버그 커뮤니케이션스쿨의 조지 거브너(George Gerbner)가 수행한 문화지표 프로젝트(Cultural Indicators Project, CIP)였다. 거브너는 TV가 지배하는 문화적 환경에서 성장하고 삶을 영위함으로써 나타나는 결과를 연구자가 이해하는 데 도움을 주기 위해 문화계발(cultivation)이라는 미디어 효과이론을 고안했다. 문화계발이론의 주요 요지는 인구·사회학적 속성이 같은 사람 중에서 TV를 보는 데 시간을 많이 소비하는 이용자(중시청자, heavy user)(참조: 당시 미국인의 평균 TV 시청 시간은 7시간이었다)는 시간을 적게 소비하는 이용자(경시청자, light user)보다 TV 세계에서 공통적이고 반복적으로 등장하는 메시지를 반영하는 방식으로 실제 세계를 인식할 가능성이 더 높다는 것이다. TV 시청이 세상을 보는 방법을 계발하기 때문이다.

문화지표 프로젝트는 TV 메시지에 대한 체계적인 분석과 문화계발 분석을 통해 수행되었다. 메시지 분석은 TV가 시청자에게 제시하는 세계의 특성과 경향을 파악하기 위해 1967년부터 20년간 네트워크 TV의 가을 드라마 편성 시기 중 일주일을 무작위로 골라 모든 주 시청 시간대(오후 8~11시)의 드라마를 표집했고, 토요일과 일요일에는 어린이용 드라마 편성 시간대(오전 8시~2시)의 드라마를 표집한 다음에 드라마 속에 폭력 장면이 어느 정도 분포하는지를 분석했다. 여기서 폭력 장면은 극적으로 높은 수위를 보이는 물리적 폭력 장면으로 한정한다. 가령 언어폭력이나 이유 없는 위협감, 웃음을 유발하기 위해 얼굴에 파이를 던지는 정도는 폭력 장면에 포함하지 않았다. 그러나 만화영화의 경우 딱따구리를 쫓는 코요테가 증기 롤러에 의해 납작해지거나 무적 변신 파워레인저가 적을 뭉개는 등의 물리적 폭력은 포함했다.

연구팀은 사례에 부합하는 사례를 일일이 코딩한 후에 전반적인 폭력 수준을 측정했고, 연간 지표가 놀라울 정도로 안정적이라는 사실을 발견했다. 거브너는 드라마 속 폭력의 묘사가 해가 바뀌어도 거의 변하지 않는다고 보고했다. 주 시청 시간대 프로그램의 절반 이상이 물리적 폭력을 포함하고 있었고, 주요 등장인물 중 3분의 2가 모종의 폭력에 휘말렸다. 또 시간당 정신적 외상을 줄 정도의 폭력이 최소 5건이 묘사되었다. 아동용 드라마에는 시간당 평균 20회 정도의 폭력이 무차별적으로 얼룩져 있었다. 분석 후에 거브너는 아이들이 초등학교까지 TV에서 약 8천 건의 살인사건을 보고, 고등학교를 졸업할 때쯤에는 대략 20만 건의 폭력적 죽음을 목격하고 있다고 주장했다.248

이후 거브너는 래리 그로스(Larry Gross)와 함께 문화계발 분석을 위한 방법론을 개발했다.[249] 이들은 삶과 사회의 다양한 측면(특히 폭력)에 대해 사람들이 어떠한 태도를 지니고 있는지를 묻는 설문조사를 실시했다. 가령 '당신은 일주일 이내 폭력의 희생자가 될 가능성이 얼마나 되는 것 같은가?', '밤에 혼자 길을 걷는 것에 대한 두려움은 어느 정도인가?', '경찰은 사회 안전을 위해 어느 정도로 일한다고 생각하는가?' '다른 사람을 어느 정도 신뢰하는가?' 등이다. 연구자들은 설문조사에서 TV 노출 정도에 따라 앞선 질문에 대한 응답자들이 주요 질문에 어떻게 다르게 응답하는지를 고찰하고, 다른 변인들을 통제한 상태에서 중시청자가 경시청자보다 TV 세계의 잠재적 학습 효과를 반영하는 방향으로 현실 세계를 더 인식하는지를 검증했다. 중시청자와 경시청자를 구분한 이유는 가볍게 TV를 시청하는 습관을 지닌 사람들보다 과도한 시청 습관이 있는 사람이 세상을 더 위험한 것으로 인식하고 있는지를 검증하기 위해서였다. 문화계발 연구자들은 TV 시청에 더 많은 시간을 보내는 사람이 TV가 제시하는 이미지, 가치, 묘사, 이데올로기 관점으로 실제 세계를 보는 경향이 강할 것으로 예측했고, 분석한 결과는 연구자들의 예측과 맞아떨어졌다.

폭력에 대한 현실 인식에서 중시청자와 경시청자의 응답이 매우 달랐다. 경시청자들은 일주일 이내 자신이 폭력의 희생자가 될 확률이 100분의 1이라고 응답했다. 반면에 중시청자들은 자신이 폭력에 연루될 가능성이 10분의 1이나 된다고 응답했다. 그러나 실제 통계에 따르면, 일반인이 범죄와 맞닥뜨릴 확률은 1만분의 1 정도 되었다. 실제 거리에서 강도에게 신체적 위협을 당할 가능성은 자동차 사고로 다칠 가능성보다 낮았다. 폭력 희생자가 되는 것에 대한 두려움은 성별에 관계 없이 TV

에서 보낸 시간과 정적인 상관관계가 있었다. 중시청자는 폭력에 대한 불안감과 위협의 강도가 높았다. 또 이들은 사회 구성원의 5퍼센트 정도가 범죄 행동으로 인한 법률적 처분을 받고 있을 거라고 믿고 있었다. 그러나 경시청자는 1퍼센트 정도라고 응답했다. 거브너는 중시청자가 보는 TV 속 세상에는 경찰과 판사, 그리고 정부 요원으로 가득하고, 경찰관이 거의 매일 범죄자를 향해 총을 뽑는다고 생각하지만 그것은 사실이 아니라고 설명했다. 중시청자는 경시청자보다 다른 사람의 동기에 대해 더 의심했다. 이들은 '대다수 사람은 자기 자신만을 생각한다.', '다른 사람을 대할 때는 극도로 조심해야 한다.', '다른 사람에게 당하기 전에 먼저 선수를 치는 게 낫다.'라는 진술문에 더 많이 동의했다. 문화계발 효과에 관한 메타분석 연구를 살펴보면 다양한 변인이나 인구학적 계층에 걸쳐 문화계발 차이가 안정적으로 나타나고, 많은 연구가 이론이 예측하는 방향으로 상당한 일관성을 보인다.[250]

비열한 세계 증후군

문화계발 연구자들은 사람들이 TV에 장시간 노출되면 상대적으로 비열하고 위험한 세상이라는 이미지가 계발되는 경향이 있다는 것을 발견했다. 중시청자들은 실제 세계의 모습이 아닌 TV에서 그리는 세상의 모습이 배양되어 비열한 세계관(mean world)을 갖게 된다는 것이다.[251] 문화계발이론에서 중점을 두는 계발(cultivation)은 '상(象)'을 새긴다는 의미이다. 즉 미디어에서 반복적으로 제공하는 특정 장면이나 내용을 시청자의 머릿속에 깊숙이 새긴다는 의미다. 미디어가 묘사한 가상 현실이 유사(pseudo) 현실임에도 시청자는 미디어 속의 현실을 실제 현실로 인식하는 경향이 있다. 특히 분별력이 떨어지는 아이들은 미디어 속 허구 세계와 현실 세계의 구별이 명확하지 않다. 미디어가 핍진성을 추구한다고 해도 극적 효과를 위해 완전한 사실만을 표현하기 어렵다. 그렇다 보니 시청자는 '현실(reality)'과 '현실적(realistic)'을 선명하게 구분하지 못해 미디어가 현실적으로 묘사했음에도 불구하고, 이를 현실로 인지하게 된다. 거브너는 특히 폭력적인 미디어가 아이들에게 미치는 영향을 우려했다.[252] 문화계발 연구자들은 TV가 현실에서 실제로 발생하는 범죄와 폭력을 초과해 보여주기 때문에 결국 중시청자는 실제 사회에서 발생하는 폭력보다 더 사회가 폭력적이고 위험한 곳으로 인식하여 현실에서 폭력이 난무한다고 왜곡할 수 있다.

매일 미디어를 통해 죽음과 파괴를 경험한 아이들, 매일 비디오 게임을 통해 죽음과 파괴를 일삼는 아이들은 자신이 경험한 가상의 세계가 현실 세계의 방식을 그대로 재현하고 있다는 생각에 빠지기 쉽다. 아이는 아주 일찍부터 인간이 잔인하고 비정하며, 이 세상은 온갖 폭력으로 가득하다고 생각할 수 있다. 그래서 이토록 비열한 세계에서 살아남기 위해서는 자신 또한 잔인하고 비정하며 폭력적 인간이 될 수밖에 없다고 판단할 수 있다. 반두라는 미디어 속 무분별한 폭력으로 인해 중시청자들은 비열한 세계 증후군(syndrome)을 형성하게 된다고 설명한다. 비열한 세계 증후군은 폭력적 게임의 효과를 다룬 연구에서 종종 다루는 공정한 세상의 오류(just-world fallacy) 개념과도 연관이 있다. 공정한 세상의 오류는 '사람들은 자신이 마땅히 받아야 할 벌을 받게 된다'라는 인지적 편견으로서 사회 심리학자인 멜빈 러너(Melvin J. Lerner)가 1966년에 주창한 가설이다.[253] 러너와 동료들은 72명의 여자 대학생을 대상으로 자신의 실수로 인해 동료가 피해를 보았을 때 이들이 어떤 반응을 보일지를 실험을 통해 조사했다. 연구자들은 실험 참가자들에게 말도 안 되는 음절 쌍을 10분 정도 학습하게 하고 문제를 풀게 했다. 만약 문제를 맞히면 보상으로 돈을 줄 것이고, 문제를 못 맞히면 거울 뒤의 방에 있는 사람(실험 공모자였다)이 피험자 대신 처벌(전기충격)을 받게 될 것이라고 말했다. 피험자가 문제를 틀리자, 건너편 방에는 전기충격을 받은 피해자의 고통스러워하는 소리가 들려왔다. 이때 피험자는 어떤 반응을 보였을까? 이들은 자기가 한 실수 때문에 전기충격을 받는 피해자에 대해 뜻밖의 반응을 보였다. 처음에 피험자들은 피해자가 고통을 받는 모습에 그만하게 해달라고 말했다. 그러나 연구자가 피험자에게 계속 문제를 풀어달라고 요청했고, 이후 피험자가 연거푸 문제를 틀리면서 상대에게 오랜 시간 고통을 주어야 하는 상황에 이르자 이들의 태도가 돌변했다. 이들은 피해자에게 미안해하고 그들을 안쓰러워하기는커녕 피해자에게 모든 책임을 돌리며 비난하기 시작했다.254

공정한 세상이라면 선한 행동을 한 사람은 보상받게 되고, 악한 행동을 한 사람은 처벌받게 된다. 즉 사람들은 '뿌린 대로 거두는(you reap what you sow) 세상'이 공평하고 올바른 세상이라고 생각한다. 사회 구성원은 대개 공정한 세상에 대한 신념을 가지고 있다. 이를 통해 미래를 계획하고 목표를 향해 열심히 살아가는 것이다. 공정한 세상에 대한 사람들의 신념은 행복을 유지하는 데도 큰 역할을 한다. 그러나 살다 보면 종종 세상이 공정하지 않다는 상황에 마주한다. 그럴 때 사람들은 세상이 공정하다는 자신들의 신념이 틀리지 않았다는 생각을 유지하기 위해 특별한 전략을 사용하는데, 그 전략은 합리적일 수도 있고 비합리적일 수도 있다. 예를 들어, 자신의 한계를 포함해 불의의 현실을 받아들이고, 이를 예방하기 위해 노력을 기울인다면 이것은 합리적 전략에 속한다. 그러나 'A가 피해를 본 것은 그럴 만한 이유가 있기 때문일 거야.' 혹은 'A가 당한 해악은 그간 B에게 끼친 해악의 결과물일 거야.'라는 식으로 피해자를 비난한다면 이것은 비합리적 전략에 속한다. 비합리적 전략은 공정한 세상에 대한 자신의 신념에 적합하도록 상황을 재해석하는 것이다. 미디어 속 폭력은 자칫 남들이 불행한 일을 겪는 것은 그들이 불행을 당할 만하기 때문이라는 생각을 주입할 수 있고 미디어를 이용하는 이용자, 즉 아이들로 하여금 직접 남들에게 해를 가하도록 맥락과 동기부여를 제공할 수 있다.

관찰학습

조작적 조건화(Operant Conditioning)에 따르면 학습은 개체가 특정 자극에 대해 반응하고, 또 그에 따른 보상이나 처벌을 받았을 때 이루어진다. 즉 학생 자신이 공부를 열심히 해서 좋은 성적을 받거나, 규율을 어겨서 벌을 받아봐야 행동에 변화가 생긴다. 그러나 3장에서 언급하였듯이, 1960년에 반두라는 인간의 행동은 보상이나 처벌의 조작 결과로만 볼 수 없고 상당 부분이 관찰을 통해 이루어진다고 문제를 제기했다. 그리고 그는 6세 미만의 아이들을 대상으로 보보인형 실험 결과를 제시하면서 관찰학습이 행동에 미치는 영향에 관해 설명했다. 그는 인간 행동을 설명하는 조작적 조건화의 관점은 비교적 정확하지만, 행동에 영향을 줄 수 있는 환경적 요인이 배제되어 있어 불완전하다고 보았다. 이후 반두라는 사람의 행동은 다른 사람의 행동이나 어떤 주어진 상황을 관찰하고 모방함으로써 이루어진다는 사회학습이론(social learning theory)을 주창했다.

반두라는 인간의 대다수 행동은 다른 사람의 태도, 행동, 그 행동의 결과에 대한 명확한 관찰과 모방을 통해서 학습된다며 이를 관찰학습(observational learning)으로 정의하고, 관찰학습에 모방의 범주를 포함했다. 그리고 다른 사람을 관찰할 때 자신이 잘 알지 못했던 새로운 행동이 어떻게 수행되는지에 대한 아이디어를 형성하고, 나중에 이 입력된 정보를 행동 지침으로 활용한다고 설명했다. 관찰학습은 주의집중 과정, 파지 과정, 운동재생 과정, 동기화 과정이라는 일련의 과정을 통해 이루어진다.[255] 주의집중 과정(attention process)은 모델의 행동을 주의 깊게 관찰하는 단계이다. 주의집중은 관찰자의 특성에 영향을 받는다. 관찰자가 인지능력이 높고 경험이 풍부하다거나 또 타인의 행동에 정서적으로 공감이 간다거나, 그 행동이 자신한테 편하고, 쉽고, 도움이 되는 등의 기능적 가치 판단에 따라 주의의 정도가 달라질 수 있다. 파지 과정(retention process)은 학습자가 관찰한 내용을 기억하는 단계를 말한다. 파지 과정을 기억의 단계라고 표현했으나 엄밀히 말하면 둘 간에 차이가 있다. 인간은 의식적으로 인지한 내용이든 그렇지 않은 내용이든 간에 자신이 경험을 통해 얻은 인지적 내용들을 머릿속에 저장한다. 우리는 이를 기억이라 한다. 그러나 기억한 모든 것을 재생하지 않는다. 기억한 것 중 재생하는 것을 파지라고 한다. 또 재생하지 않았을 지라도 반복 학습을 통해 기억해 둔 잠재적 효과가 나타나 학습이 쉽게 이루어진다면 이때도 파지라고 한다. 파지 과정도 주의집중 과정과 같이 관찰자의 인지능력 등의 특성에 영향을 받는다. 운동

재생 과정(motor reproduction process)은 직접 몸으로 행동하는 단계로 이때에는 신체적인 능력이 관건이 된다. 아무리 주의 깊게 관찰을 잘하고 파지를 잘한다 해도 신체적인 능력이 부족하면 그것을 행동으로 표현할 수 없다. 예를 들어 초등학교 학생은 올림픽 역도선수들의 행동을 아무리 세심하게 관찰하고 세부적인 행동을 잘 파지한다고 해도 역도선수와 같은 무거운 중량의 역기를 들 수 없다. 동기화 과정(motivational process)은 관찰한 것을 직접 행동하게 하는 요인(보상 등)이 생기는 단계이다. 우리가 관찰을 통해 어떤 행동을 할 수 있다고 해서 이유 없이 그 행동을 하는 것은 아니기 때문이다. 타인의 행동을 관찰한 후에 예상되는 결과가 긍정적이라거나 기대되는 보상과 성과가 좋다면 관찰자는 관찰한 행동을 시도해 보고 싶은 욕구가 생길 수 있다.

관찰학습을 통한 모방 행동은 4개 과정을 거칠 때 이루어진다. 그러나 언어폭력 모방은 운동재생 과정을 생략하고 단순히 주의집중, 파지, 그리고 동기화 과정만으로도 가능하기에 신체 폭력에 비해 쉽게 모방할 수 있다. 어린아이나 청소년이 미디어 속의 폭력적 어휘에 주목하고, 그 단어를 파지하고 감정적으로 그 단어를 사용하기 위한 동기가 부여된다면 모방은 쉽게 일어날 수 있다. 언어폭력은 쉽게 모방할 수 있다는 점뿐만 아니라 폭력의 무감각화를 초래할 수 있다는 측면에서도 중요하다. 어떤 말이라도 반복적으로 듣게 되면 그 말에 대한 무감각화가 발생하는데, 특히 TV 폭력과 관련된 연구들은 언어폭력을 포함한 각종 폭력에 자주 반복적으로 노출될 때, 사람들이 그러한 자극에 무감각해진다는 결과를 제시했다. 폭력의 무감각화에는 폭력의 희화화가 중요한 역할을 하는데, 폭력적인 행동이 웃음을 유발하는 코드로 쓰일 때 유머의 소재가 되어 그 유해성에 무감각해지기 때문이다. 미디어 속에 폭력적 언어가 난무하지만, 그것이 웃음의 소재로 쓰일 때 사람들은 프로그램에서 언어폭력이 사용되고 있다는 사실조차 알아차리지 못한다.

관찰학습 관점에서 볼 때, 사람들은 미디어에서 제공하는 캐릭터의 공격성을 관찰함으로써 새로운 것을 학습하고, 모방해 그들의 공격적 태도와 행동을 형성하게 된다. 여기서 새로운 것을 학습한다는 것의 의미는 전혀 모르던 것을 새롭게 배우는 것뿐 아니라, 어렴풋이 알던 것을 구체화하여 견고하게 만드는 것을 포함하며 새롭게 알게 된 것과 자신이 기존에 알고 있던 내용을 결합하여 새로운 형태로 발전시키는 것까지 포함한다. 1977년 반두라는 인간의 지식 습득은 인지적 요인뿐 아니라 주위 환경과 상호 작용하면서 영향을 미친다는 사회인지이론(social cognitive theory)을 제시했다. 이는 개인의 행동이 인지적 과정과 외부 환경이 상호작용하여 영향을 준다는 데 기초한다. 반두라는 개인의 행동 변화가 인지적 요인뿐만 아니라 개인이 속한 환경과 가족 및 사회 구성원과의 관계가 결정적인 영향을 준다고 보았다. 개인은 강화가 기대되는 환경 속 사건에는 주의를 기울이고 강화가 되지 않는 일은 무시하는 경향이 있기 때문이다.256

인지점화이론

인간의 기억은 생각, 감정, 행동 경향 등을 포괄하는 집합체로서 관념 경로와 연결되어 있는데 그것이 접촉을 일으킬 때 강하게 발현될 수 있다. 인지점화이론(cognitive priming theory)에 따르면, 미디어 속 내용이 이용자의 기억에 연관된 생각을 점화시킨다.[257] 인간의 생각 체계는 여러 개의 네트워크의 결절(node)로 구성되어 그물망처럼 서로 연결되어 저장되어 있는데, 특정 자극이 인지되면 이미 기억된 그물망의 경로를 통해서 연관된 생각들이 활성화된다. 예를 들어 '엄마'라는 단어를 보면 '따뜻함', '집밥', '잔소리' 등과 같은 단어가 떠오르는 것이 그것이다. 이에 대해 아이엔거(Iyengar)는 정보처리 기억 기반 모델(memory-based model)에 기초하여 미디어가 기억을 자극할 수 있는 자료를 제공하거나 연상하게끔 만드는 기폭제 역할을 함으로써 인지 점화 효과를 일으킨다고 설명했다.[258] 즉 수용자는 미디어를 매일 접하면서 기억의 네트워크를 형성하게 되고 미디어는 다시 이러한 기억의 네트워크를 활성화하는 역할을 담당하게 된다. 휴즈만은 TV 폭력의 관찰에 따른 공격성 효과의 매개 과정을 연구했는데, TV 폭력의 관찰은 아이들에게 폭력 행동을 학습할 수 있는 스크립트를 제공하는 것이고, 스크립트는 폭력 행동의 안내자로서 기능한다고 설명했다.[259]

같은 맥락에서 베르코비츠(Berkowitz)는 생각, 감정, 행동 경향이 기억 속에서 긴밀하게 연결된 채 작동하여 연상 네트워크(associative network)를 형성한다고 설명했다. 이는 인지 심리학에서 차용한 아이디어로서, 특정 개념이 자극될 때 네트워크 링크를 따라 특정 개념과 연결된 다른 개념들도 자연스럽게 동반 활성화된다는 것이다. 다시 말해, 한번 촉발된 특정 개념은 기억 속에서 연관된 다른 개념들에 더 쉽게 접근할 수 있다. 따라서 시청자들이 TV나 영화 속 폭력 장면을 통해 공격성을 접할 때, 의미상 연관된 다른 공격적 사고가 활성화되고, 연상 링크를 따라 감정과 행동 경향과도 연결된다. 미디어 폭력에 노출된다는 것은, 공격적인 생각, 폭력과 관련된 부정적 감정, 그리고 공격적 행동에 대한 자극으로 구성된 복합 연상을 초래할 수 있다.

베르코비치는 인지점화이론을 영화에 적용하여, 폭력적인 영화에 의해 점화된 공격적인 사고는 이와 관련된 사고들을 점화하여 결국 의미가 연관된 공격적 행동에 대한 사고까지 유발할 수 있다고 주장했다.[260] 폭력적인 영화를 본 실험 참가자가 비폭력적인 영화를 본 실험 참가자보다 공격적 단어를 더 빠르게 떠올릴 수 있는 이유다. 특히 청소년은 인지적으로 확고한 자아가 형성되지 않고 심리적으로도 감수성이 예민하다. 따라서 자신들이 접하고 느낀 바를 쉽게 행동으로 옮기는 경향이 높아 미디어에서 재현되는 폭력의 인지점화 효과는 청소년에게서 더 클 수 있다.

내용분석

내용분석(content analysis)은 미디어의 내용을 연구하는 데 효과적인 도구로서, 최초의 내용분석 연구가 1743년에 이루어졌을 정도로 오래된 연구 방법 중 하나이다. 수많은 미디어 연구자들이 미디어가 제공하는 상징과 메시지를 밝히기 위해 내용분석 연구를 수행했다. 내용분석에 대한 정의는 커린저(Kerlinger)의 정의가 대표적이다. 그는 내용분석을 변인 측정을 목적으로 메시지의 특정한 특성을 '체계적(systematic)'이고 '객관적(objective)'이며 '수량적인(quantitative)' 방식으로 커뮤니케이션을 연구하고 분석하는 방법이라고 정의했다. 여기서 체계적이라는 점은 분석 대상 내용을 명백하고 일관성 있게 규칙에 따라 선택해야 함을 의미한다. 또 객관적이라는 것은 연구자 개인의 특성이나 편견이 분석 결과에 개입해서는 안 된다는 것을 의미한다. 또 다른 연구자가 그 과정을 반복했을 때 같은 결과가 나와야 한다. 즉 변인을 분류하기 위해 사용한 조작적 정의나 규칙은 다른 연구자가 그 과정을 반복했을 경우, 똑같은 결과가 나올 수 있도록 명백하고 이해할 수 있게 제시되어야 한다. 내용분석에서 수량적이라는 것은, 그 목표가 메시지 집합을 정확히 설명할 수 있어야 함을 말한다. 수량화는 정확성을 확보하려는 연구자들에게 도움을 주기 때문이다. 예를 들어 "OTT 드라마 다수가 폭력 행동을 포함하고 있다."라는 것보다 "OTT 드라마 70%에서 시간당 폭력 행동이 3개 이상 포함되어 있다"라는 진술이 더 정확할 것이다. 분석 내용을 수량화하면 결과를 간단명료하게 제시할 수 있고, 일정한 시간 간격을 두고 측정할 때 시점 간의 결과와 비교할 수 있는 이점이 있다.

내용분석의 장점 중 하나는 오랜 기간을 두고 연구 대상이 어떤 동향을 보이는지를 규명할 수 있는 점이다. 거브너(Gerbner)는 매년 TV의 폭력지수를 조사했는데 그 결과, 사람들이 많이 보는 시청 시간대의 드라마 속에 살인과 강간, 약탈 등과 같은 폭력 범죄가 시간당 최소 5건이 포함되어 있었고, 어린아이들이 보는 드라마에는 시간당 평균 20회 정도의 폭력이 묘사되고 있었으며 드라마 속 폭력의 묘사 수준이 해가 바뀌어도 거의 변하지 않았다고 보고했다.[261] 내용분석은 미디어가 묘사한 특정 집단이나 현상, 특성을 실제 현실 세계의 표준과 비교 평가할 수도 있다. 앞서 문화계발이론에서 살펴본 대로 TV가 묘사한 폭력과 현실 세계의 폭력을 비교한 거브너와 동료들의 연구가 대표적이다. 이들은 내용분석을 통해 TV 속 폭력 메시지를 파악한 후에 이용자 연구를 수행하여 TV를 많이 시청하는 사람들이 TV가 제공한 메시지와 비슷한 삶의 태도를 형성하는지를 살펴보았다. 놀랍게도 연구자들은 TV 중시청자가 경시청자에 비해 현실 세계를 실제보다 더 위험하다고 인식하는 경향이 높다는 사실을 발견했다.

내용분석은 미디어 효과연구를 위해 선행해야 하는 연구 방법으로 많은 미디어 연구자가 사용한다. 초보 연구자들도 미디어 내용의 의문점을 해결할 때 쉽게 이용할 수 있다. 예를 들어, 청소년 범죄가 나날이 심각해지고 있다는 우려 속에서 청소년 범죄의 증가가 OTT 드라마 속 청소년 범죄와 연관이 있는 것은 아닌지 궁금한 연구자라면, 청소년 범죄를 구체적이고 직설적이며 신랄하게 조명하고 있는 OTT 드라마의 내용을 분석해 보는 것이 의구심을 해결할 수 있는 좋은 방법이다. 사회의 축소판인 학교를 배경으로 이루어지는 폭력과 범죄 드라마가 최근 들어 OTT 플랫폼에서 계속해서 등장하고 있고 국내 및 해외 이용자에게 뜨거운 반응을 얻고 있다. 많은 이들이 보고 있으니 그만큼 영향력도 높을 수 있어서다.

넷플릭스의 〈더글로리〉, 〈인간수업〉, 디즈니플러스의 〈3인칭 복수〉, 웨이브의 〈약한 영웅〉, 티빙의 〈돼지의 왕〉, 쿠팡의 〈소년시대〉 등이 모두 학교폭력과 범죄를 노골적으로 그리는 드라마이다. 웹소설이나 웹툰에서 '학원 액션물'이라는 이름으로 하나의 장르처럼 소비되던 학교폭력과 범죄 소재가 이제 드라마에서 점점 더 저변을 넓히고 있다. 학교폭력이 드라마의 주요 소재로 떠오른 건 넷플릭스 등의 OTT 플랫폼의 등장과 무관하지 않다. 그간 드라마에서 청소년의 문제는 주로 청춘 로맨스나 멜로(melodrama), 교육 문제 정도로 순화되어 다루어왔다. 그러다 보니 10대들이 겪을 수 있는 다양한 이야기들을 구체적으로 다루지 못한다는 비판에 직면해 있었다. 이는 지상파 중심의 방송 체제가 가지고 있던 소재나 표현 수위의 한계 때문이었다. 학교폭력과 같은 청소년 문제는 이미 이전부터 언론에 자주 등장할 정도로 우리 사회가 관심을 가질 사안이 되었지만, 어린아이부터 노인에 이르기까지 모든 연령대의 시청자를 대상으로 하는 지상파 중심의 방송 체제는 이러한 소재를 능동적으로 다루지 못했던 게 사실이다. 그러나 OTT 등장 이후 상황이 달라졌다. 예를 들어 〈인간수업〉, 〈소년비행〉 등의 드라마는 청소년이 주인공이지만 성매매나 마약 등 높은 수위의 이야기를 담고 있다. 똑같은 폭력이나 액션이라고 해도 10대가 주인공으로 등장하는 학원물은 가해자와 피해자 모두 청소년들이라는 사실 때문에 자극성과 몰입성이 훨씬 강하다. 또 10대이지만 드라마 속에서 일삼는 가해자의 범행은 그 어떤 범죄집단보다 잔혹하다. 〈더 글로리〉에서 가해자들은 높은 온도로 달궈진 고데와 다리미로 피해자의 온몸을 지져 살갗을 문드러지게 만든다. 〈소년심판〉에서는 가해자가 어린아이의 시신을 토막 내고 신나게 춤을 춘다. OTT라는 플랫폼이 아니면 가능할 수 없는 소재와 말초 신경을 자극하는 높은 수위의 표현들이 이들 드라마 속에 온전히 담기기 시작한 것이다.

내용분석의 절차

내용분석을 하기 위해서는 일련의 단계를 거쳐야 한다. 첫 번째는 연구 문제나 연구가설을 구체화하는 것이다. 미디어를 연구하는 다른 방법과 마찬가지로 내용분석 역시 잘 구성된 연구 문제나 가설을 토대로 실시해야 한다. 연구 문제는 기존 이론 및 연구, 현실 문제 등을 토대로 다음과 같이 설정할 수 있다.

연구 문제1 : 청소년 범죄물을 다룬 OTT 드라마에서 공격성의 특성은 어떠한가?
연구 문제2 : 청소년 범죄물을 다룬 OTT 드라마에서 가해자의 특성은 어떠한가?

이 같은 연구 문제는 드라마 속에서 공격성이 얼마나 자주 묘사되고, 여러 유형의 공격성이 어떤 맥락에서 이루어지는지를 알아보기 위함이다. 정의가 잘된 연구 문제나 가설은 분석 유목(category)을 구체적으로 만드는 데 도움을 준다. 내용분석을 위한 두 번째 단계는 분석할 모집단(universe)에 대한 적합한 조작적 정의(operational definition)를 해야 한다. 만약 연구자가 청소년 범죄 드라마의 내용분석에 관심이 있다면 청소년 범죄 드라마가 무엇을 의미하는지에 대해 정의할 수 있어야 한다. 내용분석의 모집단은 주제 영역과 연구 기간을 명시하면 기본 요건이 갖추어진다. 그 예는 다음과 같다.

이 연구는 2022년 1월 1일부터 12월 31일까지 넷플릭스 TOP 20위권까지의 인기 드라마를 연구 대상으로 한다.

세 번째 단계는 표본을 선정하는 일이다. 비교적 소규모의 양을 분석할 때는 내용 전체를 대상으로 전수조사를 수행한다. 그러나 분석하고자 하는 분량이 방대하여 전수조사가 비실용적일 때는 표본을 추출한다. 표본 크기는 어느 정도가 적절할까? 거브너와 동료들은 TV 드라마의 폭력 행동을 측정하면서 가을철 프로그램의 7일 분량을 표본으로 삼아 분석했는데, 1년을 대상으로 한 표본 분석에 견줄만한 결과를 얻었다. 리페와 동료들은 방송뉴스를 분석할 때 가장 효율적인 표본 크기를 연구한 결과, 매월 2일을 무작위로 선택하는 것이 적절하다는 것을 발견했다.[262] 그러나 분석 대상이 너무 적으면 표본의 대표성이 감소할 가능성이 커지므로 표본의 크기가 클수록 좋다. 특히 무작위로 추출할 경우, 큰 규모의 표본일수록 표본이 전형적인 유형에서 벗어날 위험이 줄어들어 좋다.

네 번째 단계는 분석 단위(unit of analysis)의 선정이다. 드라마나 영화처럼 영상의 경우 분석 단위는 인물, 행동 또는 프로그램이나 영화 전체가 될 수 있다. 분석 단위에 대한 조작적 정의는 명백하고 완전할수록 좋다. 그래야 무엇이 포함될 것인가에 대한 기준이 명확하게 제시될 수 있어서 연구자가 관찰하는데 혼란이 줄어든다. 드라마의 분석 단위는 신(a scene)도 적절하다. 신은 동일 시간, 동일 장소에서 단일 상황(situation), 액션, 대사나 사건이 나타나는 한 장면을 의미한다. 예를 들어, 주인공이 조연과 대화하는 신에서 촬영기의 각도, 위치, 촬영기법에 따라 많은 컷이 나올 수 있는데 이러한 컷들이 모여 1개 신이 된다. 보통 신은 시간과 장소가 변할 때마다 변하기 때문에 비교적 영상 미디어를 분석하는 연구자가 관찰하기 쉽다. 드라마나 영화의 폭력성을 분석할 때 하나의 폭력적 장면을 분석 단위로 삼기도 한다. 예를 들어, 미국의 〈National Television Violence Study〉에서는 가해자(pepetrator), 폭력 행동(action), 피해자(target)로 구성된 장면을 하나의 분석 단위로 삼고 이를 PAT(Pepetrator-Action-Target) 단위라고 명명했다. 구체적으로, 3개 구성 요소 중 1개 요소가 바뀔 때마다 폭력 장면이 추가되는 것이다. 이를테면, 가해자의 폭력 수단이 언어적 폭력에서 물리적 폭력으로 바뀐다거나 가해자가 A에서 B로 바뀔 때 새로운 폭력 장면으로 간주한다.

다섯 번째 단계는 분석 유목을 구성하는 일이다. 분석 유목은 분석의 기준이나 세부 항목을 말하는데, 실험이나 서베이 연구에서 사용하는 변인의 값에 해당한다. 분석 유목은 신뢰할 만하고 상호배타적(mutually exclusive)이며, 모든 경우의 수를 망라할 수 있어야 한다. 분석 유목이 명확하고 어떤 연구 문제에도 적절히 적용할 수 있게 구성되어 있다면 생산적인 연구 결과를 도출할 수 있다.[263] OTT 드라마의 공격성을 살펴보기 위한 분석 유목은 공격 유형, 가해자와 피해자의 유형, 공격자와 피해자 간의 관계, 도덕적 정당성, 공격 행동에 대한 보상과 처벌, 공격 환경 등의 항목으로 구분해 관찰할 수 있다. 공격 유형 중 신체적 공격성은 물리적 해를 가하려는 의도로 그 힘을 사용하는 것이라 정의하여 무기의 사용 유무에 따라 코딩한다. 우산으로 피해자를 때리서나 물건을 던지는 경우는 무기 사용이고 손으로 머리를 때리거나 발로 차는 경우는 무기 사용 없음에 해당한다. 언어적 공격은 말로써 직접적 폭력을 드러내는 것이다. 욕설에는 악의적 의도는 없으나 습관적으로 사용("이 새끼야" "씨X")할 때도 포함한다. 유행어나 신조어에는 속어(개아싸 등)나 은어(담탱이 등)를 포함한다. 혐오 표현은 가해자가 직접적으로 피해자를 위협하고 비하할 때를 말한다. 간접적 공격은 험담, 배제, 무시 등 대상의 자존감이나 사회적 지위를 손상하는 공격 유형이다.

최근 들어 드라마나 영화에서 도덕적 모순성을 가진 캐릭터와 자주 마주치게 된다. 겉모습은 선하고 매력적이지만 사회질서를 교란하는 행동을 서슴지 않게 범하는 캐릭터가 바로 그것이다. 또 악한 마음을 품고 행동하는 것처럼 보이지만 그 행동을 수긍할 수밖에 없는 원인을 숨기는 캐릭터도 존재한다. 미디어 연구자들은 이처럼 도덕적으로 좋은 특성과 나쁜 특성을 모두 갖춘 복잡한 인물 유형을 모호한(ambiguous) 캐릭터라고 한다.[264] 도덕적 정당성 유형은 공격성이 정당화될 수 있는 상황, 맥락(contexual)을 의미한다. 한 연구에서 공격성이 정당화될 수 있는 이유로 '자기방어'와 '타인보호'를 가장 많이 꼽았다.[265] 이에 공격에 대한 정당성은 정당방위, 선(공익)을 위한 공격, 공무집행 등으로 구분한다. 공무집행은 병사가 전장에서 조국을 위해 적을 살해하거나 경찰관이 법 집행 과정에서 불가피하게 행사할 수 있는 공격 행동을 말한다.

공격 행동에 대한 보상과 처벌을 살펴보는 것은 중요하다. 조작적 조건화를 비롯해 관찰학습까지 드라마 속 등장인물이 공격성을 표출한 후에 받게 되는 보상과 처벌 여부가 아이들의 공격성 모방에 영향을 준다고 간주하기 때문이다. 공격 행동을 보인 가해자가 명백히 처벌받지 않은 처벌의 부재는 공격 행동에 대한 보상으로 아이들이 인식할 수 있기에 모방을 촉진할 수 있다. 반대로 가해자의 공격에 피해자가 고통 받을 때, 공격 행동에 대한 아이들의 모방 가능성이 줄어들었다는 사례가 있다.[266] 이는 고통의 신호들이 동정심을 유발하고 시청자에게 폭력에 대한 사회적 규범을 상기시킴으로써 공격성을 억제한다는 가정이다. 따라서 공격적인 장면에서 가해자가 경험하는 신체적 상해나 피해자의 감정적 고통의 부재는 시청자의 억제 반응을 유발하지 못함으로써 공격성의 학습을 증가시킬 수 있다.

공격 환경은 선악 구조, 유해 요소, 유머 요소, 현실성으로 구분한다.

선과 악이 불분명하고 의리나 자존심만을 위해 폭력을 행사할 때는 선악 구조가 '없음'으로 간주한다. 유해 요소는 장면에 술이나 담배, 마약 등의 노출 여부로 판단한다. 또 유머 요소는 유머러스한 상황, 장난스러운 상황에서 공격 행동이 이루어 졌는지로 구분하며 현실성은 현실에서 일어날 수 있을 법한 방법으로 공격 행동이 제시되는지를 보고 판단한다. 연구자들은 유머러스한 맥락에서 이루어지는 신체적 공격은 시청자의 공격 행동에 대한 학습을 약화하는 데 도움이 될 수 있지만, 간접적 공격성의 경우에는 학습을 촉진할 수 있다고 주장한다. 유머가 간접적 공격성 학습을 촉진할 수 있는 이유는 유머가 시청자의 각성을 높여 공격 행동을 높일 수 있어서다.[267] 유머는 폭력의 심각성을 하찮게 인식하게 해 유사 상황에서 해도 되는 행동으로 받아들일 가능성을 높인다. 즉 유머로 인해 간접적 공격성이 미칠 수 있는 엄청난 해악을 사소하게 만들어 아이들이 시청하는 것만으로도 그러한 행동을 배울 가능성이 증가할 수 있다. 분석 유목의 예시는 다음과 같다.

1) 공격 유형
(1) 신체적 공격
① 무기 사용 ② 무기 사용 없음 ③ 혼합(무기 + 무기 사용 없음)
④ 기타 ⑤ 없음
(2) 언어적 공격
① 욕설 ② 모욕(위협/비하/조롱/비속어) ③ 혼합(욕설+혐오)
④ 습관적 욕설 ⑤ 죄책감 유발 ⑥ 기타 ⑦ 없음
(3) 간접적 공격
① 사회적 배제(무시) ② 뒷담화 ③ 재물손괴 ④ 비언어적 공격

⑤ 기타 ⑥ 없음

2) 가해자/피해자 유형

(1) 역할

① 주인공 ② 조연 ③ 기타

(2) 캐릭터

① 선역 ② 악역 ③ 모호한 ④ 기타

(3) 성별

① 남성 ② 여성 ③ 기타

(4) 국적

① 한국인 ② 조선족 ③ 탈북인/북한인 ④ 기타 동양인
⑦ 서양인 ⑧ 기타

(5) 연령

① 청소년 ② 청년 ③ 중장년 ④ 노년 ⑤ 기타

(6) 말씨

① 표준어(서울) ② 경상도 ③ 전라도 ④ 충청도 ⑤ 제주도
⑥ 강원도 ⑦ 기타 ⑧ 알 수 없음

(7) 사회경제적 지위(Socioeconomic status, SES)

① 높음 ② 보통 ③ 낮음

(8) 신체적 매력

① 매력 있음 ② 보통 ③ 매력 없음

3) 가해자와 피해자의 관계

① 가족 ② 연인 ③ 친척 ④ 친구, 선후배, 직장 동료 등
⑤ 낯선 사람 ⑧ 기타

4) 도덕적 정당성

① 정당방위 ② 선(공익)을 위한 공격 ③ 공무집행 ④ 없음

5) 고통의 명시성
① 선명하게 묘사 ② 애매 ③ 없음

6) 공격 행동에 대한 보상과 처벌
(1) 보상
① 피해자의 인정 ② 주변인의 사회적 인정 ③ 물질적 보상
④ 가해자의 자존감 증가 ⑤ 짜증 감소 ⑥ 기타 ⑦ 없음
(2) 처벌
① 피해자의 불인정 ② 주변인의 사회적 비난 ③ 복수 ④ 법적 처벌
⑤ 심리적 괴로움 ⑥ 기타 ⑦ 없음

7) 공격 환경
(1) 선악 구조
① 있음 ② 없음
(2) 유해 요소
① 있음 ② 없음
(3) 유머 요소
① 언어적 희화 ② 신체적 희화 ③ 복합(언어+신체) ④ 희화 없음
(4) 현실성
① 높음 ② 낮음

분석 단위와 분석 유목에 대한 조작적 정의가 객관적이고 치밀하게 잘 이루어졌다면 이후 단계는 코딩(coding)이다. 코딩 단계는 내용분석에서 시간이 가장 많이 걸리는 부분이다. 연구자는 분석 단위를 내용유목에 따라 코딩을 하게 되는데, 이때 엑셀 등의 스프레드 시트에 코딩하면 자료의 분석 결과를 도표화하는 데도 유용하다. 이 책을 읽는 독자가 실제 드라마나 영화 등의 영상분석을 하는 데 도움을 주기 위해 신을

분석 단위로 삼아 위에 제시한 분석 유목을 코딩한 결과를 〈표 6.1〉에 제시했다.[268] 표본은 2020년 4월 29일 공개된 넷플릭스의 〈인간수업〉을 선택했다. 해당 드라마가 공개된 후 청소년 범죄의 잔혹성을 현실적으로 다루었다는 평가와 더불어 넷플릭스 TOP 10에서 1위를 차지하는 등 국내외적으로 인기와 관심을 받았던 작품이기 때문이다.

분석 단위는 신으로 정했다. 앞서 언급한 대로 신은 동일 시간, 동일 장소에서 단일 상황, 액션, 대사나 사건이 나타나는 한 장면이다. 그러나 동일 장소라도 인물의 퇴장이나 새로운 인물이 등장함으로써 새로운 공격이 만들어졌다면 신을 구분해 분석했다. 1회차 10개 신을 위의 분석 유목을 적용하여 엑셀 스프레드 시트에 코딩했다.

표 6.1 〈인간수업〉 코딩 예시

	공격유형			가해자 유형							피해자 유형										환경			
신	신체	언어	간접	역할	성별	국적	연령	말씨	SES	매력	성별	국적	연령	말씨	SES	매력	가피	정당성	보상	처벌	선악	유해	유머	현실성
1																								
2		2		2	1	1	3	1	2	3													1	1
2		2		2	1	1	3	1	2	3	1	1	1	1	3	1	8	4	5		1	2	2	1
2		2	5	2	1	1	3	1	2	3	1	1	1	1	3	1	8	4	5		1	2	2	1
2		2		2	1	1	3	1	2	3	1	1	1	1	3	1	8	4	5		1	2	2	1
3		1		1	2	1	1	1	3	1	2	1	1	1	2	2	5	4		1		2	2	1
3		3		2	2	1	1	1	2	3	2	1	1	1	3	1	5	4	5		2	2	2	1
3		2		2	2	1	1	1	2	3	2	1	1	1	3	1	5	4	5		2	2	2	1
3		1		1	2	1	1	1	3	1							5	4	5		2	2	2	1
4		1		1	1	1	1	1	2	1	2	1	1	1	3	1	6	4			2	2	1	1
4	2	2		1	2	1	1	1	3	1	2	1	1	1	2	2	5	1	5		2	2	2	1
4	2			1	2	1	1	1	3	1	1	1	1	1	2	1	6	4	5		2	2	1	1
5																								
6																								
7																								
8	3		5	3	1	1	3	1	2	3	2	1	2	1	2	2	4	4		1	1	1	2	1
8		1	5	2	2	1	2	1	2	2	1	1	3	1	2	3	4	1		3	2	1	2	1
8		1	5	2	2	1	2	1	2	2	1	1	3	1	2	3	4	4	5		2	1	2	1
8	3			2	1	1	3	1	3	3	1	1	3	1	2	3	4	1	1		1	1	2	1
9		1		2	2	1	2	1	2	2	1	1	3	1	2	3	4	4	5		1	1	2	1
9	2			2	1	1	3	1	3	3	1	1	3	1	2	3	4	1	3		1	1	2	1
9	2	1		2	2	1	2	1	2	2	1	1	3	1	2	3	4	1		3	2	1	2	1
10	2			2	1	1	3	1	3	3	1	1	3	1	2	3	4	1	1		1	2	2	1
10	2			2	1	1	3	1	3	3	1	1	3	1	2	3	4	1	1		1	2	2	1

내용분석의 결과와 해석

내용분석의 마지막 단계는 자료를 분석한 결과를 표와 그림으로 제시하고 결과에 대한 시사점 등을 밝히는 일이다. 독자의 이해를 돕기 위해 연구 문제를 설정하고 실제 분석 결과를 제시하겠다. 이를 위해 〈인간수업〉 4회차에 해당하는 내용을 위의 분석 유목을 적용하여 코딩했다.

연구 문제 1 : 청소년 범죄물을 다룬 OTT 드라마 〈인간수업〉에서 공격성의 특성은 어떠한가?

분석 결과는 다음과 같다. 총 223분의 러닝타임 중 공격 행동이 포함된 시간은 30.56분이었다. 시간당 공격 횟수가 53회로서 약 1분당 1회씩 공격 행동이 묘사되고 있었다. 공격성의 유형은 신체적 공격이 27회(11%), 언어적 공격이 166회(67%), 간접적 공격이 56회(22%)로 언어적 공격이 가장 높은 비중을 차지했다. 신체적 공격 유형 중에는 무기 사용 없음이 20회(74%)로 가장 높았고, 언어적 공격 유형 중에는 욕설 60회(36%), 혐오 표현 50회(30%), 욕설과 혐오 표현을 함께 한 공격이 47회(28%) 순으로 높았다. 간접적 공격 유형은 비언어적 공격이 25회(44%)로 가장 높았고, 뒷담화가 13회(23%)로 뒤를 이었다〈그림 6.1〉.

그림 6.1 〈인간수업〉의 공격성 유형 특성

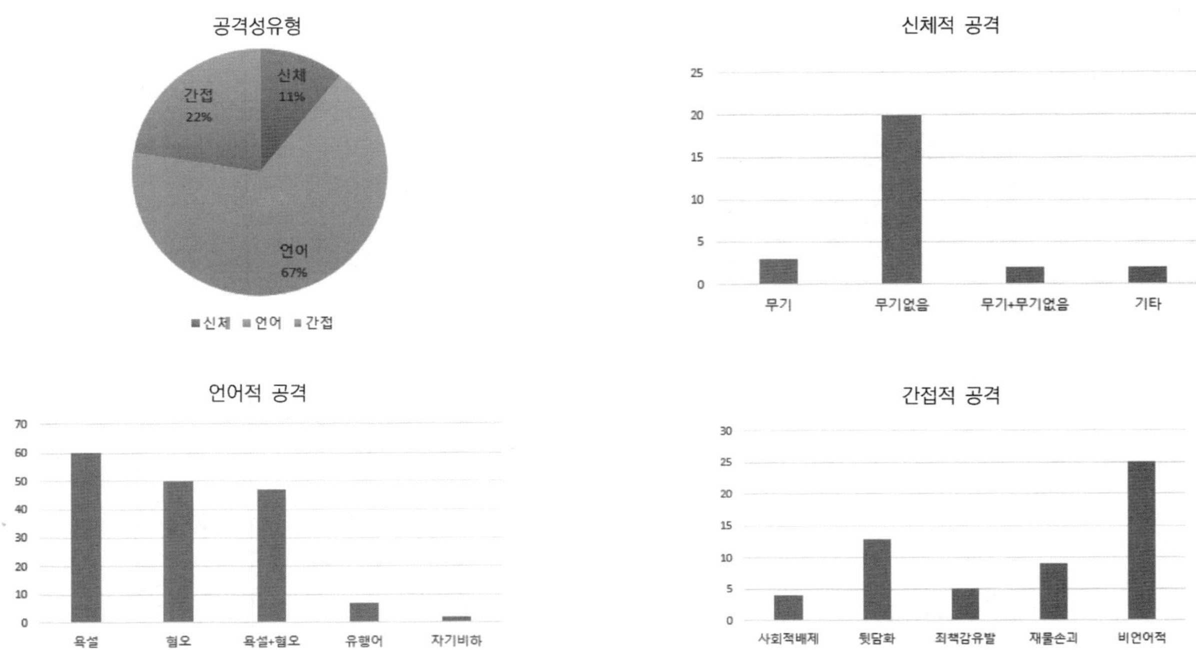

> 연구 문제 2 : 청소년 범죄물을 다룬 OTT 드라마 〈인간수업〉에서 가해자의 특성은 어떠한가?

드라마 속에 등장하는 가해자는 남성이 111회(57%), 여성이 83회(43%)로 남성이 여성보다 많았다. 남녀 구별 없이 가해자들은 언어적 공격이 남성 75회, 여성 57회로 가장 빈도가 높았다. 간접적 공격은 남성 26회, 여성 28회로 유사했고, 신체적 공격은 남성 17회, 여성 10회로 나타났다. 가해자의 극 중 역할과 사회경제적 지위(SES), 그리고 신체적 매력에 따른 공격성 유형은 어떻게 나타났을까? 드라마 속에서 가장 공격 행동이 잦았던 역할은 악역보다 모호한 역할이었다. 그리고 사회경제적 지위가 높은 역할보다 보통이거나 낮은 역할의 사람들이 더 많은 공격 행동을 보였다〈표 6.1〉. 그러나 신체적 매력의 경우에는 달랐다. 매력이 높은 역할의 사람들이 그렇지 않은 사람들에 비해 공격성이 높게 나타났다.

가해자와 피해자의 성별에 따른 공격성 유형은 어떻게 나타났을까? 〈표 6.2〉에 제시한 대로, 남성 가해자는 여성보다 남성에게 더 많은 공격을 가했고, 여성 가해자 또한 여성보다 남성에게 더 많은 공격 행동을 보였다. 가해자들은 피해자에게 언어적 공격을 가장 많이 하는 것으로 나타났다. 가해자와 피해자의 관계 가운데 신체적 공격은 낯선 사람이나 친구, 선후배, 선생님에게 가장 많이 당했고, 언어적 공격 역시 친구, 선후배, 선생님에게 압도적인 빈도로 많았다. 학원물이다 보니 친구나 사제 관계에서 이루어지는 공격 묘사가 매우 많았음을 알 수 있다. 언어적 공격성 중 사제 간에 이루어진 공격 횟수는 20회였고 그중 12회는 유머가 있는 맥락에서 이루어졌다.

그림 6.2 가해자의 신체 매력에 따른 공격성 유형

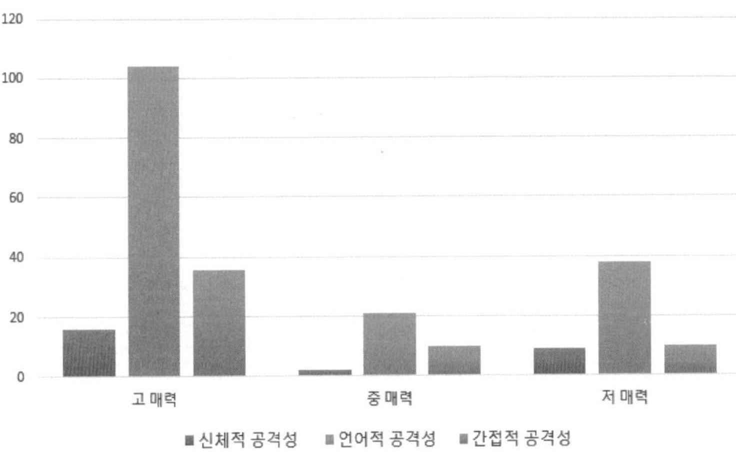

표 6.2 가해자의 역할과 SES에 따른 공격성 유형

가해자 특성		신체적 공격(%)	언어적 공격(%)	간접적 공격(%)	공격 총횟수
역할	선한	1(4%)	23(85%)	3(11%)	27(100%)
	악한	11(15%)	50(67%)	14(19%)	75(100%)
	모호한	15(10%)	90(63%)	39(27%)	144(100%)
SES	고 SES	4(12%)	21(64%)	8(24%)	33(100%)
	중 SES	12(11%)	82(72%)	20(18%)	114(100%)
	저 SES	15(10%)	90(63%)	39(27%)	144(100%)

표 6.3 가해자와 피해자의 성별 관계와 공격성 유형

가해자	피해자	신체적 공격(%)	언어적 공격(%)	간접적 공격(%)	공격 총횟수
남성	남성	11(14.5%)	51 (61.7%)	14 (18.4%)	61
	여성	6 (13.9%)	24 (55.9%)	13 (30.2%)	31
여성	남성	7 (9.8%)	40 (56.4%)	24 (33.8%)	52
	여성	3 (12.5%)	17 (70.8%)	4 (16.7%)	19

표 6.4 가해자와 피해자의 관계와 공격성 유형

관계	신체적 공격(%)	언어적 공격(%)	간접적 공격(%)
가족	3(11.1%)	8(5.7%)	4(7%)
낯선 사람	11(40.7%)	19(13.5%)	9(15.8%)
친구, 선후배, 사제	11(40.7%)	100(71.3%)	41(71.9%)
애인	1(3.7%)	10(7.1%)	
지인	1(3.7%)	3(2.1%)	3(5.2%)

표 6.5 공격성 유형에 따른 보상과 처벌 유형에 따른 공격성 유형

		신체적 공격	언어적 공격	간접적 공격
보상	피해자의 인정	4(21.4%)	6(5.5%)	2(4.2%)
	주변인의 사회적 인정			1(2.1%)
	물질적 보상	1(5.2%)	1(0.9%)	6(12.8%)
	가해자의 자존감 증가	6(31.5%)	33(30.2%)	8(17%)
	가해자의 짜증 감소	8(42.1%)	69(63.4%)	30(63.9%)
	합계	19(100%)	109(100%)	47(100%)
처벌	피해자의 불인정	2(22.2%)	16(57.1%)	4(0.4%)
	주변인의 사회적 비난	4(44.4%)	4(14.3%)	1(0.1%)
	피해자의 복수	2(22.2%)	6(21.5%)	2(0.2%)
	가해자의 심리적 괴로움	1(11.2%)	2(7.1%)	3(0.3%)
	합계	9(100%)	28(100%)	10(100%)

〈인간수업〉에서 총 198회의 공격 행동 중 보상을 받은 공격은 136회, 처벌을 받은 공격은 33회였고, 보상이나 처벌을 받지 않은 공격 행동은 29회였다. 신체적, 언어적, 간접적 공격성 등의 모든 유형에서 처벌보다 보상을 받는 묘사가 더 많았다. 특히 언어적 공격성을 가한 후 가해자의 짜증이 줄어들거나 자존감이 증가하는 방식의 보상이 자주 이루어졌다. 처벌의 경우도 역시 언어적 공격성에 대한 처벌이 가장 많이 이루어졌고, 그중에 피해자의 불인정이 가장 높았다. 그러나 전체 언어적 공격이 이루어진 166회 중 28회(17%)만이 공격 행동에 대한 처벌을 받았다. 공격성에 대한 도덕적 정당성 부분은 34개를 제외하고 모두 정

당성이 없는 공격성으로 확인되었다. 정당성 있는 공격성은 대개 타인의 신체적 공격에 대한 자기방어, 즉 정당방위에 해당했다.

지금까지 OTT 드라마 〈인간수업〉의 4회차 분량을 코딩하고 연구 문제에 해당하는 분석 결과를 제시했다. 이후에는 앞서 나온 결과 가운데 시사점과 논의가 필요한 부분, 예를 들어 기존 연구와의 공통점은 무엇이고, 차이점이 있다면 왜 그런지에 대한 논의를 추가하는 것이 바람직하다. 또 향후 필요한 연구의 아이디어를 밝혀도 좋다. 내용분석 연구에 있어서 연구자가 변인 간의 관계에 관한 연구가설을 검증하고자 한다면 그 해석은 상당히 명백할 것이다. 그러나 앞서 본 것처럼 단순히 기술적이라면 결과의 의미나 중요성에 대한 의문을 들 것이다. 예를 들어 언어적 공격에 대한 처벌이 17퍼센트였다. 이러한 수치를 적절하다고 보아야 할지 그렇지 않다고 해야 할지 궁금할 것이다. 이를 명확히 하기 위해서는 관련 문헌이나 이론의 검토를 충분히 하여 비교할 수 있는 기준을 마련하는 것이 필요하다.

내용분석은 미디어 연구자에게 여러모로 쓸모가 많은 방법론이다. 그러나 내용분석이 갖는 한계가 있다. 앞서 언급한 대로, 내용분석의 결과는 분석에 사용된 분석 유목과 조작적 정의 내로 한정된다. 무엇보다 내용분석의 결과만으로는 미디어 이용자에게 미치는 효과를 예측할 수 없다. 이를 위해서는 실험이나 서베이 등의 방법론으로 연구를 추가 진행해야 한다.

✎ 생각해 보기

1. 사회적 차원의 미디어 효과가 무엇인지 사례를 들어 설명해 보라.
2. 거브너 교수가 수행한 문화지표 프로젝트는 무엇이고, 이를 통해 어떤 이론이 주창되었는지를 설명해 보라.
3. 비열한 세계 증후군과 공정한 세상의 오류를 연결지어 설명해 보라.
4. 관찰학습을 통한 모방 행동은 4개 과정을 거칠 때 이루어진다. 이에 대해 설명해 보라.
5. 언어폭력 모방이 신체적 폭력의 모방보다 쉬운 이유가 무엇인가?
6. 미디어 속 폭력적 내용이 이용자의 기억에 연관된 생각을 점화시킨다는 이론이 무엇인지 설명해 보라.
7. 내용분석은 드라마나 영화 속에서 공격성이 얼마나 자주 묘사되고 여러 유형의 공격성이 어떤 맥락에서 이루어지는지 알아보기 위해 사용하는 연구 방법이다. 내용분석을 하기 위해서는 어떤 단계를 거쳐야 하는지를 설명해 보라.

에필로그
공격의 시대를 살아가기

방송사를 포함한 미디어 산업은 오랜 시간 동안 시청자의 알 권리를 내세워 충격적인 사건만 골라 다루면서 폭력을 팔아왔고, 폭력성의 강도는 날이 갈수록 높아지고 있다. 우리가 즐겨보는 범죄 수사물은 사건의 현실감, 과학수사의 스펙터클, 액션의 짜릿함, 권선징악의 통쾌함, 해결의 카타르시스를 위해 과도한 폭력을 남용하고 있다. 한마디로 지금의 범죄 수사물은 폭력의, 폭력에 의한, 폭력을 위한 미디어로 변질한 듯하다. 미디어 폭력은 이 책에서 다룬 드라마, 영화, 성 표현물, 게임에 한정되지 않는다. 아이들이 쉽게 이용하는 인터넷과 SNS에서는 더 잔혹하고 치명적인 폭력이 유통되고 있다.

에필로그
공격의 시대를 살아가기

욕망이 지배하는 세상

프랑스의 정신분석학자 라캉(Jacque Lacan)은 인간을 욕망의 주체로서 규정하고, 욕망이 인간을 살아가게 하는 동력이라고 보았다. 그는 욕망의 근원은 결핍이므로 인간은 늘 자신의 결핍을 채워줄 대상을 바라보며 욕망을 품는다는 것이다. 라캉의 말대로 우리는 더 좋은 성적을 얻고, 더 많은 돈을 벌며, 더 높은 지위를 얻기 위해 열심히 살아간다. 그러나 끝없이 갈망하는 과도한 욕망은 인간의 시선을 사악하게 만들고, 사악한 시선은 우리 내부의 분열적 힘의 지배를 받아 타인을 억압하는 공격성으로 분출될 수 있다.269 미디어는 지금 우리의 시선을 어디로 향하게 하고 있을까?

책을 쓰면서 저자는 우리의 일상에 미디어 폭력이 얼마나 심층적으로 편재해 있는가를 새삼 깨달았다. 방송사를 포함한 미디어 산업은 오랜 시간 동안 시청자의 알 권리를 내세워 충격적인 사건만 골라 다루면서 폭력을 팔아왔고,270 폭력성의 강도는 날이 갈수록 높아지고 있다. 누군가 폭력은 소금과 같다고 했다. 소금은 음식의 맛을 내는 데 필수적이지만 같은 음식을 계속 먹게 되면 전보다 싱겁다고 느껴 소금을 더 넣게 된다. 소금 맛에 익숙할수록 혀에 있는 미각세포의 감각이 떨어지기 때문이다. 드라마나 영화도 주어진 시간 내에 이야기를 전개해야 하는 시간적 제약으로 인해 갈등 해결을 위한 극적 방법으로 폭력을 동원하기도 한다. 우리가 즐겨보는 범죄 수사물은 사건의 현실감, 과학수사의 스펙터클, 액션의 짜릿함, 권선징악의 통쾌함, 해결의 카타르시스를 위해 과도한 폭력을 남용하고 있다. 한마디로 지금의 범죄 수사물은 폭력의, 폭력에 의한, 폭력을 위한 미디어로 변질한 듯하다. 미디어 폭력은 이 책에서 다룬 드라마, 영화, 성 표현물, 게임에 한정되지 않는다. 아이들이 쉽게 이용하는 인터넷과 SNS에서는 더 잔혹하고 치명적인 폭력이 유통되고 있다. 우리는 어떤 식으로든 미디어 폭력 속에서 살아가고 있다고 보는 것이 적절할 것 같다.

그러나 아쉽게도 오늘날 우리가 미디어 폭력물에서 완전히 벗어나는 것은 이론적으로나 현실적으로 가능할 것 같지 않다. 미디어 폭력성에 대해 비판하고 반대하고 근절을 요구해야 하지만, 폭력적 미디어 세상에 노출되어 있는 지금의 현실이 우리가 직면한 딜레마의 중요한 측면일 것이다. 미디어 폭력 바깥에 있는 것이 불가능하다면 우리가 할 수 있는 일은 과연 무엇일까? 눈 딱 감고 의도적으로 미디어 폭력에 노출되는 시간을 줄이는 노력부터 시작해 보자. 앞서 우리는 미디어 폭력에 노출될수록 우리의 공격성을 증가한다는 다양한 사례를 접했다. 이러한 결과는 폭력물의 노출을 줄일수록 인간의 공격성도 줄어들 수 있다는 가능성으로도 다가온다. 실제 그럴까? 독일에서 높은 수준의 공격성을 보이는 중학생을 대상으로 한 연구에서 그 실마리를 발견할 수 있다. 연구진들은 627명의 학생을 대상으로 두 집단으로 나누어 5주간 실험을 진행했다.[271] 두 집단의 아이들은 모두 5주간 미디어 폭력물의 사용을 할 수 없게 통제했다. 그리고 A 집단에는 미디어 폭력물에 대한 비판적 사고를 할 수 있는 시간을 가졌다. B 집단에게는 하지 않았다. 5주간의 교육을 마친 후 연구진은 이들에 대한 공격성을 7개월 후, 18개월 후, 30개월 후에 측정했다. 그 결과 두 집단 모두에게서 교육 전과 교육 후의 공격성 간에 유의미한 차이를 발견했다. 미디어 폭력물을 중단한 아이들의 신체적 공격성과 간접적 공격성이 모두 낮아진 것이다. 특히 폭력에 대한 비판적 사고를 하는 시간을 준 A 집단이 B 집단보다 공격성이 더 낮아졌다. 인간이 타고난 흉내쟁이이고, 반두라의 보보 인형 실험 결과를 상기한다면, 아이들이 미디어 속 폭력을 멀리하는 것만으로도 공격성을 낮출 수 있다는 결과는 전혀 놀랍지 않다. 폭력은 우리의 정신을 피폐하게 만든다. 반두라는 타인에게 주어지는 보상과 처벌을 보기만 해도 학습이 이루어진다고 주장했다. 타인의 폭력적인 공격성을 관람하면서 카타르시스를 느끼는 것은 아닐지, 혹은 내용을 보고 그대로 따라 하는 모방 학습을 초래하는 것은 아닐지 우려스럽다.

환경과 공격성

동물의 세계에서 공격 행동은 제 영역을 지키고 한정된 자원을 나누며 짝짓기하고 새끼를 돌보는 등 생존과 번식을 위해 쓰인다. 침팬지[272] 수컷들은 이 같은 이유로 친족을 죽이기까지 한다.[273] 그럼, 동물은 공격성이 유전적으로 프로그램되어 있을까? 오래전에 한 심리학자가 동물의 공격성이 선천적인지 아닌지를 확인하기 위해 재미있는 실험을 진행한 적이 있다.[274] 우리는 고양이가 본능적으로 쥐를 쫓고 죽일 거라는 일반적인 믿음이 있다. 아카데미에서 일곱 차례나 수상하며 작품성을 인정받았던 애니메이션 〈톰과 제리〉에서도 톰(고양이)이 허구한 날 제리(쥐)를 쫓으며 괴롭히지 않았던가? 아무튼, 그 연구자는 새끼 고양이와 쥐를 한곳에서 같이 키우며 쥐에 대한 고양이의 공격성을 관찰했다. 놀랍게도 관찰 결과는 고양이가 함께 자란 쥐에게 어떤 공격성도 보이지 않았다. 심지어 낯선 쥐에게도 뒤쫓거나 죽이지 않았다. 이 실험이 고양이의 공격성이 본능에서 비롯된 것이 아님을 입증하지는 못했지만, 환경에 따라 선천적 공격성이 수정될 수도 있다는 사실을 보여주었다.[275]

사회생물학에 따르면, 공격성을 포함한 인간의 사회적 행동은 진화 과정에서 자연선택된 유전자들에 의해 결정되고 통제된다.[276] 여기서 진화는 다수 세력이 되기 위해 벌이는 유전자 간의 치열한 경쟁을 의미한다. 〈이기적 유전자(The selfish gene)〉에 따르면 자신과 다른 유전자를 가진 생물은 정복해야 할 장애물이거나 착취해야 할 대상이다.[277] 따라서 공격적 행동은 물론이고 이타적 행동까지도 그 기저에는 이기적 동기가 깔려있다. 예를 들어, 수컷 사자의 '영아살해(infanticide)'는 제 유전자를 물려받지 않은 새끼를 일찌감치 제거함으로써 친자식에게만 유전적 투자를 효과적으로 수행하기 위한 이기적 행동이다. 행동은 사고의 결과로 일어나고 사고는 두뇌에서 나온다. 그리고 두뇌는 한 뉴런에서 다른 뉴런으로 정보를 전달하는 신경전달물질과 그것을 받아들이는 수용체로 작동한다. 이 신경전달물질과 수용체는 모두 유전자의 정보에 따라 만들어진다. 그러니 유전자가 인간의 공격성에 주요 역할을 담당한다는 사실 역시 부인하기 어렵다. 그러나 인간의 수많은 유전자 중 어느 것이 작동할지는 유전적 요인보다 환경적 요인으로 더 많이 설명할 수 있다. 앞서 살펴본 수많은 연구 결과가 제시하듯이 미디어 환경에 따른 학습 효과가 우리의 공격성을 극적으로 발현할 수 있기 때문이다. 프랑스의 철학자 에티엔 보노 드 콩디야크(Étienne Bonnot de Condillac)는 인간의 동물적 본성 자체를 모두 부정하고 인간을 환경(문화)의 산물이라고 주장했다. 인간의 사고는 일련의 감각과 기호의 습득으로 만들어진 것으로서 이는 교육이 아닌 다른 어떤 것으로 설명할 수 없다는 것이다.[278]

사회적 놀이

미디어 폭력에 노출되는 시간을 줄일 수 있는 효과적 방법으로 아이들과 몸으로 하는 놀이(play)를 해보는 것은 어떨까? 영장류처럼 큰 뇌를 가진 척추동물은 놀이 행동을 한다. 특히 어린 동물은 서로 다정히 엉켜 놀고 주변 사물을 두드리고, 차고, 밀며, 특별한 이유 없이 서로를 쫓고 점프한다. 심지어 거북이도 놀이 행동을 한다. 동물원에서는 단조로운 환경을 바꾸기 위해 종종 동물에게 새로운 사물을 제공한다. 워싱턴 동물의 사육사는 돼지얼굴거북(pigface)이 사는 공간에 오렌지 색깔의 공과 루프 등의 물건을 넣어주었는데 돼지얼굴거북이 사육사가 제공한 낯선 사물에 접근하더니 따라가고 밀고 다니는 등 놀이를 하는 것이었다.[279] 사실 돼지얼굴거북은 자기 다리나 목을 긁는 버릇이 있어서 그

부분에 자주 감염되곤 했다. 그런데 단조로운 환경에서 놀이 물품이 제공되자 개, 고양이, 침팬지도 아닌 거북이가 긁어대던 행동을 멈추고 놀이를 선택하였다. 이처럼 놀이는 동물의 자기 파괴적인 행동을 억제하는 역할도 한다.

마크 베코프(Marc Bekoff)와 존 바이어스(John Byers)는 놀이를 목적 없어 보이는(purposeless) 모든 움직임이라고 정의하고, 그러한 움직임이 다른 살아 있는 대상을 향할 때의 움직임을 사회적 놀이(social play)라고 불렀다.[280] 동물의 놀이에는 3가지 유형이 있다. 나뭇가지, 돌, 나뭇잎, 깃털, 과일, 사람이 제공한 물건 등을 밀고, 던지고, 자르고 만지작거리며 노는 사물놀이(object play)가 있고 깡충 뛰기, 점프하기, 튀어 오르기 등의 운동성 놀이(locomotor play)가 있으며, 다른 개체들과 함께 노는 사회적 놀이가 있다. 어린 동물은 놀이를 통해 싸움, 사냥, 짝짓기에 필요한 여러 기술을 완벽하게 배움으로써 잠정적으로 미래의 이익을 위해 준비하는 것이다. 인지적 관점에서 사회적 놀이는 동물에게 중요한 이익을 제공한다. 예를 들어, 어린 다람쥐원숭이(squirrel monkey) 수컷들은 자신보다 약한 상대와 놀기를 선호한다. 그래서 놀이하는 동안만큼은 자신이 더 강해도 약한 상대에게 자신보다 더 우세한 역할을 하도록 허용하는 유연성을 보인다. 수컷 간의 놀이에서 나타나는 이러한 역할 전환은 그들이 생을 통해 만나게 되는 역할, 즉 강자와 약자로서 어떻게 행동해야 하는지를 학습하는 데 매우 유용하다.

이외에도 동물은 놀이 활동을 통해 폭넓고 다양한 이익을 얻는다. 어린 쥐들은 소리를 지르고 레슬링하고 서로 넘어뜨리는 놀이를 하고 자란다. 스테판 시비(Stephen Siviy)와 동료들은 하나의 관으로 연결된 두 방으로 구성된 실험 장치를 만들고, 쥐들이 매일 관을 가로지르는 횟수를 헤아렸다. 쥐들은 두 그룹으로 나누어져 실험되었다. 실험군의 쥐는 매일 5분간 실험 장치 안에서 다른 쥐와 놀게 했다. 그러나 대조군의 쥐는 실험군의 쥐와 똑같이 실험 장치에서 5분을 보냈지만, 다른 쥐를 집어넣지 않아 사회적 놀이를 할 기회가 없었다. 동일 시간 동안의 비교에서 실험군의 쥐들은 대조군 쥐들보다 그들의 놀이 짝이 실험 장치 안에 투입되기 전에 관을 더 많이 가로질러 다녔다. 즉 실험군의 쥐들은 놀 기회를 찾아 나섰고, 그 결과 터널을 건너는 횟수가 더 많았다.281 요컨대, 놀이가 학습과 창조성을 촉진한다는 것이다.

쥐를 대상으로 한 또 다른 실험을 알아보자. 실험군의 쥐들에게 사회적 놀이를 허용하지 않았고, 대조군의 쥐들에게는 놀이를 허용했다. 그렇게 한 뒤, 실험군과 대조군의 쥐들에게 고양이 냄새가 배어 있는 물건을 넣어주었다. 두 집단의 쥐는 어떤 행동을 보였을까? 쥐는 고양이 냄새를 맡으면 본능적으로 빠르게 도망을 치고 숨는다. 실험 결과, 두 집단의 쥐들 모두 빠르게 도망쳐 몸을 숨겼다. 놀이 경험이 많은 쥐들은 주변을 천천히 탐색하기 시작하더니 다시 밖으로 나왔다. 하지만 놀이를 전혀 해보지 않은 쥐들은 주변 탐색은커녕 절대로 밖으로 나오지 않았다. 이처럼 사회적 놀이는 예기치 못한 자극에 대해 적절히 대처할 수 있는 능력까지 키워준다는 것이다.282

2008년 5월 테드 강연에서 심리학자 스튜어트 브라운(Stuart Brown) 박사는 인간을 비롯한 모든 동물은 놀이 프로그램이 내장되어 있다며 이를 정상적으로 개발할 필요가 있다고 주장했다.283 어린 시절

놀이 경험이 부족한 성인일수록 비사교적 성격에 극단적 공격성을 보인다는 것이다. 그는 오래전 찰스 휘트먼(Charles Whitman) 사건을[284] 연구하면서 놀이의 중요성에 대해 눈을 뜨게 되었다. 총기 난사로 많은 인명을 앗아간 휘트먼을 조사한 브라운 박사는 그가 심각할 정도로 놀이 경험이 부족하다는 것을 발견했다. 또 버지니아 공대 총기 난사 사건을 일으킨 조승희 역시 마찬가지라고 말했다. 놀이 경험이 부족하면 쥐를 비롯해 인간도 뇌가 정상적으로 발달하지 못한다. 어린아이가 놀기 위해서는 손을 부지런히 이용해야 한다. 손을 많이 이용한다는 것은 뇌를 많이 사용한다는 것이고 이는 문제해결 능력의 향상을 가져온다. 어릴 적에 신체적으로 거친 놀이(Rough-and-Tumble play 또는 play fighting)를 한 아이들이 그렇지 않은 아이들보다 자기 통제력, 친화력, 문제 해결력이 높다는 것이다.[285] 놀이가 우리에게 주는 유익이 이렇게나 많다니 놀랍기만 하다. 브라운 박사는 놀이의 반대말은 일(work)이 아니라 우울증과 공격성이라고 주장했다. 놀이 없는 인생을 한번 상상해 보면 그의 말에 바로 수긍할 것이다.

화가 날 때 해야 할 일

화가 머리끝까지 날 때 여러분은 어떻게 다스리는가? 혹시 '화를 너무 참으면 병난다. 그러니 참지 말고 표출하라'며 조언을 해주는 누군가가 있을지도 모르겠다. 뉴욕에는 화를 내고 싶은 사람들을 위한 파괴클럽(wrecking club), 격노의 방(rage room)이 있다. 돈을 내고 입장하면 금속 몽둥이로 화가 풀릴 때까지 접시, 텔레비전, 상자 등을 맘껏 때려 부술 수 있다. 영국, 호주, 싱가포르를 비롯하여 우리나라에도 분노를 발산하기 위해 사람들이 파괴클럽을 방문하고 있다. '분노는 쌓아두지 말고 표출하라'는 것은 프로이트의 정신분석적 개념인 카타르시스에 근거한다. 정말 분노를 느낄 때 참지 말고 표출하는 것이 좋은 방법일까? 〈1장〉에서 언급한 대로, 프로이트는 공격적 에너지가 마치 댐에 모이는 물처럼 우리 내부에 축적되는데, 공격적 에너지가 해소되지 않으면 계속 쌓여서 폭발한다고 주장했다. 그래서 자신이 적절하게 분노를 발산하거나 혹은 다른 사람이 공격적으로 행동하는 것을 지켜봄으로써 공격적으로 행동할 가능성을 줄일 수 있다고 설명했다.

그러나 화가 난다고 우리를 모욕하거나 화나게 만든 누군가를 향해 참지 않고 언어적 폭력이나 물리적 폭력을 쓰는 것, 즉 화가 난다고 그 분노를 발산하는 것은 우리의 혈압과 분노를 더 높일 수 있고, 그로 인해 공격적 행동으로 표출할 가능성을 높인다. 생각해 보라. 화를 내다보면 점점 더 큰 화가 생기지 않던가? 그런데 프로이트는 왜 분노를 느낄 때 참지 말고 표출하라고 했을까? 그건 사람들이 분노를 분출하지 못하면 신체적으로나 정서적으로 고통을 받을 것이라는 생각 때문이었다. 우리가 좌절이나 분노를 느낄 때, 소리를 지르거나 욕을 해대고, 책상을 내려치는 등의 거친 행동을 하면 일시적으로는 뭔가 해소된 느낌이 들지도 모른다. 보복은 단기적으로는 긴장을 감소시키고 때로는 즐거움을 주기도 하니 말이다. 또 기분이 나쁠 때 바로 상대에게 쏘아붙이거나 면박을 주는 경우 뭔가 시원한 느낌이 들기도 한다. 그러나 이는 우리의 부정적 감정을 더욱 부채질하여 공격성을 더 높일 수 있다. 그래서 성질

이 급한 사람들이 대개 화를 참지 못하고 일을 저지른다. 성급하게 화를 낸 사람들은 약간의 시간이 지나 화가 가라앉고 나면 '내가 왜 그랬을까? 조금 참을걸.'하고 후회하곤 한다. 거듭 강조하지만, 분노를 감소시키기 위해 분노를 방출하는 것은 불을 끄기 위해 휘발유를 사용하는 것과 같다. 그러니 화가 날 때는 우리의 공격성을 자극할 수 있는 미디어 폭력물은 피하고 산책하거나 친구들과 맛있는 음식을 먹으면서 수다를 떠는 게 좋지 않을까 싶다.

참고문헌

1. https://en.wikipedia.org/wiki/Systema_Naturae
2. Dugakin, L. A. (2009). Principle of Animal Behavior. 2nd Edition. 유정칠 외(역) 동물행동학. 서울: 범문에듀케이션.
3. '아내 살해' 미국 판사 집에서 총기 47개·탄약 2만여 발 발견, KBS뉴스. 2023.08.12. 기사 참조https://news.kbs.co.kr/news/view.do?ncd=7746831
4. https://www.news1.kr/articles/?4710858
5. Campbell, A. (2005). Aggression. In D. M. Buss(Ed). *Handbook of evolutionary psychology.* Hoboken, NJ: Wiley & Sons.
6. https://www.verywellmind.com/life-and-death-instincts-2795847
7. Lorenz, K. (1966). *On aggression.* London: Methuen
8. Mallick, S. K., & Mccandless, B. R. (1966). A study of catharsis of aggression. *Journal of Personality and Social Psychology,* 4(6), 591-596.
9. Lober, M. F., Vecchio, T, D., Slep, A, M., &Scholer, S. J. (2019). Normative Trends in Physically Aggressive Behavior: Age-Aggression Curves from 6 to 24 Months, *The Journal of Pediatrics,* 206, 197-203.
10. Anderson, C. A., & Bushman, B. J. (2002). Human aggression. *Annual Review of Psychology,* 53(1), 27-51.
11. Feshbach, S. and Singer, R. (1970). *Television and aggression.* San Francisco: Jossey-Bass.
12. https://n.news.naver.com/mnews/article/023/0003711169?sid=102
13. Decker, S. H. (1996). Deviant Homicide: A New Look at the Role of Motives and Victim-Offender Relationships, *Journal of Research in Crime and Delinquency,* 33(4), 427-449.
14. Pape, R. A. (2006). *Dying to Win: The Strategic Logic of Suicide Terrorism.* Random House Trade Paperbacks
15. Loeber, R., & Schmaling, K. B. (1985). Empirical evidence for overt and covert patterns of antisocial conduct problems: A metaanalysis. *Journal of Abnormal Child Psychology,* 13(2), 337-353.

16. Bushman, B. J., & Anderson, C. A. (2001). Media violence and the American public: Scientific facts versus media misinformation. *American Psychologist,* 56(6-7), 477-489.

17. BjÖrkqvist K. (2001). Different names, same issue. *Social Development,* 10, 272-275.

18. Potter, J. (1997). Discourse and critical social psychology. In T. Ibáñez & L. Íñiguez (Eds.), *Critical social psychology.* Sage Publications, Inc.

19. Infante, D. A., & Wigley, C. J. (1986). Verbal aggressiveness: An interpersonal model and measure. *Communication Monographs,* 53(1), 61-69.

20. Martin, M. M., Anderson, C. M., & Thweatt, K. S. (1998). Aggressive communication traits and their relationships with the cognitive flexibility scale and the communication flexibility *scale. Journal of Social Behavior & Personality,* 13(3), 531-540.

21. Jay, T. (1992). *Cursing in America: A psycholinguistic study of dirty language in the courts, in the movies, in the schoolyards and on the streets.* John Benjamins Publishing Company.

22. Infante, D. A., & Wigley, C. J. (1986). Verbal aggressiveness: An interpersonal model and measure. *Communication Monographs,* 53(1), 61-69.

23. 오미영(2008). 언어 폭력 확산과 미디어: 공격성에 대한 사회학습이론과 점화효과를 중심으로, 현상과인식, 통권105호, 54-72.

24. http://nbedu.sen.go.kr/FUS/BO/focus1/BOV11.do?board_seq=23277

25. 친구 왕따 당해도 모른 척…"엮이면 나도 왕따" 방관자가 됐다. 머니투데이, 2023. 03. 22. 기사 참조https://news.mt.co.kr/mtview.php?no=2023032117583926725

26. https://namu.wiki/w/%EC%9D%80%EB%94%B0

27. 김부겸 "학창시절 '왕따' 가해자였다…부끄러운 일" 연합뉴스 2021. 05. 03 기사 참조 https://www.yna.co.kr/view/AKR20210503039900001

28. 이춘재, 곽금주. (2000). 집단따돌림 경험 유형에 따른 자기개념과 사회적 지지. 한국심리학회지: 발달, 13(1), 65-80.

29. Frodi A. MacaulayJ. Thome P.R. (1977). Are women always less aggressive than men.' A review of the experimental literature. *Psychological Bulletin,* 84, 634-660.

30. BjÖkqvist, K. (1994). Sex differences in physical, verbal and indirect

aggression: A review of recent research. *Sex Roles,* 30, 177–188.

31. BjÖkqvist, K. (1994). Sex differences in physical, verbal and indirect aggression: A review of recent research. *Sex Roles,* 30, 177–188.

32. Archer, J., (2004). Sex differences in aggression in real-world settings: A meta-analytic review. *Review of General Psychology,* 8, 291–332.

33. https://www.nydailynews.com/2010/03/29/phoebe-prince-south-hadley-high-schools-new-girl-driven-to-suicide-by-teenage-cyber-bullies/

34. Wang, J., Iannotti, R. J., & Nansel, T. R. (2009). School bullying among adolescents in the United States: Physical, verbal, relational, and cyber. *Journal of Adolescent Health,* 13, 368–375.

35. 교육부(2023) 학교폭력 실태조사 결과 발표 https://www.moe.go.kr/boardCnts/viewRenew.do?boardID=294&boardSeq=97458&lev=0&searchType=null&statusYN=W&page=1&s=moe&m=020402&opType=N

36. Craig W. 1998. The relationship among bullying, victimization, depression, anxiety, and aggression in elementary school children. *Perspective Individual Differene,* 24, 123–130.

37. Crick N, Grotpeter J. (1995). Relational aggression, gender, and social-psychological adjustment. *Child Development,* 66, 710–722.

38. Paquette JA, Underwood MK. (1999). Gender differences in young adolescents' experiences of peer victimization: Social and physical aggression. *Merrill-Palmer,* 45, 242–266.

39. Crick N, Grotpeter J. (1995). Relational aggression, gender, and social-psychological adjustment. *Child Development,* 66, 710–722.

40. Lagerspetz, K. M., Björkqvist, K., & Peltonen, T. (1988). Is indirect aggression typical of females? Gender differences in aggressiveness in 11- to 12-year-old children. *Aggressive Behavior,* 14(6), 403–414.

41. Crick, N. R., Bigbee, M. A., & Howes, C. (1996). Gender differences in children's normative beliefs about aggression: How do I hurt thee? Let me count the ways. *Child Development,* 67(3), 1003–1014.

42. Eagly, A. H., & Steffen, V. J. (1986). Gender and aggressive behavior: A meta-analytic review of the social psychological literature. *Psychological*

Bulletin, 100(3), 309–330.

43. Björkqvist, K., Österman, K., & Kaukiainen, A. (2000). Social intelligence—empathy = aggression? *Aggression and Violent Behavior, 2,* 191–200.

44. 이수정(2021). 최신 범죄심리학(4판). 서울: 학지사

45. Lober, M. F., Vecchio, T, D., Slep, A, M., &Scholer, S. J. (2019). Normative Trends in Physically Aggressive Behavior: Age-Aggression Curves from 6 to 24 Months, *The Journal of Pediatrics,* 206, 197–203.

46. Kagan, J., Reznick, J. S., Snidman, N., Gibbons, J., & Johnson, M. O. (1988). Childhood derivatives of inhibition and lack of inhibition to the unfamiliar. *Child Development,* 59(6), 1580–1589.

47. BjÖrkqvist K, Lagerspetz K, Kaukiainen A. (1992). Do girls manipulate and boys fight? Developmental trends in regard to direct and indirect aggression. *Aggressive Behavior,* 18, 117–127.

48. BjÖkqvist, K.,O¨ sterman, K., & Kaukiainen, A. (1992). The development of direct and indirect aggressive strategies in males and females. In K. BjÖkqvist & P. Niemela¨ (Eds.), *Of mice and women. Aspects of female aggression.* San Diego, CA: Academic Press.

49. Bonica, C., Arnold, D. H., Fisher, P. H., Zelijo, A., & Yershova, K. (2003). Relational aggression, relational victimisation, and language development in preschoolers. *Social Development,* 12, 551–562.

50. McNeilly-Choque, M. K., Hart, C. H., Robinson, C. C., Nelson, L. J., & Olsen, S. F. (1996). Overt and relational aggression on the playground: Correspondence among different informants. *Journal of Research and Childhood Education,* 11(1), 47–67.

51. Owens, L., Shute, R., & Slee, P. (2000). "I'm in and you're out .": Explanations for teenage girls' indirect aggression. *Psychology, Evolution and Gender,* 2, 19–46.

52. BjÖrkqvist K. (2001). Different names, same issue. *Social Development.* 10, 272–275.

53. Kaukiainen A, BjÖrkqvist K, Lagerspetz K, Österman K, Salmivalli C, Rothberg S, Ahlbom A. (1999). The relationships between social intelligence, empathy, and three types of aggression. *Aggressive Behavior.* 25, 81–89.

54. Craig, W. (1998). The relationship among bullying, victimization, depression, anxiety, and aggression in elementary school children. *Personality and Individual differences,* 24, 123-130.

55. Paquette, J. A., & Underwood, M. K. (1999). Gender differences in young adolecents' experiences of peer victimization: Social and physical aggression. *Merril-Palmer Quarterly,* 45, 242-266.

56. 세계일보, 2023. 06. 22 기사 재판부 "앞날 창창한 피고인"… '여고생 오물 폭행', '성폭행 피해자 왕따' 두 사건 모두 집행유예 https://www.segye.com/newsView/202306225 09402?OutUrl=naver

57. https://www.bostonmagazine.com/education/2020/01/21/phoebe-prince-bullying/

58. https://www.insight.co.kr/news/174990

59. Kipling D. Williams & Blair Jarvis (2006). Cyberball: A program for use in research on interpersonal ostracism and acceptance. *Behavior Research Methods* 38, 174-180.

60. 신고은(2022). 이토록 치밀하고 친밀한 적에 대하여: 나를 잃어버리게 하는 가스라이팅의 모든 것. 서울: 샘터사.

61. https://en.wikipedia.org/wiki/The_Gaslight_Effect

62. https://en.wikipedia.org/wiki/The_Kiss_(1896_film)

63. https://ko.wikipedia.org/wiki/%EC%83%88%EB%AE%A4%EC%96%BC_%EA%B3%A8%EB%93%9C%EC%9C%88

64. https://www.fnnews.com/news/202212131607236672

65. 당시 공산권 소련의 영화가 사회적 인과관계, 자연적 인과관계가 이야기의 중심이 되는 것과 사뭇 다르다. 논리적 인과관계를 일부러 무너뜨리는 프랑스 아트 시네마류의 영화들과 명백히 비교된다. 평론가 솔랭(Sorlin, 1980)은 클래식 영화가 개인의 심리를 중심으로 전개하다 보니 역사적 사건을 비인과적으로 묘사하고 왜곡시킨다고 지적했다.

66. 대개 해피엔딩 결말을 지향한다.

67. Bordwell, D. (1985). *Narration in the Fiction Film.* University of Wisconsin Press.

68. Boggs, S. (1995). *Principles of Sedimentology and Stratigraphy.* 2nd Edition, New Jersey : Prentice Hall, .

69. 김영빈(2010). 극영화 〈해운대〉의 핍진성 특성 연구. 영상기술연구, 12호, 5-23.

70. https://www.xportsnews.com/article/1073128
71. https://www.fnnews.com/news/202212131607236672
72. Schwartz, V. R. (2006). 노명우, 박성일(역). 구경꾼의 탄생, 마치.
73. Tasker, Y. (1993). Specatacular Bodies: Gender, Genre and Action Cinema, NY: Routledge.
74. Debord, G. (1996). 이경숙(역). 스펙타클의 사회, 현실문화연구.
75. https://en.wikipedia.org/wiki/John_Dillinger
76. Doherty, T. (1999). Pre-Code Hollywood: Sex, Immorality, and Insurrection in American Cinema: 1930-1934, NY: Columbia University Press
77. https://en.wikipedia.org/wiki/Scarface_(1932_film)
78. https://en.wikipedia.org/wiki/The_Public_Enemy
79. https://en.wikipedia.org/wiki/Picture_Snatcher
80. https://namu.wiki/w/%EC%A1%B0%ED%8F%AD%EB%AF%B8%ED%99%94% EB%AC%BC
81. 최응렬, 성용은(2006). 연쇄살인범의 범죄심리학적 분석 : 영화 '오로라 공주'를 중심으로, 〈사회과학연구〉, 13(1), 69-91.
82. Man 'drank blood of murdered friend' TheGuardin(2023.02.09.) https://www.theguardian.com/uk/2003/sep/30/2
83. The Fisher King https://www.imdb.com/title/tt6689334/
84. '10대 오원춘'… 소녀 성폭행 후 토막살인 "호러영화 흉내" 동아일보(2013. 07. 11). https://opendic.korean.go.kr/dictionary/view?sense_no=734411&viewType=confirm
85. "'화차' 여러 번 보고·범행 후 피해자 옷 입고…정유정 '신분 탈취' 노렸나" 부산일보(2023. 06, 18). https://www.busan.com/view/busan/view.php?code=2023061816395066349
86. 강대진 외(2020).플라톤의 그리스 문화 읽기, 아카넷.
87. Hollywood during the Great Depression
88. https://en.wikipedia.org/wiki/Pre-Code_Hollywood#cite_note-57
89. Dillon, K. P., & Bushman, J. B. (2017). Effects of Exposure to Gun Violence in Movies on Children's Interest in Real Guns. American Medical Association. file:///C:/Users/user/Downloads/DillonBushman2017.pdf

90. https://www.youtube.com/watch?v=2qkhjW1X8ag
91. https://namu.wiki/w/%ED%83%80%EC%9D%B4%EA%B1%B0%20%ED%82%B9:%20%EB%AC%B4%EB%B2%95%EC%A7%80%EB%8C%80
92. https://en.wikipedia.org/wiki/Women_in_refrigerators
93. https://abcnews.go.com/US/colorado-movie-theater-shooting-suspect-bought-guns-6000/story?id=16817842#.UAtD06NdAgc
94. Bushman, B. J., & Anderson, C. A. (2001). Media violence and the American public: Scientific facts versus media misinformation. *American Psychologist,* 56, 6/7, 477-489.
95. https://edition.cnn.com/2014/05/29/showbiz/tv/sixties-five-things-television/index.html
96. 케빈 이스트먼과 피터 레어가 만든 만화책이다. 레오나르도, 미켈란젤로, 도나텔로, 라파엘 등 유명 예술가들의 이름을 딴 닌자 거북이들이 악과 싸우는 과정에서 매우 폭력적인 장면이 많다. 1987년 TV에서 애니메이션으로 첫 방영 후 10년간 이어졌다. 만화를 애니메이션으로 만들기 위해 비속어를 없애고, 위협적인 악당의 비중도 줄이는 등 폭력 요소를 줄였다.
97. 미국 ABC 방송국에서 1974년 1월부터 1978년 3월까지 방송한 TV 시리즈다. 우주 비행사였던 주인공이 사고 후에 바이오닉 인간, 즉 망원 렌즈와 카메라가 장착된 눈, 엄청난 힘을 보유한 팔, 그리고 빠른 속력은 물론이고 높은 곳에서도 뛰어내릴 수 있는 다리가 달린 강력한 남자로 재탄생하면서 지구 평화를 수호하는 활약상을 벌인다.
98. https://newslibrary.naver.com/viewer/index.naver?articleId=1977090300209207013&editNo=2&printCount=1&publishDate=1977-09-03&officeId=00020&pageNo=7&printNo=17206&publishType=00020
99. https://news.nate.com/view/20200526n14010
100. 여동생에 레슬링 기술 써 죽게 한 13살 소년 체포
https://nownews.seoul.co.kr/news/newsView.php?id=20130620601019
101. Myers, D. G. (2008). 마이어스의 심리학개론 (신형정 김비아 공역). 서울: 시그마프레스. (원전은 2007년에 출판).
102. Bandura, A., Ross, D., & Ross, S. A. (1963). Imitation of film-mediated aggressive models, *Journal of Abnormal and Social Psychology,* 66(1), 3-11.
103. *National television violence study* (Vol. 1). (1996). Thousand Oaks, CA: Sage., *National television violence study* (Vol. 2). (1997). Studio City, CA:

Mediascope., *National televison violence study* (Vol. 3). (1998). Santa Barbara: Center for Communication and Social Policy, University of California.

104. Wilbur Schramm, Jack Lyle, Edwin B. Parker (1961). Television in the Lives of Our Children. Stanford University Press
105. https://www.americanrhetoric.com/speeches/newtonminow.htm
106. Bushman, B. J., & Anderson, C. A. (2001). Media violence and the American public: Scientific facts versus media misinformation. *American Psychologist,* 56, 6/7, 477-489.
107. CBS Study in Britain Links TV, Real-Life Violence The Washington Post(1977. 09. 13) https://www.washingtonpost.com/archive/politics/1977/09/13/cbs-study-in-britain-links-tv-real-life-violence/8e034cb6-da07-4cd1-9334-321447851145/
108. Milavksy, J. R., Kessler, R. C., Stipp, H. H., & Rubens, W. S. (1984). The NBC Study and Television Violence, *Journal of Communication,* 34(1), 182-187.
109. DO THE NETWORKS NEED VIOLENCE?; by Tony Schwartz THe Newyork Times (1982.05.23.) https://www.nytimes.com/1982/05/23/arts/do-the-networks-need-violence-by-tony-schwartz.html
110. https://www.nytimes.com/1983/01/22/movies/cable-tv-is-said-to-top-networks-in-movie-violence.html?searchResultPosition=2
111. Huesmann, Moise-Titus, Podolski, & Eron, (2003). Longitudinal Relations Between Children's Exposure to TV Violence and Their Aggressive and Violent Behavior in Young Adulthood: 1977-1992, *Developmental Psychology,* 39(2), 201-221.
112. Eron, L. D., Huesmann, L. R., Lefkowitz, M. M., & Walder, L. O. (1972). Does television violence cause aggression? *American Psychologist,* 27, 253-263.
113. Lefkowitz, M. M., Eron, L. D., Walder, L. O., & Huesmann, L. R. (1977). *Growing up to be violent: A longitudinal study of the development of aggression.* New York: Pergamon Press.
114. Huesmann, L. R., Eron, L. D., Klein, R., Brice, P., & Fischer, P. (1983). Mitigating the imitation of aggressive behaviors by children's attitudes about

media violence. *Journal of Personality and Social Psychology,* 44, 899–910.

115. Huesmann, L. R. (1986). Psychological processes promoting the relation between exposure to media violence and aggressive behavior by the viewer. J*ournal of Social Issues,* 42, 125–139.

116. Huesmann, L. R., & Eron, L. D. (1986). *Television and the aggressive child: A cross-national comparison.* Hillsdale, NJ: Erlbaum.

117. Tannis, M. W. (1986). *The impact of Television.* (ed.), Orlando, Florida: Academic Press.

118. Granzberg, G., & Steinbring, J. (1980). *Television and the Canadian Indian.* (ed.), Winnipeg, Manitoba: University of Winnipeg.

119. Centerwall, B. S. (1989). Exposure to television as a cause of violence. *Public Communication and Behavior,* 2, 1–58.

120. Centerwall, B. S. (1993). Television and violent crime. *Public Interest,* 111, 56–71.

121. Hearold, S. L. (1979). *Meta-analysis of the effects of television on social behavior.* Unpublished doctoral dissertation, University of Colorado.

122. Centerwall, B. S. (1993). Television and violent crime. *Public Interest,* 111, 56–71.

123. Huesmann, Moise-Titus, Podolski, & Eron. (2003). Longitudinal Relations Between Children's Exposure to TV Violence and Their Aggressive and Violent Behavior in Young Adulthood: 1977–1992, *Developmental Psychology,* 39(2), 201–221.

124. 〈Starsky and Hutch〉, 〈The Six Million Dollar Man〉, 〈Roadrunner cartoons〉

125. "방송할 때마다 본다"에는 가중치 10을 부여했고, "많이 보지만 항상은 아니다"에는 1을 부여했다. "가끔 본다"에는 가중치 0을 부여해 폭력 점수에 포함하지 않았다.

126. 폭력이 전혀 없는 0단계에서 3단계까지 구분했고, 물리적 폭력 외에 간접적 폭력도 포함했다.

127. 이들은 기존 연구를 참고해 횡령 등 폭력성이 없는 범죄는 0점, 살인 등의 강력범죄(예: 살인)는 1.92점을 부여했다.

128 Dodge, K.A., & Coie, J. D. (1987). Social information processing factors in reactive and proactive aggression in children's peer groups, Journal of *Personality and Social Psychology,* 53, 1146–1158.

129. Wilkowski, B. M., & Robinson, M. D. (2008). The cognitive basis of trait anger and reactive aggression: An integrative analysis. *Personality and Social Psychology, Review,* 12, 3-21.

130. Kenrick, D., Neuberg, S. L., & Cialdini, R., B. (2015). Social Psychology : Goals in interaction, Person Education, Inc.

131. Tremblay, R. E. (2000). The development of aggressive behavior during childhood: What have we learned in the past century? *International Journal of Behavioral Development, 24,* 129–141.

132. Black, S. L., & Susan Bevan, S. (1992). At the Movies With Buss and Durkee: A Natural Experiment on Film Violence. *AGGRESSIVE BEHAVIOR,* 18, 37-45.

133. Wilson, B. J., Smith, S. L., Potter, W. J., Kunkel, D., Linz, D., Colvin, C. M., et al. (2002). Violence in children's television programming: Assessing the risks. *Journal of Communication,* 52, 3–35.

134. 미국의 스프링필드라는 도시에 사는 호머, 마지, 바트, 리사, 매기로 이루어진 심슨 가족과 그 주변인들과의 일상을 그린다. 미국의 방송 역사 중 시트콤 및 애니메이션 부분에서 30년 동안 많은 사랑을 받은 TV 애니메이션이다. 1987년부터 시작해 2021년에 34시즌이 방영되었다. 소재는 기존 미국 시트콤의 주요 주제인 완벽한 가정을 풍자하고 비트는 것으로 시작해서 점점 다양한 영역으로 넓혀 갔다. 2시즌 중 9화 에피소드가 '폭력적인 TV에 반대하는 마지' 편으로, TV 폭력을 다루었다.

135. 해당 장면이 문제가 되자 〈말짱꽝돌이〉는 해당 프로그램의 중지라는 중징계 조치를 받았다. 〈여왕의 교실〉은 경고 제재를 받았다.

136. Tsay, M., & Krakowiak, K. M. (2011). The impact of perceived character similarity and identification on moral disengagement. I*nternational Journal of Arts and Technology,* 4, 102-110.

137. Hoffner, C., & Cantor, J. (1991). Perceiving and responding to media characters. In J. Bryant & D. Zillmann (Eds.), *Responding to the screen: Reception and reaction processes.* 63-101. Hillsdale, NJ: Lawrence Erlbaum Associates.

138 Bandura, A. (2002). Social cognitive theory of mass communication. In J. Bryant & D. Zillmann (Eds.), *Media effects: Advances in theory and research.* Mahwah, NJ: Erlbaum.

139. Potter, W. J. (1986). Perceived reality and the cultivation hypothesis. Journal

of *Broadcasting & Electronic Media,* 30, 159-174.

140. Huesmann, Moise-Titus, Podolski, & Eron. (2003). Longitudinal Relations Between Children's Exposure to TV Violence and Their Aggressive and Violent Behavior in Young Adulthood: 1977-1992, *Developmental Psychology,* 39(2), 201-221.

141. https://www.boxofficemojo.com/release/rl615482113/

142. Galinsky, E., & Salmond, K. (2002). Youth & violence: Students speak out for a more civil society, summary and discussion guide. Retrieved from http://www.familiesandwork.org

143. Coyne, S. M., & Archer, J. (2004). Indirect Aggression in the Media: A Content Analysis of British Television Programs. Aggressive Behavior, 30, 254-271.

144. 우리가 너무 잘 아는 <톰과 제리>는 신체적 공격과 언어적 공격 행동이 매우 많았다.

145. Martins, N., Wilson, J. B. (2012). Mean on the screen: Social aggression in programs popular with children. *Journal of Communication,* 62(6), 991-1009.

146. Wilson, B. J., Smith, S. L., Potter, W. J., Kunkel, D., Linz, D., Colvin, C. M., et al. (2002). Violence in children's television programming: Assessing the risks. *Journal of Communication,* 52, 3-35.

147. Feshbach, N. D. (2005). Gender and the portrayal of direct and indirect aggression on television. In E. Cole & J. H. Daniel (Eds.), *Featuring females: Feminist analyses of media* (pp. 155-166).Washington, DC: American Psychological Association.

148. Coyne, S., & Whitehead, E. (2008). Indirect Aggression in Animated Disney Films. *Journal of Communication,* 58(2), 382-395.

149. Bandura, A. (1986). *Social foundations of thought and action: A social cognitive theory.* Englewood Cliffs, NJ: Prentice Hall.

150. Eyal, K., & Rubin, A. (2003). Viewer aggression and homophily, identification, and parasocial relationships with television characters. *Journal of Broadcasting & Electronic Media,* 47, 77-98.

151. Paik, H., & Comstock, G. (1994). The effects of television violence on antisocial behavior: A meta-analysis. *Communication Research,* 21, 516-546.

152. Medved, M. (1995). Hollywood's 3 big lies. *Reader's Digest,* 747(882), 155-159.

153. 작은 효과에서 큰 효과를 산출하는 방법은 다음의 연구를 참고할 것. Rosenthal, R. (1990). How are we doing in soft psychology? A*merican Psychologist,* 45, 115-111.

154. World health statistics (2021). monitoring health for the SDGs, sustainable development goals https://www.who.int/publications/i/item/9789240027053

155. Rape, Abuse, and Incest National Network (2020a, November). Victims of sexual violence: Statistics. https://www.rainn.org/statistics/victims-sexual-violence

156. Mosher, D. L. (1980). Three dimensions of depth of involvement in human sexual response. Journal of Sex Research, 16(1), 1-42.

157. 조선풍속사(2010). 서울:푸른역사

158. https://www.wsj.com/articles/instagram-vast-pedophile-network-4ab7189

159. https://www.durbin.senate.gov/newsroom/press-releases/durbin-graham-announce-subpoenas-to-big-tech-ceos-to-testify-about-their-failure-to-protect-children-online

160. Linz, D. G., Donnerstein, E., & Penrod, S. (1988). Effects of long-term exposure to violent and sexually degrading depictions of women. *Journal of Personality and Social Psychology,* 55(5), 758-768.

161. Capellanus, Andreas. (1941). *The Art of Courtly Love.* Ed. Frederick W. Locke. Trans. J. J. Parry. New York: Frederick Ungar.

162. 이수정(2021). 최신 범죄심리학. 학지사: 서울.

163. Estrich, S. (1987). Real rape. Harvard University Press.

164. Edwards, K. M., Turchik, J. A., Dardis, C. M., Reynolds, N., & Gidycz, C. A. (2011). Rape myths: History, individual and institutional-level presence, and implications for change. *Sex Roles,* 65(11-12), 761-773.

165 McMahon, S., & Farmer, G. L. (2011). An updated measure for assessing subtle rape myths. *Social Work Research,* 35(2), 71-81.

166. Eyssel, F., & Bohner, G. (2011). Schema effects of rape myth acceptance on judgments of guilt and blame in rape cases: The role of perceived

entitlement to judge. *Journal of Interpersonal Violence,* 26(8), 1579–1605.

167. https://h21.hani.co.kr/arti/society/society_general/52187.html

168. Rape, Abuse, and Incest National Network (2020). Victims of sexual violence: Statistics.

169. Fedina L., Holmes J. L., Backes B. L. (2018). Campus sexual assault: A systematic review of prevalence research from 2000 to 2015. Trauma, Violence, & Abuse, 19(1), 76–93.

170. Rape, Abuse, and Incest National Network (2020b, November). The criminal justice system: Statistics.

171. KFF. (2005). Sex on TV 4 research findings.

172. Barron, M., & Kimmel, M. (2010). Sexual violence in three pornographic media: Toward a sociological explanation. *Journal of Sex Research,* 37, 161–168.

173. Primack, B. A., Gold, M. A., Schwarz, E. B., & Dalton, M. A. (2008). Degrading and non-degrading sex in popular music: A content analysis. *Public Health Reports,* 123, 593–600.

174. Lynch, T., Tompkins, J. E., van Driel, I. I., & Fritz, N. (2016). Sexy, strong, and secondary: A content analysis of female characters in video games across 31 years. *Journal of Communication,* 66, 564–584.

175. WMC. (2017). The status of women in the U.S. media.

176. Bridges, A. J., Wosnitzer, R., Scharrer, E., Sun, C., & Liberman, R. (2010). Aggression and sexual behavior in best-selling pornography videos: a content analysis update. Violence Against Women, 16(10), 1065–85.

177. Fritz, N., Malic, V., Paul., B., & Zhou, Y. (2020). A Descriptive Analysis of the Types, Targets, and Relative Frequency of Aggression in Mainstream Pornography. *Archives of Sexual Behavior,* 49(8), 3041–3053.

178. Cowan, G., Lee, C., Levy, D., & Snyder, D. (1988). Dominance and inequality in x-rated videocassettes. *Psychology of Women Quarterly,* 12(3), 299–311.

179. Brosius, H.-B., Weaver, J. B., & Staab, J. F. (1993). Exploring the social and sexual "reality" of contemporary pornography. Journal of Sex Research, 30(2), 161–170.

180. Oddone-Paolucci, E., Genuis, M., & Violato, C. (2000). *A meta-analysis of the*

published research on the effects of pornography. In C. Violato, E. Oddone-Paolucci, & M. Genuis (Eds.), The changing family and child development. Ashgate Publishing Ltd.

181. Wright, P. J., & Tokunaga, R. S. (2016). Men's objectifying media consumption, objectification of women, and attitudes supportive of violence against women. *Archives of Sexual Behavior,* 45, 955–964.

182. Paik, H., & Comstock, G. (1994). The effects of television violence on antisocial behavior: A meta-analysis. *Communication Research,* 21, 516–546.

183. Burnay, J., Bushman, B. J., & Larøi, F. (2019). Effects of sexualized video games on online sexual harassment. *Aggressive Behavior,* 45(2), 214–223.

184. Mullin, C. R., Linz, D. (1995). Desensitization and resensitization to violence against women: Effects of exposure to sexually violent films on judgments of domestic violence victims. *Journal of Personality and Social Psychology* 69(3), 449–459.

185. Fisher, W., & Grenier, G. (1994). Violent Pornography, Antiwoman Thoughts, and Antiwoman Acts: In Search Of Reliable Effects. *The Journal of Sex Research* , 31(1), 23–38.

186. Malamuth, N. M., Heavy, C. L., & Linz, D. (1993). Predicting men's antisocial behavior against women: The interaction model of sexual aggression. In R. Hirshman, G. Hall, & J. Graham (Eds.), *Sexual aggression: Issues in etiology, assessment and treatment.* Philadelphia: Taylor & Francis.

187. Zillmann, D., & Bryant, J. (1984). 4 - Effects of Massive Exposure to Pornography. *Pornography and Sexual Aggression,* 115–138.

188. Cramer, McFarlane, Parker, Soeken, Silva, Reel (1998). Violent Pornography and abuse of women: theory to practice. *Violence and Victims,* 13(4), 319–332.

189. Cramer, E., & McFarlane, J. (1994). Pornography and abuse of women. Public Health Nursing, 77(4), 268–272.

190. Ybarra, M., Mitchell, J., Hamburger, M., Diener-West, M., & Leaf, P. (2011). X-rated material and perpetration of sexually aggressive behavior among children and adolescents: is there a link?. *Aggressive Behavior,* 37, 1–18.

191. Vangeel, L., Eggermont, S., & Vandenbosch, L. (2020). Does Adolescent Media Use Predict Sexual Stereotypes in Adolescence and Emerging

Adulthood? Associations with Music Television and Online Pornography Exposure. *Archives of Sexual Behavior,* 49, 1147–1161.

192. Abel, G. G., Barlow, D. H., Blanchard, E., & Guild, D. (1977). The components of rapists' sexual arousal. *Archives of General Psychiatry,* 34, 895-903.

193. Malamuth, M, N., & Check, J. (1980). Sexual arousal to rape and consenting depictions: The importance of the woman's arousal. *Journal of Abnormal Psychology,* 89, 763-766.

194. Cline, V. B. (1994). pornography effects: Empirical and clinical evidence. In D. Zillmann, J. Bryant & A. Huston (Eds.), *Media, children, and the family: Social scientific, psychodynamic, And clinical perspective.* Hillsdale, NJ: LEA.

195. Ellis, L. (1989). T*heories of rape: Inquiries into the causes of sexual aggression.* Hemisphere Publishing Corp.

196. https://terms.naver.com/entry.naver?docId=2441878&cid=65634&categoryId=65634

197. https://www.nydailynews.com/news/national/lupica-lanza-plotted-massacre-years-article-1.1291408

198. Zillmann, D. (1998). *Connections between sexuality and aggression* (2nd ed.). Lawrence Erlbaum Associates Publishers.

199. Donnerstein, E., & Berkowitz, L. (1981). Victim Reactions in Aggressive Erotic Films as a Factor in Violence Against Women, *Journal of Personality and Social Psychology,* 41(4), 710-724.

200. Tannenbaum, P. H., & Zillmann, D. Emotional arousal in the facilitation of aggression through communication. In L. Berkowitz (Ed.), *Advances in experimental social psychology* (Vol. 8). New York: Academic Press, 1975.

201. Mann, J., Berkowitz, L., Sidman, J., Starr, S., & West, S. Satiation of the transient stimulating effect of erotic films. *Journal of Personality and Social Psychology,* 1974, 30, 729-735.

202. Gravelin C. R., Biernat M., Bucher C. E. (2019). Blaming the victim of acquaintance rape: Individual, situational, and sociocultural factors. *Frontiers in Psychology,* 9(2422), 1-22.

203. George, St. Suzanne (2022). Perceptions of Common Rape: How Rape Myth

Acceptance, Victim Gender, and Victim Resistance Affect Victim and Perpetrator Blame Attributions in Party Rape and Date Rape Violence Against Women, 28(14) 3505-3529.

204. Black K. A., McCloskey K. A. (2013). Predicting date rape perceptions: The effects of gender, gender role attitudes, and victim resistance. *Violence Against Women,* 19(8), 949-967.

205. 플레이어가 운전대와 가속페달로 자동차를 몰면서 차량에서 탈출하는 휴머노이드 인물을 죽이는 게임이다. 플레이어가 그들을 차로 치면 비명을 지르며 게임 화면에 비석으로 대체된다. https://en.wikipedia.org/wiki/Death_Race_(1976_video_game)

206. 현재 메타(Meta)의 CTO이다.

207. David Kushner(2003), *Masters of Doom,* MEDIA2.0

208. https://www.youtube.com/watch?v=bTOPxclncP0

209. https://www.theguardian.com/world/2002/may/05/schools.education

210. https://www.brisbanetimes.com.au/world/knifeman-voices-regret-over-baby-killing-20090127-gearvl.html

211. https://nypost.com/2015/11/22/missing-paris-attacker-loved-gay-bars-and-playstation/

212. https://www.reuters.com/article/us-usa-videogames-killings-idUSBREA3H0K 620140418/

213. https://www.dailymail.co.uk/news/article-2126585/Jacob-David-Hartley-killed-3-week-old-son-Colton-CRIED-Xbox-marathon.html

214. https://www.chicagotribune.com/2013/10/01/prosecutors-after-fatally-beating-infant-dad-17-played-video-games-2/

215. Hasan, Y., Bèguea, L., Scharkow, M., & Bushman, B. J. (2013). The more you play, the more aggressive you become: A long-term experimental study of cumulative violent video game effects on hostile expectations and aggressive behavior. *Journal of Experimental Social Psychology,* 49(2), 224-227.

216. Grossman, D. V., Paulsen, K., & Miserany, K. (2016). *Assassination Generation,* The Open Books Co.

217. https://en.wikipedia.org/wiki/1997_Heath_High_School_shooting

218. 2006년 미국 뉴욕에서 발생한 아마도 디알로 사건이다. 결혼식을 몇 시간 앞둔 디알로와

그의 친구들이 술을 마시고 경찰 차량을 들이받았다. 경찰은 디알로를 강간 용의자로 착각했고, 이들이 총으로 무장했다고 간주해 수십 발의 총격을 가했다. https://en.wikipedia.org/wiki/ Killing_of_Amadou_Diallo

219. Whitaker, J. L., & Bushman, B. J. (2017). ""Boom, headshot!": Effect of video game play and controller type on firing aim and accuracy": Retraction. Communication Research, 44(1), 144.

220. https://www.foxnews.com/us/dramatic-spike-in-nyc-slashing-attacks-frightens-citizens-puzzles-experts

221. Grossman, D. V., Paulsen, K., & Miserany, K. (2016). *Assassination Generation,* The Open Books Co.

222. https://kotaku.com/norway-killers-court-testimony-reveals-how-he-used-call-5903366

223. Engen, R. (2011). *Killing for Their Country: A New Look At Killology.* Canadian Military Journal.

224. Pavlov IP (1960) [1927]. *Conditional Reflexes.* New York: Dover Publications.

225. https://en.wikipedia.org/wiki/Edward_Thorndike

226. Skinner, B. F. (1938). *The behavior of organisms.* New York: Appleton Century-Crofts

227. https://web.archive.org/web/20110629073720/http://www.lifecircles-inc.com/ Learningtheories/behaviorism/Thorndike.html

228. Grossman, D. V., Paulsen, K., & Miserany, K. (2016). *Assassination Generation,* The Open Books Co.

229. Steuter, E. & Wills, D. (2009). A*t War with Metaphor: Media, Propaganda, and Racism in the War on Terror.* Lexington Books.

230. Grossman, D. (1996). *On killing : the psychological cost of learning to kill in war and society.* Boston: Little, Brown

231. Grossman, D. V., Paulsen, K., & Miserany, K. (2016). *Assassination Generation,* The Open Books Co.

232. https://en.wikipedia.org/wiki/Forebrain

233. https://en.wikipedia.org/wiki/Midbrain

234. Grossman, D. V., Paulsen, K., & Miserany, K. (2016). *Assassination Generation,* The Open Books Co.

235. Koo, Y., Paeng, J., Joo, E., Kang, H., Seok, J., & Kang, U. (2008). Brain Neuroadaptative Changes in Adolescents with Internet Addiction : An FDG-PET Study with Statistical Parametric Mapping Analysis. *Journal of the Korean Academy of Child and Adolescent Psychiatry,* 19(1), 13-18.

236. Bartholow, B. D., & Sestir, M. A., & Davis, E. B. (2005). Correlates and Consequences of Exposure to Video Game Violence: Hostile Personality, Empathy, and Aggressive Behavior. *the Society for Personality and Social Psychology,* 31(11), 1573-1586.

237. Berkowitz, L., & LePage, A. (1967). Weapons as Aggression-Eliciting Stimuli. *Journal of Personality and Social Psychology.* 7(2), 202-207.

238. Carlson, M., Marcus-Newhall, A., & Miller, N. (1990). Effects of situational aggression cues: A quantitative review. *Journal of Personality and Social Psychology,* 58(4), 622–633.

239. McGloin, R., Farrar, K. M., & Krcmar, M. (2013). Video games, immersion, and cognitive aggression: Does the controller matter? *Media Psychology,* 16(1), 65–87.

240. McGloin, R., Farrar, M. K., & Fishlock, J. (2015). Triple Whammy! Violent Games and Violent Controllers: Investigating the Use of Realistic Gun Controllers on Perceptions of Realism, Immersion, and Outcome Aggression. *Journal of Communication,* 65(2), 280–299.

241. Barlett, C. P., & Anderson, C. A. (2012). Direct and indirect relations between the big 5 personality traits and aggressive behavior. *Personality and Individual Differences,* 52, 870–875.

242. https://www.theguardian.com/science/head-quarters/2016/feb/12/violent-video-games-aggression-a-complex-relationship/

243. https://www.seoul.co.kr/news/newsView.php?id=20110929002004

244. https://sports.chosun.com/sports-news/2011-02-24/201102250100180010013674?t=n1

245. https://study.com/learn/lesson/magic-bullet-hypodermic-needle-theory-overview-effects.html

246. Hadley, C., Gaudet, H., & Herzog, H. (1940). T*he Invasion from Mars: A Study in the Psychology of Panic: with the Complete Script of the Famous Orson Welles Broadcast.* Princeton, N.J.: Princeton University Press.

247. https://www.nytimes.com/1938/10/31/archives/radio-listeners-in-panic-taking-war-drama-as-fact-many-flee-homes.html?searchResultPosition=2

248. https://web.asc.upenn.edu/gerbner/Asset.aspx?assetID=483

249. Gerbner, G., Gross, L.(1976). Living with television: The violence pdofile, *Journal of Communication.* 26(2). 173-199

250. Shannahan, J., & Morgan, M. (1999). *Television and its views: Cultivation theory and research.* Timbridge: Cambridge University Press.

251. Gerbner, G., Gross, L., Morgan, M., & Signorielli, N.(1980.). The "mainstreaming" of America: Violence profile no. 11. *Journal of communication.* 30(3). 10~29.

252. https://www.youtube.com/watch?v=msfu8YCCc8Q

253. Melvin, L., Leo. M. (1998). An Overview: Advances in Belief in a Just World Theory and Methods. In Montada, L.; Lerner, M. J. (eds.). *Responses to Victimizations and Belief in a Just World.* Critical Issues in Social Justice. New York: Plenum.

254. Lerner, M., & Simmons, C. H. (1966). Observer's Reaction to the 'Innocent Victim': Compassion or Rejection?. *Journal of Personality and Social Psychology.* 4(2), 203-210.

255. Kaye, B. K., & Sapolsky, B. S. (2004). Watch your mouth! An analysis of profanity uttered by children on prime time television. *Mass Communication and Society,* 7(4), 429-452.

256. Grusec, J. (1992). Social Learning Theory and developmental psychology: The legacies of Robert Sears and Albert Bandura. *Developmental Psychology.* 28(5), 776-786.

257. Pan, Z., & Kosicki, G. M. (1997). Priming and Media Impact on the Evaluations of the President's Performance. *Communication* Research. 24(1), 3-30.

258. Iyengar, Shanto. (1990). Shortcuts to Political Knowledge: Selective Attention and the Accessibility Bias. In John A. Ferejohn and James H. Kuklinski, eds., *Information and the Democratic Process.* Champaign: University of Illinois Press, 160-85.

259. Huesmann, L. R. (1986). Psychological processes promoting the relation between exposure to media violence and aggressive behavior by the viewer. *Journal of Social Issues,* 42(3), 125–139.

260. Berkowitz, L. (1984). Some effects of thoughts on anti- and prosocial influences of media events: A cognitive-neoassociation analysis. *Psychological Bulletin,* 95(3), 410–427.

261. Gerbner, G., Gross, L.(1976). Living with television: The violence pdofile, *Journal of Communication.* 26(2), 173-199.

262. Riffe, D., Lacy, S., Nagovan, J., & Burkum, L. (1996). The Effectiveness of Simple and Stratified Random Sampling in Broadcast News Content Analysis. *Journalism & Mass Communication Quarterly,* 73(1), 159-168.

263. Berelson, B. (1952). *Content analysis in communication research,* NY: Free Press.

264. Eden, A. L., Grizzard, M., & Lewis, R. (2011). Disposition development in drama: The role of moral, immoral, and ambiguously moral characters, *International Journal of Arts and Technology,* 4, 33-47.

265. Ramirez, J. M. (1993). Acceptability of aggression in four Spanish regions and a comparison with other European countries. *Aggressive Behavior,* 19, 185-197.

266. Wotring, C. E., & Greenberg, B. S. (1973). Experiments in televised violence and verbal aggression: Two exploratory studies. *Journal of Communication,* 23, 446–460.

267. Zillmann, D. (1979). *Hostility and aggression.* Hillsdale, NJ: Erlbaum.

268. 2023년 2학기 '미디어 연구방법' 수업에서 실제로 학생이 코딩한 내용을 일부 수정하여 제시했다.

269. 라캉(1994). 자크 라캉 욕망이론. 민승기 · 이미선 · 권택영 (역) 서울: 문예출판사

270. KBS의 〈스모킹 건〉이 대표적이다. 2023년 3월에 범인이 남긴 흔적 속에서 증거를 찾고, 진실을 밝혀내는 과학수사의 힘을 조명하는 범죄토크 프로그램이다. 프로그램 제작진들은 매주 잔혹한 사건을 다루지만, 시청률을 위해 선정적으로 접근하지 않는다고 밝혔다. 그러나 10회 '너의 가장 소중한 걸 빼앗겠다', 36회 '당신 남편은 내 거야', 35회 '넌 태어나지 않았어야 해' 등 회당 제목만 봐도 매우 자극적이고 선정적이다.

271. Krahé, B., & Busching, R. (2015). Breaking the vicious cycle of media

violence use and aggression: A test of intervention effects over 30 months. Psychology of Violence, 5(2), 217-226.

272. 침팬지는 인간과 유전적 유사성이 높다. 인간의 DNA와 86.7%가 일치한다. Anzai, T., et al. (2003). Comparative sequencing of human and chimpanzee MHC class I regions unveils insertions/deletions as the major path to genomic divergence, PNAS, 100(13), 7708-7713.

273. 침팬지는 동종의 다른 구성원을 죽이는, 인간 이외의 자연에서 볼 수 있는 드문 종이다. Wrangham, R. W., Wilson, M. L., & & Muller, M. N. (2006). Comparative rates of violence in chimpanzees and humans, *Primates,* 47, 14-26.

274. Kuo, Z. Y. (1930). The genesis of the cat's responses to the rat. *Journal of Comparative Psychology,* 11(1), 1-36.

275. 쿠오(Kuo)의 실험 내용은 유튜브 동영상(NOTHING IS MORE NATURAL THAN FOR THE CAT TO "LOVE" THE RAT)을 참고할 것. https://www.youtube.com/watch?v= 3uXOM75I7Ag

276. Lorenz, K. (1966). *On aggression.* London: Methuen

277. 리처드 도킨스(2010). 이기적 유전자. 서울: 을유문화사

278. https://plato.stanford.edu/ENTRIES/condillac/

279. Burghardt, G. (2005). *The Genesis of Animal Play - Testing The Limits.* MA : MIT Press

280. Bekoff, M., & Byers, J. (1998). *Animal play: Evolutionary, comparative and ecological perspective.* Cambridge: Cambridge University Press.

281. Siviy, S. M., Fleischhauer, A. E., Kerrigan, L. A., & Kuhlman, S. J. (1996). D_2 dopamine receptor involvement in the rough-and-tumble play behavior of juvenile rats. *Behavioral Neuroscience,* 110(5), 1168-1176.

282. Potegal, M., & Einon, D. (1989). Aggressive behaviors in adult rats deprived of playfighting experience as juveniles. *Developmental Psychobiology,* 22(2), 159-172.

283. https://www.ted.com/talks/stuart_brown_play_is_more_than_just_fun

284. 1966년 8월 1일 미국 텍사스 오스틴대학에서 발생한 총기 난사 사건이다. 27층 대학 본부 건물 옥상에 있는 시계탑 전망대에서 학교 캠퍼스를 향해 무차별 난사를 가해 16명이 사망하고 31명이 부상을 입었다.

285. https://www.bespokefamily.co.uk/blog/whychildrenneedroughandtumble

공격하는 인간 호모 잉쿠르시오스

초판 인쇄 2024년 7월 19일
초판 발행 2024년 7월 19일

저　자 조인숙
발행인 정승렬
발행처 국민대학교 출판부
등　록1975년 6월 17일 제 6-33호
주　소 서울시 성북구 정릉로 77(정릉동)
전　화 02-910-4242
팩　스 02-910-4240
인쇄 · 편집 삼아인쇄사
ISBN　978-89-7812-533-8

가격 21,000원

이 책은 2022년 한국방송학회-GS리테일 방송/영상 분야 저술 출판 지원에 의해 수행되었다.

BIN TRAVERLER FORM

Cut By: Daniel Gomes #2 Qty 25 Date 9/17/96

Scanned By: ________ Qty ________ Date ________

Scanned Batch ID's

________ ________ ________

Notes / Exceptions

____